EUSTACE MULLINS

A FEDERAL RESERVE TITKAI

A LONDONI KAPCSOLAT

A borítón a vörös pajzsról, a németországi Frankfurt város címereiről származó sas körvonala látható, amelyet Mayer Amschel Bauer (1744–1812) adaptált, aki nevét Bauerről Rothschildra („Vörös Pajzs") változtatta. Rothschild öt arany nyílvesszőt adott hozzá, amelyeket a sas karmaiban tart, jelképezve öt fiát, akik a nemzetközi Rothschild-ház öt bankházát működtették: Frankfurtban, Londonban, Párizsban, Bécsben és Nápolyban.

OMNIA VERITAS®

EUSTACE CLARENCE MULLINS
(1923–2010)

Eustace Mullins (1923–2010) amerikai író volt, aki a bankrendszerről és a pénzügyi intézményekről írt kritikus műveiről vált ismertté. Ezra Pound költő hatására 1952-ben megjelentette *The Secrets of the Federal Reserve* című könyvét, amely mély nyomot hagyott a nemzetközi pénzügyeket bíráló egyes körökben. Termékeny íróként egész pályafutása során érdeklődött a politikai, gazdasági és történelmi témák iránt.

SECRETS OF THE FEDERAL RESERVE
The London Connection

A FEDERAL RESERVE TITKAI
A LONDONI KAPCSOLAT

1991

Fordította és kiadta az Omnia Veritas Limited

OMNIA VERITAS®
www.omnia-veritas.com

*A 20. század két legkiválóbb tudósának, **GEORGE STIMPSONNAK** és **EZRA POUNDNAK** ajánlva, akik nagylelkűen megosztották hatalmas tudásukat egy fiatal íróval, hogy útmutatást nyújtsanak neki egy olyan területen, amelyet egyedül nem tudott volna megjárni.*

KÖSZÖNET

Szeretnék köszönetet mondani a Kongresszusi Könyvtár egykori munkatársainak, akiknek rendkívül kedves segítségével, együttműködésével és javaslataival lehetővé vált e könyv korai változatainak elkészítése. Köszönetet szeretnék mondani a chicagói Newberry Könyvtár, a New York-i Városi Könyvtár, a Virginiai Egyetem Alderman Könyvtára, valamint a virginiai Lexingtonban található Washington and Lee Egyetem McCormick Könyvtárának munkatársainak is, akik felbecsülhetetlen segítséget nyújtottak a Federal Reserve Systemről szóló, véglegesnek szánt művemhez szükséges harminc éves további kutatások befejezésében.

A SZERZŐRŐL

Eustace Mullins az Egyesült Államok Légierőjének veteránja, aki a második világháború alatt harmincnyolc hónapig teljesített aktív szolgálatot. Virginiai születésű, tanulmányait a Washington and Lee Egyetemen, a New York-i Egyetemen, az Ohio-i Egyetemen, az Észak-Dakotai Egyetemen, a mexikói San Miguel de Allende-i Escuelas des Bellas Artes-ban és a washingtoni Institute of Contemporary Arts-ban végezte.

Az eredeti könyvet, amely „*Mullins On The Federal Reserve*" címmel jelent meg, 1948-ban Ezra Pound költő megbízásából írták. Ezra Pound tizenhárom és fél éven át politikai fogoly volt a washingtoni St. Elizabeth's Kórházban (egy szövetségi elmegyógyintézetben). Szabadulását nagyrészt Mullins úr erőfeszítéseinek köszönhetően sikerült elérni.

A Kongresszusi Könyvtárban végzett kutatást George Stimpson, a washingtoni National Press Club alapítója irányította és naponta ellenőrizte, akit *a The New York Times* 1952. szeptember 28-i számában „a fővárosban nagyra becsült információforrásnak" nevezett. Kormánytisztviselők, kongresszusi képviselők és újságírók fordultak hozzá bármilyen témában információért.

Az eredeti könyvet 1952-ben adta ki a Kasper and Horton kiadó New Yorkban. Ez volt az első országos terjesztésű leleplezés a nemzetközi bankárok 1907 és 1910 közötti titkos találkozóiról a georgiai Jekyll Islanden, ahol megfogalmazták az 1913-as Federal Reserve Act tervezetét.

Az elmúlt években a szerző továbbra is új és még megdöbbentőbb információkat gyűjtött azokról az emberekről, akik a Federal Reserve politikáját irányítják. Az évek során több száz újságból, folyóiratból és könyvből gyűjtött új információk megerősítő betekintést nyújtanak a nemzetközi bankházak közötti kapcsolatokba.[1]

Ezen anyagok kutatása során Eustace Mullins a Kongresszusi Könyvtár alkalmazottja volt. Mullins később az Amerikai Kőolajipari Intézet autópálya-finanszírozási tanácsadója, az Institutions Magazine szállodaépítési tanácsadója, valamint a Chicago Motor Club négy kiadványának szerkesztői igazgatója volt.

[1] A Londoni Akceptációs Tanács tagjai kizárólag azok a tizenhét nemzetközi bankházak, amelyeket az Angol Nemzeti Bank devizakereskedelemre jogosított fel.

ELŐSZÓ

1949-ben, amikor meglátogattam Ezra Poundot, aki politikai fogoly volt a washingtoni St. Elizabeth's Kórházban (egy szövetségi elmegyógyintézetben), Dr. Pound megkérdezte tőlem, hallottam-e már valaha a Federal Reserve Systemről. Válaszoltam, hogy 25 éves koromig nem. Ekkor megmutatott nekem egy tíz dolláros bankjegyet, amelyen a „Federal Reserve Note" felirat állt, és megkért, hogy kutassak utána a Kongresszusi Könyvtárban a Federal Reserve Systemről, amely ezt a bankjegyet kibocsátotta. Pound nem tudott személyesen elmenni a könyvtárba, mivel az Egyesült Államok kormánya tárgyalás nélkül tartotta fogva politikai fogolyként. Miután megtagadták tőle a műsoridőt az Egyesült Államokban, Dr. Pound Olaszországból sugárzott, hogy meggyőzze az amerikaiakat arról, ne lépjenek be a második világháborúba. Franklin D. Roosevelt személyesen rendelte el Pound vád alá helyezését, három személyi asszisztensének – Harry Dexter White-nak, Lauchlin Currie-nek és Alger Hiss-nek – a követelésére, akikről később kiderült, hogy kapcsolatban álltak a kommunista kémkedéssel.

Nem érdekelt a pénz vagy a banki ügyek témája, mert egy regényen dolgoztam. Pound felajánlotta, hogy néhány hétig heti tíz dollárral kiegészíti a jövedelmemet. Kezdeti kutatásom során bizonyítékot találtam egy nemzetközi bankcsoportra, amely titokban megtervezte a Federal Reserve Act megírását és a terv kongresszusi törvénybe iktatását. Ezek a megállapítások megerősítették, amit Pound már régóta gyanított. Azt mondta: „Detektívregényként kell feldolgoznod." Szerencsémre a Kongresszusi Könyvtárban végzett kutatásomat egy neves tudós, George Stimpson irányította, a National Press Club alapítója, akiről *a The New York Times* 1952. szeptember 28-i száma így írt: „A washingtoni újságírók által »sétáló Kongresszusi Könyvtárunkként« szeretett Mr. Stimpson nagyra becsült forrás volt a Capitoliumban. Kormánytisztviselők, kongresszusi képviselők és riporterek fordultak hozzá bármilyen témában információért."

Naponta négy órát kutattam a Kongresszusi Könyvtárban, délután pedig a St. Elizabeth's Kórházba mentem. Pounddal átnéztük az előző napi jegyzeteket. Ezt követően George Stimpsonnal vacsoráztam a Scholl's Cafeteriában, miközben ő átnézte az anyagomat, és Ezután visszatértem a szobámba, hogy begépeljem a kijavított jegyzeteket. Stimpson és Pound is számos javaslattal látott el, hogy eligazítson egy olyan területen, amelyben korábban nem volt tapasztalatom. Amikor Pound forrásai kimerültek, pályázatot nyújtottam be a Guggenheim Alapítványhoz, a Huntington Hartford Alapítványhoz és más alapítványokhoz, hogy befejezhessem a Federal Reserve-ről szóló kutatásomat. Annak ellenére, hogy alapítványi pályázataimat Amerika három vezető költője, Ezra Pound, E.E. Cummings és Elizabeth Bishop támogatta, az összes alapítvány elutasította a kutatás támogatását. Ezután összefoglaltam az addigi eredményeimet, és 1950-ben megkezdtem a kézirat értékesítését New Yorkban. Tizennyolc kiadó kommentár nélkül elutasította, de a tizenkilencedik, Devin Garrity, a Devin Adair Publishing Company elnöke, barátságos tanácsot adott nekem az irodájában. „Tetszik a könyved, de nem tudjuk kinyomtatni" – mondta nekem. „New Yorkban senki más sem teheti meg. Miért nem hoz be egy tervezetet a regényéhez, és szerintem tudunk adni előleget. A Federal Reserve-ről szóló könyv kiadásáról pedig jobb, ha lemond. Kétlem, hogy valaha is kinyomtatnák."

Ez lesújtó hír volt, két év intenzív munka után. Jelentést tettem Poundnak, és megpróbáltunk kiadót találni az ország más részein. Két év eredménytelen pályázás után a könyvet 1952-ben kis példányszámban adták ki Pound két tanítványa, John Kasper és David Horton, saját pénzükből, Mullins on the Federal Reserve címmel. 1954-ben egy második kiadás, engedély nélküli változtatásokkal, jelent meg New Jersey-ben, The Federal Reserve Conspiracy címmel. 1955-ben Guido Roeder kiadott egy német kiadást Oberammergau-ban, Németországban. A könyvet lefoglalták, és a teljes 10 000 példányos kiadást elégették Dr. Otto John vezette kormányügynökök.

A könyv elégetését 1961. április 21-én Israel Katz bíró, a Bajor Legfelsőbb Bíróság tagja megerősítette. Az amerikai kormány nem volt hajlandó beavatkozni, mert az Egyesült Államok németországi főbiztosa, James B. Conant (a Harvard Egyetem rektora 1933 és 1953 között) jóváhagyta az eredeti könyvégetési parancsot. Ez az egyetlen könyv, amelyet a második világháború óta Németországban elégettek. 1968-ban a könyv kalózkiadása jelent meg Kaliforniában. Az FBI és az amerikai postai felügyelők egyaránt megtagadták a fellépést, annak ellenére, hogy az azt követő évtizedben számos panaszt nyújtottam be. 1980-ban új német kiadás jelent meg. Mivel az amerikai kormány nyilvánvalóan már nem irányította Németország belügyeit, az 1955-ben elégetett könyv azonos példánya ma már akadálytalanul forgalomban van Németországban.

H. L. Hunt úrral több könyv megírásában is együttműködtem, és ő javasolta, hogy folytassam a Federal Reserve-ről szóló, régóta halogatott kutatásomat, és adjak ki egy átfogóbb változatot ebből a könyvből. Épp akkor írtam alá a szerződést Ezra Pound hivatalos életrajzának megírására, így a Federal Reserve-ről szóló könyvet el kellett halasztanom. Hunt úr elhunyt, mielőtt újra belekezdhettem volna a kutatásba, és ismét szembesültem a könyvhöz szükséges kutatás finanszírozásának problémájával.

Eredeti könyvemben felkutattam és megneveztem azokat az árnyékfigurákat az Egyesült Államokban, akik a Federal Reserve Act-et tervezték. Most rájöttem, hogy azok a férfiak, akiket 1952-ben a Federal Reserve System működése mögött álló árnyékfigurákként lepleztem le, maguk is csak árnyékok voltak, az ismeretlen személyek amerikai fedőemberei, akikről később „London Connection" néven váltak ismertté. Rájöttem, hogy az 1812-es függetlenségi háborúban Anglia ellen elért sikereink ellenére továbbra is Nagy-Britannia gazdasági és pénzügyi gyarmata maradtunk. Először sikerült azonosítanunk a Federal Reserve Bankok eredeti részvényeseit, és nyomon követni anyavállalataikat a London Connectionig.

Ezt a kutatást több száz újság, folyóirat, könyv és táblázat idézetei és dokumentációi támasztják alá, amelyek a vér-, házassági és üzleti kapcsolatokat mutatják be. Több mint ezer mikrofilmen rögzített *The New York Times*-kiadást ellenőriztünk, nemcsak az eredeti információk, hanem más forrásokból származó állítások igazolása céljából is.

Az írói szakmában közhely, hogy egy írónak csak egy könyve van benne. Ez az én esetemben is igaznak tűnik, mert már az ötödik évtizedben írok folyamatosan egyetlen témáról, a Federal Reserve System belső történetéről. Ezt a könyvet kezdettől fogva Ezra Pound megbízásából és irányításával írtam. Négy pártfogoltja korábban elnyerte az irodalmi Nobel-díjat: William Butler Yeats későbbi költészetéért, James Joyce az „Ulysses" című művéért, Ernest Hemingway a „The Sun Also Rises" című művéért, és T.S. Elliot a „The Waste Land" című művéért. Pound jelentős szerepet játszott e művek ihletésében és szerkesztésében – ami arra a meggyőződésre vezet minket, hogy ez a jelen mű, amelyet szintén Pound ihletett, egy folyamatos irodalmi hagyományt képvisel.

Bár a könyv kezdetben egy bonyolult műnek ígérkezett a gazdasági és monetáris technikákról, hamarosan olyan univerzális és drámai vonzerővel rendelkező történetté fejlődött, hogy Ezra Pound már a kezdetektől sürgetett, hogy írjam meg detektívregényként, egy műfajban, amelyet a szintén virginiai származású Edgar Allan Poe talált ki. Úgy vélem, hogy a könyv elmúlt negyven év alatti folyamatos forgalma nemcsak felmentette Ezra Poundot a sokszor elítélt politikai és monetáris kijelentései alól, hanem az is volt, és továbbra is az lesz, a végső fegyver azok ellen a hatalmas összeesküvők ellen, akik arra kényszerítették, hogy tizenhárom és fél évet töltsön el tárgyalás nélkül, mint politikai fogoly egy KGB-szerű elmegyógyintézetben. Első igazolása akkor következett be, amikor a összeesküvőket képviselő kormányügynökök megtagadták tőle, hogy saját védelmében tanúskodjon; a második igazolás 1958-ban következett be, amikor ugyanezek az ügynökök ejtették ellene minden vádat, és ő ismét szabad emberként sétált ki a St. Elizabeth Kórházból. Harmadik és végső igazolása ez a mű, amely dokumentálja annak minden aspektusát, ahogyan leleplezte azokat a könyörtelen nemzetközi pénzembereket, akiknek Ezra Pound csupán egy újabb áldozata lett, arra ítélve, hogy évekig a Vasálarcos Emberként szolgáljon, mert merte figyelmeztetni amerikai honfitársait az Egyesült Államok egész népe ellen elkövetett titkos árulási cselekedeteikre.

Országszerte tartott előadásaimban, valamint számos rádió- és televíziós műsorban felhívtam a figyelmet arra a mérgező tényre, hogy a Federal Reserve System nem szövetségi; nincsenek tartalékai; és egyáltalán nem is rendszer, hanem inkább egy bűnszervezet. 1910 novemberétől, amikor a összeesküvők Georgia államban, Jekyll Islanden találkoztak, a mai napig a Federal Reserve bankárok machinációit titokzatos homály fedi. Ma ez a titoktartás három billió dolláros adósságot okozott az amerikai népnek, és az ezeknek a bankároknak fizetendő éves kamatok összege évente mintegy háromszázmilliárd dollárra rúg, ami elképzelhetetlenül hatalmas összeg, és önmagában végső soron visszafizethetetlen. A Federal Reserve System tisztviselői rendszeresen intő szavakat intéznek a nyilvánossághoz, hasonlóan ahhoz, ahogy a hindu fakír kitartó dallamot fúj a kábult kobrának, amely előtte ringatja a fejét, nem azért, hogy megoldja a helyzetet, hanem hogy megakadályozza, hogy az megharapja. Ilyen volt az a megnyugtató levél, amelyet Donald J. Winn, a Kormányzótanács helyettese írt válaszul egy kongresszusi képviselő, a tiszteletreméltó Norman D. Shumway 1983. március 10-i kérdésére. Winn úr kijelenti, hogy „a Federal Reserve Systemet 1913-ban egy kongresszusi törvény hozta létre, és nem egy »magánvállalat«." A következő oldalon Winn úr így folytatja: „A Federal Reserve Bankok részvényeit teljes egészében a Federal Reserve System tagjai közé tartozó kereskedelmi bankok birtokolják." Nem ad magyarázatot arra, hogy a kormány miért nem birtokolt soha egyetlen részvényt sem egyetlen Federal Reserve Bankban sem, vagy hogy a Federal Reserve System miért nem „magánvállalat", amikor az összes részvényét „magánvállalatok" birtokolják.

A 20. századi amerikai történelem rögzítette a Federal Reserve bankárok elképesztő eredményeit. Először is az első világháború kitörése, amelyet az Egyesült Államok új központi bankjától rendelkezésre álló források tettek lehetővé. Másodszor, az 1920-as mezőgazdasági válság. Harmadszor, a 1929. októberi fekete pénteki összeomlás a Wall Streeten és az azt követő nagy gazdasági világválság. Negyedszer, a második világháború. Ötödször, az Egyesült Államok és polgárai vagyonának átalakítása ingatlanvagyonból papírvagyonba 1945-től napjainkig, ami a győztes Amerikát és 1945-ben a világ első számú hatalmát 1990-re a világ legnagyobb adósságállamává változtatta. Ma ez a nemzet gazdasági romokban hever, elpusztítva és nincstelenül, nagyjából ugyanolyan szörnyű helyzetben, mint amiben Németország és Japán találta magát 1945-ben. Cselekednek-e az amerikaiak nemzetünk újjáépítése érdekében, ahogyan Németország és Japán tette, amikor ugyanazokkal a körülményekkel szembesültek, amelyekkel mi most szembesülünk – vagy továbbra is rabszolgái maradunk annak a babiloni adósságpénz-rendszernek, amelyet a Federal Reserve Act 1913-ban hozott létre teljes pusztulásunk befejezésére? Ez az egyetlen kérdés, amelyre választ kell adnunk, és nem sok időnk maradt rá.

Azoknak az információknak a mélysége és fontossága miatt, amelyeket a Kongresszusi Könyvtárban dolgoztam ki Ezra Pound irányítása alatt, ez a munka sok más leendő történész számára kedvelt vadászterületté vált, akik nem tudták maguk kutatni ezt az anyagot. Az elmúlt négy évtizedben hozzászoktam ahhoz, hogy ez az anyag számos más könyvben megjelenjen, mindig más szerzők nevéhez fűződve, az én nevemet soha nem említve. A sértéshez még a sérelem is társult, hiszen nemcsak az anyagomat, de még a címemet is kisajátították egy hatalmas, bár tompa műben, amelynek címe: („A templom titkai – a Federal Reserve"). Ez a nagy reklámmal kísért könyv hitetlenkedőtől a nevetségesig terjedő kritikákat kapott. A Forbes magazin azt tanácsolta olvasóinak, hogy olvassák el a recenziót, és spórolják meg a pénzüket, rámutatva, hogy „az olvasó nem fog titkokat felfedezni", és hogy „ez egyike azoknak a könyveknek, amelyek hírverése messze meghaladja érdemeiket". Ez nem volt véletlen, mivel ezt a Federal Reserve bankárok túlzott dicsőítését a világ leghíresebb nem könyvkiadója adta ki.

Miután túljutottam az első sokkon, amit az a felfedezés okozott, hogy a 20. század legbefolyásosabb irodalmi személyisége, Ezra Pound, Washingtonban a „pokolbarlangban" raboskodik, azonnal segítségért írtam egy wall street-i pénzembernek, akinek birtokán gyakran vendégeskedtem. Emlékeztettem őt arra, hogy mint a művészetek pártolója, nem engedheti meg magának, hogy Pound ilyen embertelen fogságban maradjon. Válasza még jobban megdöbbentett. Azt írta vissza, hogy „a barátod nyugodtan maradhat ott, ahol van". Néhány évbe telt, mire megértettem, hogy ennek a befektetési bankárnak és kollégáinak számára Ezra Pound mindig „az ellenség" marad.

BEVEZETÉS

Íme a nagy árulás egyszerű tényei. Wilson és House tudták, hogy valami jelentős dolgot cselekszenek. Nem lehet megérteni az emberek indítékait, és ez a páros valószínűleg hitt abban, amit tett. Amiben nem hittek, az a képviseleti kormányzás volt. Hittek egy ellenőrizhetetlen oligarchia uralmában, amelynek cselekedetei csak olyan hosszú idő elteltével válnak nyilvánvalóvá, hogy a választók örökre képtelenek lesznek hatékonyan fellépni a pusztítások orvoslására.

(A SZERZŐ MEGJEGYZÉSE: Dr. Pound ezt a bevezetőt a könyv legkorábbi változatához írta, amelyet a Kasper and Horton kiadó adott ki New Yorkban 1952-ben. Mivel a szövetségi kormány tárgyalás nélkül politikai fogolyként tartotta fogva, nem engedhette meg magának, hogy a neve megjelenjen a könyvön, mert az további megtorlást vonna maga után. Nem engedhette meg azt sem, hogy a könyvet neki dedikálják, bár ő rendelte meg az írását. A szerző örömmel pótolja ezeket a szükséges kihagyásokat, harminchárom évvel az események után.)

JEFFERSON VÉLEMÉNYE A BANK ALKOTMÁNYOSSÁGÁRÓL

1791. február 15.

(Thomas Jefferson írásai, szerk. H. E. Bergh, III. kötet, 145. o. és köv.)

Az 1791-es nemzeti bank létrehozásáról szóló törvényjavaslat többek között a következőket vállalja:

1. A jegyzők társasággá szervezését.

2. Lehetővé teszi számukra, hogy társasági minőségükben földadományokat fogadjanak el; és ez a pont ellentétes a mortmain-törvényekkel.

3. Lehetővé teszi a külföldi jegyzők számára, hogy földterületeket birtokoljanak; és ebben a tekintetben ellentétes a külföldiekre vonatkozó törvényekkel.

4. A tulajdonos halála esetén ezeket a földeket egy bizonyos örökösökből álló sorra ruházza át; és ebben a tekintetben megváltoztatja az öröklés rendjét.

5. A földeket a elkobzás vagy az államra való átszállás hatálya alól kivonni; és ez ellentétes az elkobzásra és az államra való átszállásra vonatkozó törvényekkel.

6. A személyes ingóságok átruházása egy bizonyos örökösökre; és ebben a tekintetben ellentétes az osztási törvényekkel.

7. A nemzeti hatóság alatt kizárólagos banki jogot biztosítani számukra; és ebben a tekintetben ellentétes a monopóliumra vonatkozó törvényekkel.

8. Olyan törvényalkotási jogot biztosítani számukra, amely elsőbbséget élvez az államok törvényeivel szemben; mert így kell értelmezni őket, hogy megvédjék az intézményt az állami törvényhozások ellenőrzésétől; és valószínűleg így is fogják értelmezni őket.

Úgy vélem, hogy az Alkotmány alapja ezen a tényen nyugszik: minden olyan hatáskör, amelyet az Alkotmány nem ruházott az Egyesült Államokra, és amelyet az Alkotmány nem tiltott meg az államoknak, az államok vagy a nép számára van fenntartva (12.

módosítás). Ha egyetlen lépéssel is túllépünk a Kongresszus hatásköre körül így kifejezetten kijelölt határokon, akkor egy határtalan hatalmi területet foglalunk el, amely már nem határozható meg.

Véleményem szerint a bank alapítása és a törvényjavaslatban foglalt hatáskörök nem kerültek az Alkotmány által az Egyesült Államokra ruházásra.

ELSŐ FEJEZET

JEKYLL-SZIGET

„Az egységes diszkontráta kérdését Jekyll Islanden vitatták meg és döntötték el." – **Paul M. Warburg**[2]

1910. november 22-én éjjel egy csoport újságíró szomorúan állt a New Jersey-i Hoboken vasútállomásán. Épp az imént látták, ahogy az ország vezető pénzembereiből álló küldöttség titkos küldetéssel elhagyja az állomást. Évekbe telt, mire rájöttek, mi is volt az a küldetés, és még akkor sem értették meg, hogy az Egyesült Államok történelme drasztikus változáson ment keresztül azután a hobokeni éjszaka után.

A küldöttség lezárt vasúti kocsiban, lehúzott redőnyök mellett indult el ismeretlen célállomás felé. Vezetőjük Nelson Aldrich szenátor, a Nemzeti Monetáris Bizottság elnöke volt. Theodore Roosevelt elnök 1908-ban írta alá a Nemzeti Monetáris Bizottságot létrehozó törvényt, miután a tragikus 1907-es pánik nyilvános felháborodást váltott ki, amely a nemzet monetáris rendszerének stabilizálását követelte. Aldrich két éven át vezette a bizottság tagjait egy európai körúton, amelyre mintegy háromszázezer dollárnyi közpénzt költöttek. Még nem készített jelentést az utazás eredményeiről, és nem is terjesztett elő semmilyen bankreform-tervezetet.

---

2 Nathaniel Wright Stephenson professzor, Paul Warburg memorandum, *Nelson Aldrich: A Leader in American Politics*, Scribners, New York, 1930.

Aldrich szenátort a hobokeni pályaudvaron kísérte magán titkára, Shelton; A. Piatt Andrew, a Pénzügyminisztérium helyettes államtitkára és a Nemzeti Monetáris Bizottság különleges tanácsadója; Frank Vanderlip, a New York-i National City Bank elnöke; Henry P. Davison, a J.P. Morgan Company vezető partnere, akit általában Morgan személyes megbízottjának tekintettek; valamint Charles D. Norton, a Morgan által dominált New York-i First National Bank elnöke. A vonat indulása előtt csatlakozott a csoporthoz Benjamin Strong, akit J.P. Morgan helyetteseként is ismertek; valamint Paul Warburg, egy nemrég Németországból érkezett bevándorló, aki a New York-i Kuhn, Loeb and Company bankházhoz csatlakozott partnerként, évi ötszázezer dolláros fizetéssel.

Hat évvel később egy Bertie Charles Forbes nevű pénzügyi író (aki később megalapította a Forbes magazint; a jelenlegi szerkesztő, Malcom Forbes, az ő fia) a következőket írta:

„Képzeljék el, ahogy a nemzet legnagyobb bankárainak egy csoportja sötétedés után egy magánvasúti kocsiban titokban elhagyja New Yorkot, óvatosan több száz mérföldet utazik dél felé, felszáll egy rejtélyes motorcsónakra, és egy szigetre csempészik magukat, amelyet csak néhány szolgáló tart fenn, és ott egy teljes hetet töltenek olyan szigorú titoktartás mellett, hogy egyikük nevét sem említik, nehogy a szolgálók megtudják kilétüket, és nyilvánosságra hozzák az amerikai pénzügyek történetének legfurcsább, legtitkosabb expedícióját. Nem romantizálok; hanem először adom át a világnak a valódi történetet arról, hogyan íródott a híres Aldrich-pénzügyi jelentés, új pénzrendszerünk alapja... Mindenkire a legszigorúbb titoktartás volt kötelező. A nyilvánosság nem szerezhetett tudomást arról, mi fog történni. Aldrich szenátor mindenkinek utasítást adott, hogy csendben szálljon fel egy magánvagonba, amelyet a vasút utasítására egy forgalomtól mentes peronra állítottak. A csoport elindult. New York mindenütt jelen lévő riportereit meghiúsították... Nelson (Aldrich) bizalmasan elmondta Henrynek, Franknek, Paulnak és Piattnak, hogy bezárva tartja őket Jekyll-szigeten, elzárva a világ többi részétől, amíg ki nem dolgoznak és össze nem állítanak egy tudományos valutárendszert az Egyesült Államok számára, a jelenlegi Federal Reserve System valódi születését, a tervet, amelyet Jekyll-szigeten dolgoztak ki a Paul, Frank és Henry részvételével tartott konferencián... Warburg az a kapocs, amely összeköti az Aldrich-rendszert és a jelenlegi rendszert. Ő – – jobban, mint bárki más, tette lehetővé, hogy a rendszer működőképes valósággá váljon.[3]

Nelson Aldrich szenátor hivatalos életrajza a következőket állítja:

„1910 őszén hat férfi kiment kacsavadászni: Aldrich, titkára Shelton, Andrews, Davison, Vanderlip és Warburg. Riporterek várták őket a brunswicki (Georgia) pályaudvaron. Davison úr kiment és beszélt velük. A riporterek szétszéledtek, és a furcsa utazás titka nem derült ki. Aldrich úr megkérdezte tőle, hogyan sikerült ezt elérnie, de ő nem árulta el önként az információt."[4]

Davison kiváló hírnévnek örvendett mint az, aki képes volt a háborúzó frakciókat összeegyeztetni, ezt a szerepet töltötte be J.P. Morgan mellett az 1907-es pénzügyi pánik rendezése során. Morgan egy másik partnere, T.W. Lamont így fogalmaz:

„Henry P. Davison a Jekyll-szigeti expedíció választottbírójaként működött közre."[5]

Ezekből a hivatkozásokból össze lehet állítani a történetet. Aldrich magánkocsija, amely lehúzott rolókkal indult el a hobokeni pályaudvarról, a pénzembereket Georgia állambeli Jekyll-szigetre vitte. Néhány évvel korábban egy nagyon exkluzív milliomosokból álló csoport, J.P. Morgan vezetésével, megvásárolta a szigetet téli pihenőhelyként. Jekyll Island Hunt Clubnak nevezték el magukat, és eleinte a szigetet kizárólag vadászatokra használták, amíg a milliomosok rá nem jöttek, hogy a kellemes éghajlat meleg menedéket nyújt a New York-i zord tél elől, és elkezdtek pompás kúriákat építeni, amelyeket „nyaralóknak" neveztek, családjaik téli vakációja számára. Maga a klubépület, mivel meglehetősen elszigetelt volt, néha legénybúcsúk és más, a vadászattal nem kapcsolatos tevékenységek helyszínéül szolgált. Ilyen alkalmakkor a klubtagokat, akiket nem hívtak meg ezekre a konkrét kirándulásokra, arra kérték, hogy egy bizonyos ideig ne jelenjenek

---

3 „CURRENT OPINION", 1916. december, 382. o.

4 Nathaniel Wright Stephenson, Nelson W. *Aldrich, A Leader in American Politics*, Scribners, N.Y. 1930, XXIV. fejezet „Jekyll Island"

5 T.W. Lamont, Henry P. Davison, Harper, 1933.

meg ott. Mielőtt Nelson Aldrich társasága elindult volna New Yorkból, a klub tagjait értesítették arról, hogy a klubot a következő két hétben foglalva tartják.

A Jekyll Island Clubot azért választották az Egyesült Államok lakosságának pénzügyi és hitelügyi ellenőrzésére vonatkozó terv kidolgozásának helyszínéül, nemcsak elszigeteltsége miatt, hanem azért is, mert a tervet kidolgozó emberek magánterülete volt.

A New York Times később, 1931. május 3-án, J.P. Morgan egyik legközelebbi munkatársának, George F. Bakernek a haláláról szóló kommentárjában megjegyezte, hogy „a Jekyll Island Club elvesztette egyik legkiválóbb tagját. A világ teljes vagyonának egyhatodát a Jekyll Island Club tagjai képviselték." A tagság kizárólag öröklés útján volt lehetséges.

Az Aldrich-csoportnak nem volt érdeke a vadászatban. A Jekyll Islandot azért választották a központi bank előkészítésének helyszínéül, mert teljes magánszférát biztosított, és mert ötven mérföldes körzetben nem volt egyetlen újságíró sem. A titoktartás iránti igény olyan nagy volt, hogy a csoport tagjai még a Jekyll Islandra érkezésük előtt megegyeztek abban, hogy két hetes tartózkodásuk alatt semmilyen körülmények között nem használják a vezetéknevüket. A csoport később First Name Clubnak (Keresztnév Klub) nevezte magát, mivel Warburg, Strong, Vanderlip és a többiek vezetékneveinek használata tilos volt a tartózkodásuk alatt. A szokásos kísérők két hetes szabadságot kaptak a klubtól, és erre az alkalomra új szolgákat hoztak a szárazföldről, akik nem ismerték a jelenlévők nevét. Még ha kihallgatták volna őket is az Aldrich-csoport New Yorkba való visszatérése után, nem tudták volna megadni a neveket. Ez a megoldás annyira kielégítőnek bizonyult, hogy a tagok – akik körét azok alkották, akik ténylegesen jelen voltak Jekyll Islanden – később számos informális összejövetelt tartottak New Yorkban.

Miért ez a titkolózás? Miért ez az ezer mérföldes utazás zárt vasúti kocsiban egy távoli vadászklubba? Látszólag azért, hogy végrehajtsanak egy közszolgálati programot, előkészítsék a banki reformot, amely áldás lenne az Egyesült Államok népére, és amelyet a Nemzeti Monetáris Bizottság rendelt el. A résztvevők nem voltak idegenek a közjótékonyságtól. Általában nevüket rézplakettekre vagy az általuk adományozott épületek homlokzatára vésték. Ez nem volt a Jekyll-szigeten követett eljárás. Soha nem állítottak fel rézplakettet azoknak az önzetlen cselekedeteinek megörökítésére, akik 1910-ben találkoztak magánvadászklubjukban, hogy javítsák az Egyesült Államok minden polgárának sorsát.

Valójában Jekyll Islanden nem történt jótékonysági cselekedet. Az Aldrich-csoport titokban utazott oda, hogy megírja a banki és pénzügyi törvényeket, amelyeket a Nemzeti Monetáris Bizottságnak nyilvánosan kellett volna előkészítenie. A tét az Egyesült Államok pénz- és hitelrendszerének jövőbeli ellenőrzése volt. Ha bármilyen valódi monetáris reformot készítettek volna elő és terjesztettek volna a Kongresszus elé, az véget vetett volna az elitista, egy világpénzt teremtő erők hatalmának. Jekyll Island biztosította, hogy az Egyesült Államokban központi bankot hozzanak létre, amely ezeknek a bankároknak mindent megad, amit mindig is akartak.

Mivel Paul Warburg volt a jelenlévők közül a legjártasabb a technikai kérdésekben, ő kapta a feladatot, hogy a terv nagy részét megfogalmazza. Munkáját ezután a csoport többi tagja megvitatta és átnézte. Nelson Aldrich szenátor azért volt ott, hogy a kész terv olyan formában szülessen meg, amelyet a Kongresszusban is elfogadhatnak, a többi bankár pedig azért, hogy minden szükséges részletet belefoglaljanak a tervezetbe, amely egy egyszeri találkozó során készült el, így biztosítva, hogy mindent megkapjanak, amit akartak. Miután visszatértek New Yorkba, nem lehetett volna második találkozót szervezni a terv átdolgozására. Nem remélhették, hogy egy második utazás során is ilyen titoktartást tudnak biztosítani munkájukhoz.

A Jekyll Island-i csoport kilenc napig maradt a klubban, és lázasan dolgozott a feladatuk elvégzésén. A jelenlévők közös érdekei ellenére a munka nem ment zökkenőmentesen. Aldrich szenátor, aki mindig is uralkodó típus volt, a csoport kijelölt vezetőjének tartotta magát, és nem tudta megállni, hogy ne parancsolgasson mindenkinek. Aldrich emellett kissé kívülállónak érezte magát, mivel ő volt az egyetlen tag, aki nem volt hivatásos bankár. Karrierje során jelentős banki érdekeltségei voltak, de csupán olyan személyként, aki banki részvényeiből profitált. A pénzügyi műveletek technikai vonatkozásairól alig tudott valamit. Ellentéte, Paul Warburg úgy vélte, hogy a csoport által felvetett minden kérdés nem csupán választ, hanem előadást is igényel. Ritkán hagyta ki a lehetőséget, hogy hosszú beszédet tartson a tagoknak, amelynek célja az volt, hogy lenyűgözze őket banki ismereteinek terjedelmével. Ezt a többiek nehezményezték, és gyakran váltott ki szúrós megjegyzéseket Aldrich részéről. Henry P. Davison természetes diplomáciája bizonyult annak a katalizátornak, amely a munkában tartotta őket. Warburg erős idegen akcentusa idegesítette őket, és folyamatosan emlékeztette őket arra, hogy el kell fogadniuk a jelenlétét, ha olyan központi banki tervet akarnak kidolgozni, amely garantálja jövőbeli nyereségüket. Warburg alig tett erőfeszítéseket előítéleteik elsimítására, és minden lehetséges alkalommal vitába szállt velük olyan technikai banki kérdésekben, amelyeket saját kizárólagos területének tartott.

„Minden összeesküvésben nagy titoktartásnak kell lennie."[6]

A Jekyll Islandon kidolgozott „monetáris reform" tervet a Nemzeti Monetáris Bizottság kész munkájaként kellett bemutatni a Kongresszusnak. Elengedhetetlen volt, hogy a törvényjavaslat valódi szerzői rejtve maradjanak. A 1907-es pánik óta olyan nagy volt a közvélemény haragja a bankárok ellen, hogy egyetlen kongresszusi képviselő sem merte volna megszavazni egy olyan törvényjavaslatot, amelyen a Wall Street bélyege volt, függetlenül attól, ki járult hozzá kampányköltségeihez. A Jekyll-szigeti terv egy központi banki terv volt, és ebben az országban hosszú hagyománya volt annak, hogy az amerikai nép ellen küzdöttek a központi bank bevezetése ellen. Ez Thomas Jefferson küzdelmével kezdődött Alexander Hamilton első Egyesült Államok Bankjára vonatkozó terve ellen, amelyet James Rothschild támogatott. Ezt követte Andrew Jackson elnök sikeres harca Alexander Hamilton terve ellen, amely az Egyesült Államok Második Bankjának létrehozására irányult, és amelyben Nicholas Biddle James Rothschild párizsi ügynökeként működött közre. E küzdelem eredménye az Independent Sub-Treasury System (Független Kincstári Rendszer) létrehozása volt, amely állítólag arra szolgált, hogy az Egyesült Államok pénzeszközeit távol tartsa a pénzemberek kezétől. Az 1873-as, 1893-as és 1907-es pánikokról készült tanulmány azt mutatja, hogy ezek a pánikok a londoni nemzetközi bankárok műveleteinek eredményei voltak. 1908-ban a közvélemény azt követelte, hogy a Kongresszus fogadjon el törvényt a mesterségesen kiváltott pénzügyi pánikok megismétlődésének megakadályozására.

---

[6] Clarendon, Hist. Reb. 1647.

Egy ilyen monetáris reform ekkor már elkerülhetetlennek tűnt. Éppen egy ilyen reform megakadályozása és ellenőrzése érdekében hozták létre a Nemzeti Monetáris Bizottságot Nelson Aldrich vezetésével, mivel ő volt a Szenátus többségi vezetője.

A fő probléma – amint Paul Warburg tájékoztatta kollégáit – az volt, hogy el kell kerülni a „központi bank" elnevezést. Ezért döntött a „Federal Reserve System" elnevezés mellett. Ezzel elhitették az emberekkel, hogy nem központi bankról van szó. A Jekyll-szigeti terv azonban központi banki terv volt, amely a központi bank főbb funkcióit látta el; tulajdonosai magánszemélyek lettek volna, akik a részvénytulajdonból profitáltak volna. Kibocsátó bankként az ország pénzét és hitelét irányította volna.

Aldrich életrajzának Jekyll Islandról szóló fejezetében Stephenson a következőket írja a konferenciáról:

„Hogyan kellett volna ellenőrizni a tartalékbankot? A Kongresszusnak kellett volna ellenőriznie. A kormánynak képviselnie kellett volna magát az igazgatótanácsban, teljes körű tájékoztatást kellett volna kapnia a bank minden ügyéről, de az igazgatók többségét közvetve vagy közvetlenül a szövetség bankjai választották volna meg."[7]

Így a javasolt Federal Reserve Bankot „a Kongresszusnak kellett irányítania", és a kormánynak kellett felelnie, de az igazgatók többségét „közvetve vagy közvetlenül" a szövetség bankjai választották volna meg. Warburg tervének végleges változatában a Federal Reserve Kormányzótanácsát az Egyesült Államok elnöke nevezte volna ki, de a tanács tényleges munkáját egy szövetségi tanácsadó testület irányította volna, amely a kormányzókkal ülésezett volna. A tanácsot a tizenkét Federal Reserve Bank igazgatói választották volna meg, és a nyilvánosság előtt ismeretlen maradt volna.

A következő szempont az volt, hogy el kell rejteni azt a tényt, hogy a javasolt „Szövetségi Tartalék Rendszert" a New York-i pénzpiac urai fogják uralni. A déli és nyugati kongresszusi képviselők nem maradhatnak életben, ha a Wall Street-i tervre szavaznak. Azok a térségekben a gazdák és a kisvállalkozók

---

7 Nathaniel Wright Stephenson, Nelson W. *Aldrich, A Leader in American Politics*, Scribners, N.Y. 1930, XXIV. fejezet „Jekyll Island", 379. o.

szenvedtek a leginkább a pénzügyi pániktól. Nagy népi ellenérzés volt a keleti bankárok ellen, ami a 19. század folyamán „populizmus” néven ismert politikai mozgalommá vált. Nicholas Biddle magániratai, amelyeket csak több mint egy évszázaddal halála után tettek közzé, azt mutatják, hogy a keleti bankárok már elég korán teljes mértékben tisztában voltak a velük szembeni széles körű közvélemény-ellenállással.

Paul Warburg Jekyll Islanden terjesztette elő azt az elsődleges megtévesztést, amely megakadályozta volna a polgárokat abban, hogy felismerjék: terve egy központi bank létrehozását célozza. Ez volt a regionális tartalékrendszer. Javasolta egy négy (később tizenkét) fióktartalékbankból álló rendszer létrehozását, amelyek az ország különböző részein helyezkedtek volna el. A banki világon kívül kevesen tudták, hogy a nemzet pénz- és hitelstruktúrájának New Yorkban való jelenlegi koncentrációja miatt a regionális tartalékrendszerre vonatkozó javaslat illúzió volt.

Paul Warburg egy másik javaslata a Jekyll-szigeten a tervezett regionális tartalékrendszer vezetőinek kiválasztási módjára vonatkozott. Nelson Aldrich szenátor ragaszkodott ahhoz, hogy a tisztviselőket ne választással, hanem kinevezéssel válasszák ki, és hogy a Kongresszusnak ne legyen szerepe a kiválasztásukban. A Capitol Hillen szerzett tapasztalatai megtanították neki, hogy a kongresszusi vélemény gyakran ellentétes a Wall Street érdekeivel, mivel a nyugati és déli kongresszusi képviselők esetleg azt szeretnék bizonyítani választóiknak, hogy megvédik őket a keleti bankároktól.

Warburg azzal válaszolt, hogy a tervezett központi bankok vezetői az elnök jóváhagyásának kell, hogy alávessék magukat. A rendszernek a kongresszusi ellenőrzés alól való ilyen nyílt kivonása azt jelentette, hogy a Federal Reserve-tervezet már kezdettől fogva alkotmányellenes volt, mivel a Federal Reserve-rendszer pénzkiadó bankként működött volna. Az Alkotmány 1. cikkének 8. szakaszának 5. bekezdése kifejezetten a Kongresszust ruházza fel „a pénzverés és annak értékének szabályozása” jogkörével. Warburg terve megfosztotta volna a Kongresszust szuverenitásától, és a Thomas Jefferson által az Alkotmányban létrehozott hatalmi ellenőrzési és egyensúlyi rendszer megsemmisült volna. A javasolt rendszer vezetői irányították volna az ország pénzét és hitelét, és magukat a kormány végrehajtó hatalma hagyta volna jóvá. A bírói hatalmat (a Legfelsőbb Bíróságot stb.) a végrehajtó hatalom már gyakorlatilag irányította az elnök által kinevezett bírák révén.

Paul Warburg később egy hatalmas, mintegy 1750 oldalas művet írt tervéről, A Federal Reserve System, Its Origin and Growth ([8]) címmel, de a „Jekyll Island" név sehol sem szerepel a szövegben. Azt azonban kijelenti (1. kötet, 58. oldal):

„De aztán a konferencia lezárult, egy hétnyi komoly tanácskozás után megegyeztek a későbbi Aldrich-törvénytervezet vázlatáról, és felvázoltak egy tervet, amely egy „Nemzeti Tartalék Szövetség" létrehozását irányozta elő, vagyis egy központi tartalékszervezetet, amely rugalmas bankjegy-kibocsátással rendelkezik, arany és kereskedelmi papírok alapján."

A 60. oldalon Warburg így ír: „A konferencia eredményei teljesen bizalmasak voltak. Még azt a tényt sem szabadott nyilvánosságra hozni, hogy egyáltalán tartottak találkozót." Egy lábjegyzetben hozzáteszi: „Bár azóta tizennyolc [sic] év telt el, nem érzem magam szabadnak arra, hogy leírást adjak erről a rendkívül érdekes konferenciáról, amelyről Aldrich szenátor minden résztvevőt titoktartásra kötelezett."

B.C. Forbesnek a Jekyll-szigetre tett titkos expedícióról szóló, a „[9] " című könyvében tett leleplezése meglepően csekély hatást gyakorolt. Csak két évvel azután jelent meg nyomtatásban, hogy a Kongresszus elfogadta a Federal Reserve Act-et, így soha nem olvasták el abban az időszakban, amikor hatással lehetett volna, vagyis a törvényjavaslatról szóló kongresszusi vita során. Forbes történetét a „tudósok" is elutasították, mint abszurdot és puszta kitalációt. Stephenson ezt említi Aldrichról szóló könyvének 484. oldalán.[10]

„A Jekyll-szigeti furcsa epizódot általában mítosznak tekintették. B. C. Forbes néhány információt kapott az egyik riportertől. Ez a Jekyll-szigeti történetet homályos körvonalakban

---

[8] Paul Warburg, *A Federal Reserve System, Its Origin and Growth*, I. kötet, 58. o., Macmillan, New York, 1930.

[9] CURRENT OPINION, 1916. december, 382. o.

[10] Nathaniel Wright Stephenson, Nelson W. Aldrich, *az amerikai politika vezetője*, Scribners, New York, 1930, XXIV. fejezet „Jekyll Island", 379. o.

mesélte el, de nem keltett benyomást, és általában puszta mesének tekintették."

A Jekyll Island-i konferencia eltitkolása két irányvonal mentén zajlott, és mindkettő sikeres volt. Az első, ahogy Stephenson említi, az volt, hogy az egész történetet romantikus kitalációnak minősítették, amely valójában soha nem történt meg. Bár a Federal Reserve Systemről szóló későbbi könyvekben röviden utaltak Jekyll Islandre, ezek sem keltettek nagy közfigyelmet. Mint már megjegyeztük, Warburg hatalmas és állítólag kimerítő műve a Federal Reserve Systemről egyáltalán nem említi Jekyll Islandet, bár elismeri, hogy konferencia volt. Hatalmas beszédeiben és írásaiban sehol sem jelenik meg a „Jekyll-sziget" vagy kifejezés, egyetlen figyelemre méltó kivétellel. Warburg beleegyezett Stephenson professzor kérésébe, hogy készítsen egy rövid nyilatkozatot az Aldrich-életrajzhoz. Ez a 485. oldalon jelenik meg a „Warburg-memorandum" részeként. Ebben a kivonatban Warburg így ír: „A egységes diszkontráta kérdését Jekyll-szigeten vitatták meg és döntötték el."

A „First Name Club" egy másik tagja kevésbé volt visszafogott. Frank Vanderlip később néhány rövid utalást tett közzé a konferenciáról. A Saturday Evening Post 1935. február 9-i számának 25. oldalán Vanderlip a következőket írta:

„Annak ellenére, hogy véleményem szerint a vállalati ügyek nagyobb nyilvánossága hasznos lenne a társadalom számára, 1910 vége felé volt egy alkalom, amikor ugyanolyan titkolózó, sőt, titkoskodó voltam, mint bármelyik összeesküvő... Mivel végzetes lett volna Aldrich szenátor tervére nézve, ha kiderült volna, hogy a Wall Streetről hívott segítséget a törvényjavaslat előkészítéséhez, olyan óvintézkedéseket tettek, amelyek James Stillman (egy színes és titkolózó bankár, aki a spanyol–amerikai háború idején a National City Bank elnöke volt, és akiről azt gondolták, hogy közreműködött abban, hogy belekeveredjünk abba a háborúba) szívét is megörvendeztették volna... Nem tartom túlzásnak, ha azt mondom, hogy a Jekyll-szigetre tett titkos expedíciónk volt az a pillanat, amikor megfogalmazódott az a terv, amelyből végül a Federal Reserve System lett."

A The Washington Post 1983. március 27-i utazási rovatában, a „Follow The Rich to Jekyll Island" (Kövessük a gazdagokat Jekyll Islandre) című cikkben Roy Hoopes a következőket írja:

„1910-ben, amikor Aldrich és négy pénzügyi szakértő titkos találkozóhelyet keresett az ország bankrendszerének átalakításához, vadászutat színleltek Jekyllbe, és tíz napig elzárkóztak a klubházban, ahol megtervezték azt, ami később a Federal Reserve Bank lett."

Vanderlip később önéletrajzában, a From Farmboy to Financier című könyvben így írt:[11]

„Titkos expedíciónk Jekyll Islandre volt az alkalom, amikor megfogalmazódott az a koncepció, amelyből később a Federal Reserve System lett. Az Aldrich-terv lényegi pontjai mind szerepeltek a Federal Reserve Actben, amikor azt elfogadták."

E.R.A. Seligman professzor, a J. & W. Seligman nemzetközi bankárcsalád tagja és a Columbia Egyetem Közgazdaságtudományi Tanszékének vezetője a Politikai Tudományok Akadémiája által kiadott tanulmányában (Proceedings, 4. évf., 4. sz., 387–390. o.) a következőket írta:

„Nagyon kevesen tudják, milyen nagy az Egyesült Államok adóssága Warburg úr felé. Ugyanis ellentmondás nélkül állítható, hogy alapvető jellemzőiben a Federal Reserve Act Warburg úr munkája, több mint bármely más emberé az országban. A Federal Reserve Board léte minden tekintetben, csak a névben nem, egy valódi központi bankot hoz létre. A tartalékok irányításának és a diszkontpolitika két alapvető elemében a Federal Reserve Act nyíltan elfogadta az Aldrich-törvény elveit, és ezek az elvek, amint már említettük, kizárólag Warburg úr alkotásai voltak. Nem szabad elfelejteni, hogy Warburg úrnak gyakorlati célja volt. Tervének kidolgozásakor és azok időről időre kissé eltérő javaslatokkal történő előmozdításakor kötelessége volt szem előtt tartani, hogy az ország felvilágosítása fokozatosnak kell lennie, és hogy a feladat nagy része az előítéletek lebontása és a gyanakvás eloszlatása volt. Tervében ezért mindenféle kidolgozott javaslat szerepelt, amelyek célja az volt, hogy megvédjék a közvéleményt a képzeletbeli veszélyektől, és meggyőzzék az országot arról, hogy az általános

[11] Frank Vanderlip, *A farmfiútól a pénzügyi mágnásig.*

terv egyáltalán megvalósítható. Warburg úr abban reménykedett, hogy az idő múlásával talán lehetséges lesz eltávolítani a törvényből néhány olyan záradékot, amelyeket nagyrészt az ő javaslatára, oktatási célokból illesztettek be."

Most, hogy az Egyesült Államok államadóssága meghaladta az egymilliárd dollárt, valóban elismerhetjük, „milyen nagy az Egyesült Államok adóssága Warburg úr felé". Amikor megírta a Federal Reserve Act-et, az államadósság szinte nem is létezett.

Seligman professzor rámutat Warburg figyelemre méltó előrelátására, miszerint a Jekyll Island-i konferencia résztvevőinek valódi feladata egy olyan banki terv kidolgozása volt, amely fokozatosan „oktatja az országot", „lebontja az előítéleteket és eloszlatja a gyanakvást". A terv törvénybe iktatására irányuló kampány pontosan ezt érte el.

MÁSODIK FEJEZET

AZ ALDRICH-TERV

„Nelson Aldrich a pénzügyeket és a vámokat kizárólagos hatáskörének és joghatóságának tekinti. Aldrich úr a Nemzeti Monetáris Bizottságon keresztül igyekszik kidolgozni egy banki és pénzügyi törvényt. Több százezer ember szilárdan úgy véli, hogy Aldrich úr személyében testesül meg az Egyesült Államok népi jólétére leselkedő legnagyobb és legveszélyesebb fenyegetés. Ernest Newman nemrégiben így fogalmazott: „Amit a Dél politikai szempontból a feketékkel tesz, azt Aldrich az Észak szegényeivel tenné, ha kitalálna egy biztonságos és gyakorlati módszert ennek megvalósítására." – Harper's Weekly, 1910. május 7.

A Jekyll-szigeti konferencia résztvevői visszatértek New Yorkba, hogy országos propagandakampányt indítsanak az „Aldrich-terv" mellett. A három vezető egyetemet, a Princetont, a Harvardi és a Chicagói Egyetemet használták fel ennek a propagandának a gyülekezőpontjaiként, és a nemzeti bankoknak ötmillió dolláros alapba kellett befizetniük, hogy meggyőzzék az amerikai közvéleményt arról, hogy ezt a központi banki tervet a Kongresszusnak törvénybe kell foglalnia.

Woodrow Wilson, New Jersey kormányzója és a Princetoni Egyetem volt rektora lett az Aldrich-terv szószólója. Az 1907-es pánik idején Wilson kijelentette: „Mindezeket a bajokat el lehetne kerülni, ha kineveznénk egy hat-hét, J.P. Morganhez hasonló közszolgálati szellemű emberből álló bizottságot, amely kezelné országunk ügyeit."

Stephenson 1930-ban megjelent Nelson Aldrich-életrajzában így ír:

„1911. január 16-án jelent meg Nelson Aldrich úr által a Jekyll-szigeti következtetések alapján összeállított, »Javaslat a monetáris jogalkotásra« című röpirat." Stephenson a 388. oldalon így ír: „Létrehoztak egy szervezetet a pénzügyi fejlődés előmozdítására. Warburg úr beterjesztett egy határozatot, amely engedélyezte a Citizens' League, később a National Citizens League létrehozását... A Liga propagandájáért a Chicagói Egyetem Laughlin professzorát bízták meg."[12]

Figyelemre méltó, hogy Stephenson a Nemzeti Polgári Liga munkáját „propagandának" jellemzi, összhangban Seligman azon kifejtésével, miszerint Warburg munkája „az ország oktatása" és „az előítéletek lebontása" volt.

A bankárok ötmillió dolláros titkos alapjának nagy részét a főiskolai professzorokból álló Nemzeti Polgári Liga égisze alatt költötték el. Az Aldrich-terv két legfáradhatatlanabb propagandistája O.M. Sprague professzor a Harvardról és J. Laurence Laughlin a Chicagói Egyetemről volt.

Charles A. Lindbergh, Sr. kongresszusi képviselő így ír:

„J. Laurence Laughlin, a Nemzeti Polgári Liga végrehajtó bizottságának elnöke a szervezet megalakulása óta, visszatért a Chicagói Egyetem politikai közgazdaságtan professzori posztjára. 1911 júniusában Laughlin professzort egy évre felmentették az egyetemről, hogy minden idejét a Liga által indított oktatási kampánynak szentelhesse... Fáradhatatlanul dolgozott, és nagyrészt az ő erőfeszítéseinek és kitartásának köszönhető, hogy a kampány a végső szakaszba lépett, és a sikeres kimenetelre vonatkozó ígéretes kilátásokkal kecsegtet... Az olvasó tudja, hogy a Chicagói Egyetem

[12] Nathaniel Wright Stephenson, *Nelson W. Aldrich, A Leader in American Politics*, Scribners, N.Y. 1930.

egy olyan intézmény, amelyet John D. Rockefeller közel ötvenmillió dollárral támogatott."[13]

Nelson Aldrich életrajzában Stephenson elárulja, hogy a Polgári Liga szintén a Jekyll-sziget terméke volt. A 24. fejezetben a oldalon a következőket olvashatjuk: Az Aldrich-tervet a Kongresszus előtt a Nemzeti Monetáris Bizottság tagjainak három évnyi munkája, tanulmányozása és utazása eredményeként mutatták be, több mint háromszázezer dollár kiadással.[14]

Miután az Aldrich-tervet benyújtották a Kongresszusnak, Lindbergh képviselő 1911. december 15-én a Szabálybizottság előtt tett vallomásában kijelentette:

„Pénzügyi rendszerünk hamis, és hatalmas terhet ró az emberekre... Állítottam, hogy létezik egy pénztröszt. Az Aldrich-terv egy olyan rendszer, amely egyértelműen a tröszt érdekeit szolgálja... Miért nyomja a pénztröszt most ilyen erőteljesen az Aldrich-tervet, mielőtt az emberek megtudnák, mit is művel a pénztröszt?"

Lindbergh így folytatta beszédét:

„Az Aldrich-terv a Wall Street terve. Ez a Pénztröszt bajnokának széles körű kihívása a kormány felé. Ez újabb pánikot jelent, ha szükséges, a nép megfélemlítésére. Aldrich, akit a kormány fizet azért, hogy a népet képviselje, ehelyett a trösztök számára javasol tervet. Nagyon ügyes lépés volt a Nemzeti Monetáris Bizottság létrehozása. 1907-ben a természet gyönyörűen reagált, és a legbőségesebb termést adta ennek az országnak, amit valaha is látott. Más iparágak is virágoztak, és természeti szempontból minden feltétel adott volt egy rendkívül virágzó évhez. Ehelyett a pánik hatalmas veszteségeket okozott nekünk. A Wall Street tudta, hogy az amerikai nép megoldást követel egy ilyen nevetséges, természetellenes helyzet megismétlődése ellen. A szenátorok és képviselők többsége beleesett a Wall Street csapdájába, és elfogadta az Aldrich-Vreeland sürgősségi valutatörvényt. De a valódi cél egy monetáris bizottság létrehozása volt, amely kidolgozna egy

---

[13] Charles A. Lindbergh, Sr., *Banking, Currency and the Money Trust*, 1913, 131. o.

[14] 1911-ben az Aldrich-terv a Republikánus Párt hivatalos programjának részévé vált.

javaslatot a pénz- és banki törvényeink módosítására, ami megfelelne a Pénztrösztnek. Az érdekcsoportok most mindenhol azzal vannak elfoglalva, hogy az embereket az Aldrich-terv mellett állítsák. Úgy tűnik, hogy erre a célra jelentős összeget gyűjtöttek össze. A Wall Street-i spekuláció okozta az 1907-es pánikot. A betétesek pénzét kölcsönadták szerencsejátékosoknak és bárkinek, akit a Pénztröszt kedvezményezni akart. Aztán amikor a betétesek vissza akarták kapni a pénzüket, a bankoknak nem volt mit adniuk. Ez okozta a pánikot."

Edward Vreeland, a törvényjavaslat társszerzője, az 1910. augusztus 25-i Independentben (amely Aldrich tulajdonában volt) így írt: „Aldrich szenátor javasolt monetáris terve alapján a monopóliumok eltűnnek, mert nem tudnak majd négy százaléknál több kamatot szedni, és ilyen alacsony kamatláb mellett a monopóliumok nem tudnak fennmaradni. Ezenkívül ez a kormány eltűnését is jelenti a banki üzletágból."

Vreeland fantasztikus állításai jellemzőek voltak az Aldrich-terv elfogadására indított propagandaáradatra. A monopóliumok eltűnnének, a kormány eltűnne a banki üzletágból. Légvárak.

A Nation Magazine 1911. január 19-i száma megjegyezte: „A Központi Bank nevet gondosan elkerülik, de a javasolt központi szervezetnek adott „Federal Reserve Association" (Szövetségi Tartalék Szövetség) név a szokásos európai központi banki hatáskörökkel és felelősségekkel van felruházva."

Miután a Nemzeti Monetáris Bizottság visszatért Európából, közel két évig nem tartott hivatalos üléseket. Soha nem mutattak be olyan jegyzőkönyveket vagy dokumentumokat, amelyekből kiderült volna, ki fogalmazta meg az Aldrich-tervet. Mivel nem tartottak hivatalos üléseket, a bizottság tagjai aligha állíthatták, hogy a terv az ő munkájuk eredménye. A bizottság háromszázezer dolláros kiadásának egyetlen kézzelfogható eredménye egy harminc kötetes, az európai bankrendszerről szóló könyvtár volt. Ezeknek a műveknek tipikus példája a Reichsbank ezer oldalas története, amely a német pénz- és hitelrendszert irányító központi bank volt, és amelynek fő részvényesei a Rothschildok és Paul Warburg családjának bankháza, az M.M. Warburg Company voltak. A bizottság iratai azt mutatják, hogy soha nem működött döntéshozó testületként. Valójában egyetlen „ülése" a Jekyll-szigeten tartott titkos konferencia volt, és ezt a konferenciát a bizottság egyetlen kiadványa sem említi. Cummins szenátor a Kongresszusban elfogadott egy határozatot, amelyben elrendelte, hogy a bizottság 1912. január 8-án tegyen jelentést, és mutasson be néhány konstruktív eredményt hároméves munkájáról. Ezzel a kihívással szembesülve a Nemzeti Monetáris Bizottság megszűnt.

Ötmillió dolláros háborús kasszájukkal az Aldrich-terv propagandistái minden eszközt bevetve háborút indítottak ellenfeleik ellen. Andrew Frame tanúskodott az Amerikai Bankárok Szövetségének Képviselőházi Bank- és Valutaügyi Bizottsága előtt. Ő egy nyugati bankárokból álló csoportot képviselt, akik ellenezték az Aldrich-tervet:

CARTER GLASS ELNÖK: „Miért nem hallatták hangjukat a nyugati bankárok, amikor az Amerikai Bankárok Szövetsége feltétel nélkül és – ahogyan biztosítottak minket – egyhangúlag jóváhagyta a Nemzeti Monetáris Bizottság által javasolt tervet?"

ANDREW FRAME: „Örülök, hogy felhívta rá a figyelmemet. Amikor azt a monetáris törvényjavaslatot benyújtották az országnak, alig néhány nappal azelőtt volt, hogy az Amerikai Bankárok Szövetsége 1911-ben New Orleansban ülésezett. Száz bankár közül egy sem olvasta el azt a javaslatot. Tizenkét beszéd hangzott el a javaslat mellett. Hamby tábornok Austinból, Texasból levelet írt Watts elnöknek, amelyben meghallgatást kért a javaslat ellen. Nem kapott túl udvarias választ. Én megtagadtam a szavazást, és nagyon sok más bankár is így tett."

BULKLEY ÚR: „Úgy érti, hogy a Szövetség egyetlen tagjának sem hallgatták meg a törvényjavaslat elleni érveit?"

ANDREW FRAME: „Minden vitát elfojtottak."

KINDRED ÚR: „De azt a hírt adták ki, hogy gyakorlatilag egyhangúlag fogadták el."

ANDREW FRAME: „A törvényjavaslatot már Aldrich szenátor előkészítette, és 1911 májusában benyújtotta az Amerikai Bankárok Szövetségének végrehajtó tanácsához. A tanács tagjaként kaptam egy példányt a döntés meghozatala előtti napon. Amikor a törvényjavaslat New Orleansba érkezett, az Egyesült Államok bankárai még nem olvasták el."

KINDRED ÚR: „A levezető egyszerűen kizárta azokat, akik negatívan akartak hozzászólni?”

ANDREW FRAME: „Nem engedtek be a programba senkit, aki nem támogatta a törvényjavaslatot.”

GLASS ELNÖK: „Milyen jelentősége van annak a ténynek, hogy az Amerikai Bankárok Szövetségének következő éves közgyűlésén, amelyet 1912-ben Detroitb -ben tartottak, a Szövetség nem erősítette meg a Nemzeti Monetáris Bizottság tervének, az úgynevezett Aldrich-tervnek a támogatását?”

ANDREW FRAME: „Azért nem erősítette meg a támogatását, mert az Aldrich-terv támogatói tudták, hogy a Szövetség nem fogja támogatni. Mi készen álltunk rájuk, de ők nem hozták fel a témát.”

Andrew Frame leleplezte azt a összejátszást, amely 1911-ben elnyerte az Amerikai Bankárok Szövetségének támogatását az Aldrich-terv számára, de 1912-ben még csak nem is merte megismételni támogatását, félve a terv érdemeinek őszinte és nyílt megvitatásától.

Glass elnök ezután tanúként szólította az Egyesült Államok tíz legbefolyásosabb bankárának egyikét, George Blumenthalt, a Lazard Freres nemzetközi bankház társát és Eugene Meyer Jr. sógorát. Carter Glass lelkesen üdvözölte Blumenthalt, kijelentve, hogy „O'Gorman szenátor New Yorkból volt olyan kedves, hogy javasolta nekünk az Ön nevét.” Egy évvel később O'Gorman megakadályozta, hogy egy szenátusi bizottság kínos kérdéseket tegyen fel gazdájának, Paul Warburgnak, mielőtt jóváhagyták volna kinevezését a Federal Reserve Board első kormányzójának.

George Blumenthal kijelentette: „1893 óta a Lazard Freres cégem vezető szerepet tölt be az arany importjában és exportjában, és ennek köszönhetően kapcsolatba kerültünk mindenkivel, akinek köze volt ehhez.”

Taylor képviselő megkérdezte: „Van önnél nyilatkozat arról, hogy milyen szerepet játszott az arany behozatalában az Egyesült Államokba?” Taylor azért tette fel ezt a kérdést, mert a közgazdászok körében az 1893-as pánik az aranymozgások által kiváltott pénzügyi pánik klasszikus példájaként ismert.

„Nem," válaszolta George Blumenthal, „erre vonatkozóan semmilyen nyilatkozatom nincs, mert ez nem tartozik a kérdéshez."

Leslie Shaw, egy philadelphiai bankár, ellentétben állt a meghallgatások többi tanújával, és bírálta a rendszer olyannyira dicsért „decentralizációját". Azt mondta: „Az Aldrich-terv szerint a bankároknak helyi és kerületi szövetségeik lesznek, és ha létezik egy helyi szervezet, akkor a központosított irányítás biztosítva van. Tegyük fel, hogy van egy helyi szövetségünk Indianapolisban; nem tudná megnevezni azt a három embert, aki uralni fogja azt a szövetséget? És akkor nem tudná megnevezni azt az egy embert minden máshol? Ha összekapcsolják a bankokat, azok a legnagyobb befolyással bírhatnak ebben az országban, a sajtó kivételével."

A demokraták pénzügyi törvényjavaslatának népszerűsítése érdekében Carter Glass nyilvánosságra hozta a republikánusok, Aldrich szenátor Nemzeti Monetáris Bizottságának szánalmas eredményeit. 1913-as képviselőházi jelentésében így fogalmazott: „MacVeagh szenátor a Nemzeti Monetáris Bizottság 1911. május 12-ig felmerült költségeit 207 130 dollárra becsüli. Azóta további százezer dollárt költöttek el az adófizetők pénzéből. Az ilyen költségekkel elvégzett munkát nem lehet figyelmen kívül hagyni, de a Bizottság által kiadott kiterjedt szakirodalom áttekintése után a Banki és Pénzügyi Bizottság alig talált olyan elemet, amelynek köze lenne az Egyesült Államok hitelpiacának jelenlegi helyzetéhez. Az Aldrich-törvényjavaslatot a következő pontok miatt ellenezzük:

- Teljesen hiányzik belőle a létrehozott banki mechanizmus megfelelő kormányzati vagy állami ellenőrzése.

- Az a tendencia, hogy a szavazati jogot a rendszer nagy bankjainak kezébe adja.

- A rendszerben rejlő, rendkívül veszélyes inflációs kockázat.

- A törvényjavaslatban előirányzott kötvényfinanszírozási terv hiteltelensége, mivel nyíltan azt állítják, hogy ez a rendszer a kormánynak semmibe sem kerül.

- A törvényjavaslat veszélyes monopolisztikus vonatkozásai.

Bizottságunk munkájának kezdetén egyértelműen a központi bank mellett állt a közhangulat, ami a Nemzeti Monetáris Bizottság munkájának nyilvánvaló eredménye volt.

Glass, amikor az Aldrich-törvényjavaslatot központi banki tervként elítélte, figyelmen kívül hagyta azt a tényt, hogy a saját Federal Reserve Actje (Szövetségi Tartalék Törvénye) a központi bank összes funkcióját betöltené. Részvényeit magánrészvényesek birtokolnák, akik a kormány hitelét saját hasznukra használhatnák fel; a nemzet pénz- és hitelforrásait ellenőrizné; és kibocsátó bankként háború idején hitelek „mobilizálásával" finanszírozná az Egyesült Államok kormányát. „A központi banki tevékenység indokai" című cikkében Vera C. Smith (Pénzügyi Kutatási és Oktatási Bizottság, 1981. június) így ír: „A központi bank elsődleges definíciója egy olyan bankrendszer, amelyben egyetlen bank rendelkezik teljes vagy maradék monopóliummal a bankjegy-kibocsátás terén. A központi bank nem a banki fejlődés természetes terméke. Kívülről kényszerítik rá, vagy a kormány kedvezményeinek eredményeként jön létre."

Így a központi bank a kormány által biztosított bankjegy-kibocsátási monopóliumából nyeri el vezető pozícióját. Ez a hatalmának kulcsa. Ezenkívül a központi bank létrehozása közvetlen inflációs hatással jár a részleges tartalékrendszer miatt, amely lehetővé teszi a könyvelési hitelek, és ezáltal a pénz létrehozását, amely többszöröse a bank betéteiben vagy tartalékaiban ténylegesen rendelkezésre álló „pénznek".

Az Aldrich-tervről soha nem szavazott a Kongresszus, mert a republikánusok 1910-ben elvesztették a Képviselőházban meglévő többségüket, majd 1912-ben a Szenátusban és az elnöki poszton is vereséget szenvedtek.

HARMADIK FEJEZET

A FEDERÁLIS TARTALÉK TÖRVÉNY

„Pénzügyi rendszerünk hamis, és hatalmas terhet ró az emberekre... Ez a törvény a földön a leghatalmasabb trösztöt hozza létre.” – **Charles Augustus Lindbergh, Sr. kongresszusi képviselő**

LaFollette szenátor és Lindbergh kongresszusi képviselő beszédei 1912-ben az Aldrich-terv elleni ellenzék gyülekezőpontjaivá váltak. Emellett felkeltették a nép ellenérzését a Pénztröszt ellen. Lindbergh kongresszusi képviselő 1911. december 15-én így nyilatkozott: „A kormány más trösztöket üldöz, de a Pénztrösztöt támogatja. Több éve türelmesen vártam egy alkalomra, hogy leleplezzem a hamis pénzrendszert, és megmutassam, hogy a legnagyobb kedvezményezés az, amelyet a kormány a pénztrösztnek biztosít.”

LaFollette szenátor nyilvánosan azzal vádolta meg, hogy az Egyesült Államokat ötven emberből álló pénztröszt irányítja. George F. Baker, J.P. Morgan partnere, amikor a riporterek a vád valóságtartalmáról kérdezték, azt válaszolta, hogy az teljesen téves. Azt mondta, hogy személyes tapasztalatból tudja, hogy legfeljebb nyolc ember irányítja ezt az országot.

A Nation Magazine szerkesztőségi cikkében így válaszolt LaFollette szenátornak: „Ha létezik pénztröszt, nem lehet bizonyítani, hogy befolyását jó vagy rossz célokra gyakorolja.”

LaFollette szenátor emlékirataiban megjegyzi, hogy a pénztröszt ellen irányuló beszéde később az Egyesült Államok elnöki posztjába került neki, éppen úgy, ahogy Woodrow Wilson korai támogatása az Aldrich-terv iránt hozta őt szóba e tisztség betöltésére.

A Kongresszus végül gesztust tett a közhangulat megnyugtatására azzal, hogy bizottságot nevezett ki az Egyesült Államok pénz- és hitelrendszerének vizsgálatára. Ez volt a Pujo-bizottság, a Képviselőház Bank- és Valutaügyi Bizottságának albizottsága, amely 1912-ben tartotta a híres „Money Trust" meghallgatásokat, Arsene Pujo louisianai kongresszusi képviselő vezetésével, akit az olajipari érdekek szószólójának tartottak. Ezeket a meghallgatásokat szándékosan öt hónapig húzták, és eredményeként négy kötetben összesen hatezer oldalnyi nyomtatott tanúvallomás született. Hónapról hónapra a bankárok vonattal utaztak New Yorkból Washingtonba, tanúvallomást tettek a bizottság előtt, majd visszatértek New Yorkba. A meghallgatások rendkívül unalmasak voltak, és ezeken az üléseken nem derült ki semmi megdöbbentő információ. A bankárok ünnepélyesen elismerték, hogy valóban bankárok, ragaszkodtak ahhoz, hogy mindig a közérdekben járnak el, és azt állították, hogy őket is csak a közszolgálat legmagasabb eszményei vezérlik, akárcsak azokat a kongresszusi képviselőket, akik előtt tanúvallomást tettek.

A Pujo Money Trust meghallgatások paradox jellegét jobban megérthetjük, ha megvizsgáljuk azt az embert, aki egyedül vitte végig ezeket a meghallgatásokat: Samuel Untermyert. Ő volt Woodrow Wilson elnöki kampányalapjának egyik fő támogatója, és New York egyik leggazdagabb vállalati ügyvédje. 1926-os „Who's Who" című önéletrajzában kijelenti, hogy egyszer 775 000 dolláros díjat kapott egyetlen jogi ügyletért, az Utah Copper Company és a Boston Consolidated and Nevada Company – egy százmillió dolláros piaci értékű cég – sikeres egyesüléséért. Nem kérte sem LaFollette szenátort, sem Lindbergh képviselőt, hogy tanúskodjanak abban a vizsgálatban, amelyet egyedül ők kényszerítettek ki a Kongresszusra. A Pujo-bizottság különleges tanácsadójaként Untermyer egyedül vezette a meghallgatásokat. A kongresszusi tagok, beleértve a bizottság elnökét, Arsene Pujo képviselőt is, a meghallgatások kezdetétől a végéig mintha elnémultak volna. Ezen néma közszolgák egyike James Byrnes képviselő volt Dél-Karolinából, aki Bernard Baruch választókerületét képviselte, és aki később „Baruch embere" néven vált híressé, és akit Baruch a második világháború alatt a Háborús Mobilizációs Hivatal élére állított.

Bár Untermyer szakértője volt az ilyen ügyeknek, nem kérdezte meg a bankárokat az egymással összefonódó igazgatósági rendszerről, amelyen keresztül irányították az ipart. Nem foglalkozott a nemzetközi aranymozgásokkal, amelyekről köztudott, hogy a pénzügyi pánik egyik tényezői, sem az amerikai és az európai bankárok közötti nemzetközi kapcsolatokkal. Eugene Meyer, Lazard Freres, J. & W. Seligman, Ladenburg Thalmann, Speyer Brothers, M. M. Warburg és a Rothschild Brothers nemzetközi bankházak nem keltették fel Samuel Untermyer kíváncsiságát, bár a New York-i pénzügyi világban közismert volt, hogy ezeknek a családi bankházaknak mindegyike rendelkezett fiókokkal vagy leányvállalatokkal a Wall Streeten. Amikor Jacob Schiff megjelent a Pujo-bizottság előtt, Untermyer úr ügyes kérdései lehetővé tették Schiff úr számára, hogy hosszú percekig beszéljen anélkül, hogy bármilyen információt elárult volna a Kuhn Loeb Company bankház működéséről, amelynek ő volt a vezető partnere, és amelyet Robert L. Owen szenátor az európai Rothschildok képviselőjeként azonosított az Egyesült Államokban.

Az idősödő J.P. Morgan, akinek már csak néhány hónapja volt hátra, megjelent a bizottság előtt, hogy igazolja évtizedeken át folytatott nemzetközi pénzügyi ügyleteit. Untermyer úr tanulságára kijelentette, hogy „a pénz árucikk". Ez a pénzteremtők kedvenc trükkje volt, mivel azt akarták elhitetni a közvéleménnyel, hogy a pénzteremtés olyan természetes jelenség, mint a kukoricamező megtermése, holott valójában ez egy olyan juttatás volt, amelyet a bankároknak azok a kormányok adományoztak, amelyek felett ők szereztek ellenőrzést.

J.P. Morgan azt is elmondta a Pujo-bizottságnak, hogy hitelnyújtáskor csak egy tényezőt vett komolyan figyelembe: az ember jellemét; még az illető hitel-visszafizetési képessége vagy a fedezete is csekély jelentőségű volt. Ez a megdöbbentő észrevétel még a bizottság legkifáradtabb tagjait is meglepte.

A Pujo-bizottság farsangja úgy ért véget, hogy a pénzteremtők egyetlen ismert ellenzőjének sem engedték meg, hogy megjelenjen vagy tanúskodjon. Ami Samuel Untermyert illeti, LaFollette szenátor és Charles Augustus Lindbergh kongresszusi képviselő soha nem is létezett. Mindazonáltal ezeknek a kongresszusi képviselőknek sikerült meggyőzniük az Egyesült Államok népét arról, hogy a New York-i bankárok valóban monopóliummal rendelkeznek az ország pénzén és hitelén. A (A pénzteremtésről szóló bizottság) meghallgatásainak lezárásakor a bankárok és az általuk támogatott újságok azt állították, hogy az egyetlen módja ennek a monopóliumnak a megtörésére az, ha elfogadják a Kongresszus elé terjesztett bank- és valutatörvényt, amely egy évvel később a Federal Reserve Act néven került elfogadásra. A sajtó komolyan követelte, hogy a New York-i bankmonopóliumot törjék meg azzal, hogy az új bankrendszer irányítását a legjártasabb bankárra, Paul Warburgra bízzák.

Az 1912-es elnöki választási kampány az amerikai történelem egyik legérdekesebb politikai meglepetését hozta. A hivatalban lévő elnök, William Howard Taft népszerű volt, és a republikánusok – az általános jólét időszakában – mindkét házban meglévő többségük révén szilárdan irányították a kormányt. A demokraták kihívója, Woodrow Wilson, New Jersey kormányzója nem volt országosan ismert, és merev, szigorú emberként alig élvezett közvéleményi támogatást. Mindkét párt felvette a monetáris reformtörvényt a programjába: a republikánusok az Aldrich-tervet támogatták, amelyet Wall Street-tervként bélyegeztek meg, a demokraták pedig a Federal Reserve Act-et. Egyik párt sem vette a fáradtságot, hogy tájékoztassa a közvéleményt arról, hogy a törvényjavaslatok a nevükön kívül szinte azonosak voltak. Visszatekintve nyilvánvalónak tűnik, hogy a pénzteremtők úgy döntöttek, hogy elhagynak Taftot, és Wilson mellé állnak. Honnan tudjuk ezt? Taft újraválasztása biztosnak tűnt, Wilson pedig visszatért volna a feledésbe. Hirtelen Theodore Roosevelt „belépett a ringbe". Bejelentette, hogy harmadik párt jelöltjeként indul, a „Bull Moose" néven. Jelöltsége nevetséges lett volna, ha nem rendelkezett volna kivételesen jó anyagi háttérrel. Ráadásul korlátlan sajtófigyelmet kapott, többet, mint Taft és Wilson együttvéve. Mint republikánus exelnök, nyilvánvaló volt, hogy Roosevelt jelentősen csökkenti Taft szavazatait. Ez be is igazolódott, és Wilson nyerte a választást. A mai napig senki sem tudja megmondani, mi volt Theodore Roosevelt programja, vagy miért szabotálta a saját pártját. Mivel a bankárok mindhárom jelöltet finanszírozták, az eredménytől függetlenül nyertek volna. Későbbi kongresszusi tanúvallomásokból kiderült, hogy a Kuhn Loeb Company cégnél Felix Warburg Taftot, Paul Warburg és Jacob Schiff Wilsont, Otto Kahn pedig Rooseveltet támogatta. Ennek eredményeként 1912-ben demokratikus kongresszust és demokratikus elnököt választottak meg, hogy elfogadják a központi bankról szóló törvényt. Valószínűnek tűnik, hogy az Aldrich-terv Wall- -Street-i műveletként való azonosítása előre jelezte, hogy nehéz lesz a kongresszusi elfogadása, mivel a demokraták határozottan ellenezni fogják, míg egy sikeres demokratikus jelölt, akit a demokratikus kongresszus támogat, képes lesz elfogadtatni a központi banki tervet. Taftot kidobták a hajóból, mert a bankárok kételkedtek abban, hogy képes lenne végrehajtani az Aldrich-tervet, és Roosevelt volt a bukásának eszköze.[15]

Hogy még jobban összezavarják az amerikai népet, és elvakítsák őket a javasolt Federal Reserve Act valódi céljától, az Aldrich-terv megalkotói, a hatalmas Nelson Aldrich – bár már nem volt szenátor – és Frank Vanderlip, a National City Bank elnöke, felháborodást keltettek a törvényjavaslat ellen. Interjúkat adtak, amikor csak hallgatóságot találtak, és elítélték a javasolt Federal Reserve Act-et, mint a banki tevékenység és a jó kormányzás ellenségét. Az infláció réme azért került elő, mert a törvény rendelkezett a Federal Reserve bankjegyek nyomtatásáról. A The Nation 1913. október 23-i száma rámutatott: „Aldrich úr maga is felháborodást keltett a kormányzati „fiat pénz" kérdésével kapcsolatban, vagyis az arany vagy nemesfém fedezet nélkül kibocsátott pénzzel, noha pontosan ezt előíró törvényjavaslatot 1908-ban már elfogadták, amelynek ő maga volt a szerzője, és emellett tudta, hogy a „kormánynak" ehhez semmi köze nincs, mivel a Federal Reserve Board (Szövetségi Tartalék Tanács) lenne a felelős az ilyen pénzek kibocsátásáért."

Frank Vanderlip állításai annyira bizarrak voltak, hogy Robert L. Owen szenátor, az 1913. március 18-án újonnan létrehozott Szenátusi Bank- és Valutaügyi Bizottság elnöke azzal vádolta meg, hogy nyíltan félrevezető kampányt folytat a törvényjavaslat kapcsán. A közérdekeket – ahogy Carter Glass 1913. szeptember 10-én a Kongresszusban tartott beszédében állította – egy bankárokból álló tanácsadó testület fogja védeni. „Nincs semmi

[15] Az 1912-es végső elektori szavazatok eredménye a következő volt: Wilson – 409; Roosevelt – 167; Taft – 15.

gyanús a tranzakcióiban. Évente legalább négyszer ülésezik majd a rendszer minden regionális tartalékkerületét képviselő bankárok tanácsadó testülete. Hogyan is gyakorolhattunk volna nagyobb óvatosságot a közérdekek védelmében?”

Glass azt állította, hogy a javasolt Szövetségi Tanácsadó Testület arra kényszerítené a Federal Reserve Kormányzótanácsát, hogy a nép legjobb érdekeit szolgálja.

Root szenátor felvetette az infláció problémáját, azt állítva, hogy a Federal Reserve Act értelmében a bankjegyek forgalma mindig korlátlanul bővülne, ami súlyos inflációt okozna. A Federal Reserve System későbbi története azonban azt mutatta, hogy a rendszer nemcsak inflációt okozott, hanem a bankjegyek kibocsátása korlátozható is volt, ami deflációt okozott, ahogyan az 1929 és 1939 között történt.

A javasolt „decentralizált” rendszer egyik kritikusának Alfred Crozier, egy clevelandi ügyvéd bizonyult: Croziert azért hívták tanúskodni a szenátusi bizottság elé, mert 1912-ben írt egy provokatív könyvet, az U.S. Money vs. Corporation Currency (Amerikai pénz kontra vállalati valuta) címűt.[16] Támadta az 1908-as Aldrich-Vreeland-törvényt, mint a Wall Street eszközét, és rámutatott, hogy amikor kormányunknak magántulajdonban lévő értékpapírok alapján kellett pénzt kibocsátania, már nem voltunk szabad nemzet.

Crozier a szenátusi bizottság előtt tanúskodva kijelentette: „Meg kell tiltani a hitelek nyújtását vagy behívását azzal a céllal, hogy befolyásolják az értékpapírok jegyzésárát, valamint a bankok összehangolt hitelkötését vagy kamatemelését a közvélemény vagy bármely törvényhozó testület tevékenységének befolyásolása érdekében. Az elmúlt hónapokban a nyilvános sajtó arról számolt be, hogy William McAdoo, az Egyesült Államok pénzügyminisztere konkrétan azzal vádolta meg bizonyos nagy banki érdekcsoportokat, hogy összeesküvést szőttek a pénzkínálat szűkítése és a kamatlábak emelése érdekében, hogy a közvélemény rákényszerítse a Kongresszust az általuk kívánt monetáris törvények

---

[16] Crozier könyve leleplezte a pénzemberek tervét, amely szerint az Alkotmány I. cikke 8. szakaszának 5. bekezdésében garantált törvényes amerikai pénzt „vállalati pénznemmel” akarták felváltani.

elfogadására. Az úgynevezett kormányzati monetáris törvényjavaslat pontosan azt biztosítja, amiért a Wall Street és a nagy bankok huszonöt éve küzdenek, vagyis a pénzügyi szabályozás állami helyett magánkézben való irányítását. Ezt ugyanolyan teljes mértékben teszi, mint az Aldrich-javaslat. Mindkét intézkedés megfosztja a kormányt és a népet a közpénzek feletti hatékony ellenőrzéstől, és kizárólag a bankok kezébe adja azt a veszélyes hatalmat, hogy a nép körében pénzt szűkítsenek vagy bővítsenek. Az Aldrich-törvény ezt a hatalmat egy központi bank kezébe adja. Az adminisztráció törvényjavaslata tizenkét regionális központi bankba helyezi, amelyek mindegyike kizárólag azoknak a magánérdekeknek a tulajdonában áll, amelyek az Aldrich-bankot is birtokolták és működtették volna. Garfield elnök röviddel meggyilkolása előtt kijelentette, hogy aki a pénzkínálatot ellenőrzi, az ellenőrzi a nép üzleti tevékenységét és cselekedeteit is. Thomas Jefferson száz évvel ezelőtt figyelmeztetett bennünket, hogy a közpénzt kibocsátó magánközponti bank nagyobb fenyegetést jelent a nép szabadságaira, mint egy állandó hadsereg."

Érdekes megfigyelni, hogy hány amerikai elnök meggyilkolása követi az állami pénzkibocsátással kapcsolatos aggodalmaikat; Lincoln a Greenbackjével, a kamatmentes bankjegyekkel, Garfield pedig azzal, hogy közvetlenül meggyilkolása előtt nyilatkozatot tett a pénzügyi problémákról.

Most kezdjük megérteni, miért volt szükség egy ilyen hosszú, tervszerű megtévesztési kampányra, a Jekyll-szigeti titkos konferenciától kezdve a Demokrata és a Republikánus Párt által különböző nevek alatt javasolt azonos „reform" tervekig. A bankárok nem tudták elvenni a pénz kibocsátásának irányítását az Egyesült Államok polgáraitól, akiknek azt az Alkotmány a Kongresszuson keresztül kijelölte, amíg a Kongresszus meg nem adta nekik a központi bank monopóliumát. Ezért a Federal Reserve Act elfogadására gyakorolt befolyás nagy része a kulisszák mögött zajlott, főként két titokzatos, nem választott személy, a német bevándorló Paul Warburg és a texasi Edward Mandell House ezredes részéről.

Paul Warburg 1913-ban megjelent a Képviselőház Bank- és Valutabizottsága előtt, ahol röviden ismertette hátterét: „A Kuhn, Loeb Company bankház tagja vagyok. 1902-ben érkeztem ebbe az országba; Hamburgban, Németországban születtem és ott tanultam a banki szakmát, majd Londonban és Párizsban folytattam banki tanulmányaimat, és bejártam az egész világot. Az 1907-es pánik idején az első javaslatom az volt, hogy »Alkossunk egy nemzeti elszámolóházat!« Az Aldrich-terv tartalmaz néhány olyan elemet, amelyek egyszerűen a banki tevékenység alapvető szabályai. E tervben (az Owen-Glass-törvényjavaslatban) a céljuknak ugyanaznak kell lennie: a tartalékok központosítása, a kereskedelmi hitelek mozgósítása és a rugalmas bankjegy-kibocsátás megvalósítása."

Warburg „hitelek mozgósítása" kifejezése fontos volt, mert az első világháború hamarosan megkezdődött, és a Federal Reserve System első feladata a világháború finanszírozása lett volna. Az európai nemzetek már csődbe mentek, mert közel ötven éven át tartottak fenn nagy állandó hadseregeket – egy olyan helyzetet, amelyet saját központi bankjaik teremtettek –, és ezért nem tudták finanszírozni a háborút. A központi bank mindig hatalmas terhet ró az országra a „újrafegyverkezés" és a „védelem" érdekében, hogy eltörölhetetlen adósságot teremtsen, ezzel egyidejűleg katonai diktatúrát hozva létre és rabszolgává téve a népet, hogy kifizesse a bankárok által mesterségesen létrehozott adósság „kamatát".

A Federal Reserve Act-ről szóló szenátusi vitában Stone szenátor 1913. december 12-én így fogalmazott: „A nagy bankok évek óta arra törekednek, hogy a Pénzügyminisztériumban ügynököket tartsonak és irányítsanak, akik szolgálják céljaikat. Hadd idézzek ebből a World cikkből: „Amint McAdoo úr megérkezett Washingtonba, eltávolítottak egy nőt, akit a National City Bank helyezett el a Pénzügyminisztériumban, hogy előzetes információkat szerezzen a bankok helyzetéről és más, a nagy Wall Street-i csoportot érdeklő ügyekről. A miniszter és a miniszterhelyettes, John Skelton Williams azonnal súlyos bírálatnak lett kitéve a Wall Street-i csoport ügynökei részéről."

„Magam is több alkalommal tanúja voltam annak, hogy bankárok megtagadták a hitelt olyan emberektől, akik ellenezték politikai nézeteiket és céljaikat. Amikor Aldrich szenátor és társai az országot járva ezt a tervet hajtották végre, a nagy new york-i és chicagói bankok bőséges alapot gyűjtöttek az Aldrich-propaganda támogatására. Az én államomból származó bankárok elmondták nekem, hogy hozzájárulást követeltek tőlük ehhez a kizsákmányoló alaphoz, és hogy azért járultak hozzá, mert féltek, hogy feketelistára kerülnek vagy bojkottálják őket. Vannak ebben az országban olyan bankárok, akik a közjó ellenségei. A múltban néhány nagy bank olyan politikát és projekteket követett, amelyek megbénították az ország ipari energiáit, hogy megőrizzék hatalmas hatalmukat az amerikai pénzügyi és üzleti ágazatok felett."

Carter Glass önéletrajzában kijelenti, hogy Woodrow Wilson behívatta őt a Fehér Házba, és Wilson közölte vele, hogy szándékában áll a tartalékbankjegyeket az Egyesült Államok kötelezettségeivé tenni. Glass így ír: „Egy pillanatra elakadt a szavam. Tiltakoztam. Itt nincs szó semmiféle kormányzati kötelezettségről, elnök úr. Wilson azt mondta, hogy kompromisszumot kellett kötnie ebben a kérdésben a törvényjavaslat megmentése érdekében."

A „kompromisszum" kifejezés ebben a kérdésben közvetlenül Paul Warburgtól származott. Elisha Ely Garrison ezredes a Roosevelt,[17] Wilson and the Federal Reserve Law című művében így ír: „1911-ben Lawrence Abbot, Roosevelt úr magántitkára az „The Outlook"-nál, átadott nekem egy példányt az úgynevezett Aldrich-tervből a pénzreformról. Azt mondtam, nem tudom elhinni, hogy Warburg úr lenne a szerzője. Ez a terv nem más, mint az Aldrich–Vreeland-törvény, amely értékpapírok ellenében történő pénzkibocsátást írt elő. Warburg ezt ugyanúgy tudja, mint én. Azonnal megyek hozzá, és megkérdezem tőle. Rendben, az igazat. Igen, én írtam – mondta. Miért? – kérdeztem. Kompromisszum volt – válaszolta Warburg."[18]

Garrison szerint Warburg 1912. február 8-án írt neki.

„Nincs kétségem afelől, hogy egy alapos megbeszélés végén vagy te fogod látni az én szemszögemből, vagy én a tiédből – de remélem, hogy te fogod látni az enyémből."

Ez volt Warburg másik híres mondása, amikor titokban lobbizott a kongresszusi képviselőknél, hogy támogassák érdekeit, azzal a burkolt fenyegetéssel, hogy „az ő szemszögéből kell látniuk a

[17] Theodore Roosevelt.

[18] Elisha Ely Garrison, *Roosevelt, Wilson and the Federal Reserve Law*, Christopher Publications, Boston, 1931.

dolgot". Akik nem így tettek, azok a következő választásokon nagy összegeket kaptak ellenfeleiknek, és általában vereséget szenvedtek.

Garrison ezredes, a Brown Brothers bankárok, később a Brown Brothers Harriman ügynöke, mindenhol bejutott a pénzügyi közösségbe. House ezredesről így ír: „House ezredes teljes mértékben egyetértett Warburg úr korai írásaival." A 337. oldalon House ezredest idézi:

„Azt is javaslom, hogy a Központi Tanács tagjainak számát négyről ötre emeljék, és mandátumukat nyolcról tíz évre hosszabbítsák meg. Ez stabilitást biztosítana, és megfosztaná az elnököt attól a jogtól, hogy egyetlen hivatali ideje alatt megváltoztassa a tanács személyi összetételét."

House „megvonni az elnök hatalmát" kifejezése jelentős, mert a későbbi elnökök tehetetlennek érezték magukat a kormány irányvonalának megváltoztatásában, mivel nem rendelkeztek azzal a hatalommal, hogy a Federal Reserve Board összetételét megváltoztassák, és így többséget szerezzenek benne az adott elnök hivatali ideje alatt. Garrison a könyvében azt is írta:

„Paul Warburg az az ember, aki összeállította a Federal Reserve-törvényt, miután az Aldrich-terv országos felháborodást és ellenállást váltott ki. Mindkét terv szellemi atyja Alfred Rothschild londoni báró volt."

Stephen Wise rabbi önéletrajzi művében, a Challenging Years-ben Edward Mandell House ezredesre ([19]) úgy hivatkozott, mint „a nem hivatalos külügyminiszterre". House megjegyezte, hogy ő és Wilson tisztában voltak azzal, hogy a Federal Reserve Act elfogadásával a Legfelsőbb Bíróságnál is hatalmasabb eszközt hoztak létre. A Federal Reserve Kormányzótanácsa valójában egy pénzügyi legfelsőbb bíróságként működött, és döntéseik ellen fellebbezési lehetőség nem volt.

1911-ben, még mielőtt Wilson átvette volna az elnöki tisztséget, House visszatért texasi otthonába, és befejezte a Philip Dru, Administrator című könyvét. Látszólag regény volt, valójában azonban az Egyesült Államok jövőbeli kormányzásának részletes terve, „amely megvalósítaná a Karl Marx által megálmodott

[19] Lásd a „Életrajzok" című részben található hivatkozást

szocializmust" – House szerint. Ez a „regény" előre jelezte a progresszív jövedelemadó, a többletnyereség-adó, a munkanélküli-biztosítás, a társadalombiztosítás és a rugalmas valutárendszer bevezetését. Röviden: ez volt az a tervrajz, amelyet később a Woodrow Wilson- és a Franklin D. Roosevelt-kormányzatok követtek. A művet „névtelenül" adta ki a new yorki B. W. Huebsch, és széles körben terjesztették a kormánytisztviselők körében, akiknek nem volt kétségük a szerzőségét illetően. George Sylvester Viereck,[20] aki évek óta ismerte House-t, később írt egy beszámolót a Wilson–House kapcsolatról, The Strangest Friendship in History címmel.[21] 1955-ben Westbrook Pegler, aki 1932 és 1956 között a Hearst újságírója volt, hallott a Philip Dru című könyvről, és felhívta Vierecket, hogy megkérdezze, van-e neki egy példánya. Viereck elküldte Peglernek a könyvét, és Pegler írt róla egy cikket, amelyben kijelentette:

„A Philip Dru című könyvben bemutatott intézmények egyike a Federal Reserve System. A Schiffek, a Warburgok, a Kahnok, a Rockefellerek és a Morganok House-ba vetették hitüket. A Schiff, Warburg, Rockefeller és Morgan érdekek személyesen is képviseltették magukat a Jekyll-szigeti titokzatos konferencián. Frankfurter a Harvard jogi karára került, köszönhetően Felix Warburg és Paul Warburg pénzügyi támogatásának, és így kaptuk Alger és Donald Hiss-t, Lee Pressman-t, Harry Dexter White-ot és sok más Little Weenie pártfogoltját."[22]

House nyíltan szocialista nézeteit egyértelműen kifejezte a Philip Dru, Administrator című művében; az 57–58. oldalon House így írt:

---

[20] Lásd Viereck megjegyzését a „Életrajzok" részben

[21] George Sylvester Viereck, *A történelem legfurcsább barátsága, Woodrow Wilson és House ezredes*, Liveright, New York, 1932

[22] A jelen író Viereckkel volt a Hotel Belleclaire-ben, amikor Pegler felhívta és a könyvet kérte. Viereck a titkárnőjén keresztül elküldte neki. Mosolygott és azt mondta, Pegler nagyon izgatottnak tűnt. „Ebből biztosan jó cikket fog írni" – mondta Viereck nekem. Pegler valóban írt belőle egy jó cikket. Sajnos számára túl messzire ment a Warburgokról szóló említésekkel. Amíg támadásait La Grand Bouche-ra (Eleanor Roosevelt) és férjére korlátozta, még folytathatta, de miután nyilvánosságra hozta a Warburgok kapcsolatát a washingtoni kommunista kémhálózattal, a nagyvárosi napilapok azonnal megszüntették a rovatát, és Pegler hosszú karrierje véget ért.

„Közvetlen és erőteljes módon rámutatott arra, hogy civilizációnk alapvetően hibás, többek között azért, mert korlátozza a hatékonyságot; hogy ha a társadalom megfelelően lenne szervezve, senki sem lenne, aki nem lenne megfelelően ruházva és táplálva. Ennek eredményeként a divatos törvények, szokások és erkölcsi nevelés egyaránt felelősek voltak a lehetőségek egyenlőtlenségeiért és az ebből következő nagy különbségért a kevesek és a sokaság között; hogy az ilyen körülmények eredménye az volt, hogy a lakosság nagy részét hatékonyságképtelenné tette, az arány pedig országonként eltérő volt, attól függően, hogy az oktatás, a felvilágosodás és az önzetlen törvények milyen arányban álltak szemben a tudatlansággal, a bigottsággal és az önző törvényekkel."[23]

Könyvében House (Dru) elképzeli, hogy diktátorrá válik, és ráerőlteti a népre radikális nézeteit, 148. oldal: „ -ben felismerték, hogy Dru uralja a helyzetet, és hogy végre felemelkedett egy zseniális elme a Köztársaságban." Most felveszi a tábornoki címet. „Dru tábornok bejelentette, hogy diktátori hatalmat kíván magához ragadni... biztosították őket arról, hogy ő mentes minden személyes ambíciótól... kikiáltotta magát a „Köztársaság kormányzójának".[24]

Ez a mélabús álmodozó, aki diktátornak képzelte magát, valójában sikerült az Egyesült Államok elnökének bizalmas tanácsadói pozíciójába kerülnie, majd számos vágyát törvénybe iktatnia! A 227. oldalon felsorolja azokat a törvényeket, amelyeket diktátorként szeretne életbe léptetni. Ezek között szerepel az öregségi nyugdíjtörvény, a munkavállalói biztosítási kártérítés, a szövetkezeti piacok, a szövetségi tartalékbanki rendszer, a szövetkezeti hitelek, az állami foglalkoztatási irodák és egyéb „szociális jogszabályok", amelyek közül néhányat Wilson kormányzása alatt, másokat pedig Franklin D. Roosevelt

---

[23] Edward M. House ezredes, *Philip Dru, az adminisztrátor*, B. W. Heubsch, New York, 1912.

[24] Ez az idézet *a Philip Dru, Administrator* című műből származik, amelyet House ezredes írt 1912-ben, és amelyet azért szerepeltetünk itt, hogy bemutassuk totalitárius marxista filozófiáját. House 8 éven át Wilson elnök legközelebbi tanácsadója volt. Később a Franklin D. Roosevelt-kormányban is megőrizte befolyását. Massachusettsi Magnolia-i otthonából House Felix Frankfurter gyakori fehér házi látogatásai révén tanácsokkal látta el FDR-t. Frankfurtert később F.D.R. kinevezte a Legfelsőbb Bíróság tagjává.

kormányzása alatt fogadtak el. Ez utóbbi valójában a Wilson-kormány folytatása volt, sok azonos személyzettel, és House-szal, aki a háttérből irányította a kormányzást.

Mint a könyvben szereplő legtöbb háttérszereplő, Edward Mandell House ezredesnek is megvolt a kötelező „londoni kapcsolata". Eredetileg holland családból, a „Huis"-ból származott, ősei háromszáz évig éltek Angliában, majd apja Texasban telepedett le, ahol a polgárháború alatt blokádtöréssel szerezte meg vagyonát: pamutot és egyéb csempészárut szállított brit kapcsolataiknak, köztük a Rothschildoknak, és ellátmányt hozott vissza a ostromlott texasiaknak. Az idősebb House, nem bízva a bizonytalan texasi helyzetben, óvatosan a londoni Baring bankházban helyezte el aranyban a blokádáttörésből származó összes nyereségét.[25] A polgárháború végén ő volt az egyik leggazdagabb ember Texasban. Fiait egyik kereskedőtársa után „Mandell"-nek nevezte el.

Arthur Howden Smith szerint, amikor House apja 1880-ban meghalt, vagyonát a következőképpen osztották fel fiai között: Thomas William kapta a banküzletet; John a cukornádültetvényt; Edward M. pedig a gyapotültetvényeket, amelyek évi 20 000 dolláros jövedelmet hoztak neki.[26]

Tizenkét éves korában a fiatal Edward Mandell House agyhőgöt kapott, majd később egy napszúrás is tovább rontotta egészségi állapotát. Félig rokkant volt, és betegségei miatt furcsa, keleties külsőt kapott. Soha nem végzett el semmilyen szakmát, de apja vagyonát felhasználva a texasi politika háttérbeli irányítójává vált, és 1893-tól 1911-ig egymást követően öt kormányzót juttatott hatalomra. 1911-ben elkezdte támogatni Wilson elnöki jelöltségét, és ráadta a döntő jelentőségű texasi küldöttséget, ami biztosította a

[25] A Dope, Inc. a következőképpen jellemzi a Barings-t: „A Baring Brothers, az ópiumkereskedelem vezető kereskedelmi bankja 1783-tól napjainkig, szintén szoros kapcsolatot tartott fenn a bostoni családokkal... A csoport vezető bankára a 19·század végén a Morgan-ház lett – amely szintén részesedést kapott a keleti ópiumkereskedelemből... Morgan távol-keleti tevékenysége a hivatalosan folytatott brit ópiumkereskedelem volt... Morgan ügye különös figyelmet érdemel az amerikai rendőrség és szabályozó hatóságok részéről, mivel a Morgan Guaranty Trust szoros kapcsolatban állt a brit ópiumbankok azonosított vezetésével."

[26] Arthur Howden Smith, *The Real Col. House*, Doran Company, New York, 1918.

jelölését. House 1912. május 31-én találkozott Wilsonnal először a Hotel Gothamban.

George Sylvester Viereck *A történelem legfurcsább barátsága, Woodrow Wilson és House ezredes* című könyvében a következőket írja:

„Mi" – kérdeztem House-tól – „kötötte össze a barátságukat?" „A temperamentumunk és a közpolitikánk azonossága" – válaszolta House. „Mi volt a célja, és mi az övé?" „Bizonyos liberális és haladó eszmék törvénybe foglalása."[27]

House elmondta Viereckneк, hogy amikor a Fehér Házba ment Wilsonhoz, átadott neki 35 000 dollárt. Ezt csak az a 50 000 dollár haladta meg, amelyet Bernard Baruch adott Wilsonnak.

House programjainak sikeres elfogadása nem kerülte el más Wilson-társai figyelmét sem. *A The Intimate Papers of Col. House* című könyv 1. kötetének 157. oldalán House megjegyzi: „A kabinet tagjai, mint Mr. Lane és Mr. Bryan, kommentálták Dru hatását az elnökre. »Minden, amit a könyv előrevetített,« írta Lane, »megvalósul. Az elnök végül »Philip Dru«-hoz fordul.«"[28]

House a The Intimate Papers of Col. House című művében rögzítette a Federal Reserve Act érdekében tett erőfeszítéseinek egy részét: „1912. december 19. Telefonon beszéltem Paul Warburggal a pénzreformról. Elmeséltem neki a washingtoni utamat és azt, mit tettem ott annak érdekében, hogy a dolog működőképessé váljon. Elmondtam neki, hogy a szenátus és a kongresszusi képviselők láthatóan alig várják, hogy megtehessék, amit ő kíván, és hogy a megválasztott elnök, Wilson, egyértelműen áll a kérdéshez."[29]

Így tehát Warburg washingtoni ügynöke, House ezredes biztosítja őt arról, hogy a szenátus és a kongresszusi képviselők meg fogják tenni, amit ő kíván, és hogy a megválasztott elnök „helyesen gondolkodik a kérdésről". Ebben a kontextusban úgy tűnik, hogy a

---

[27] George Sylvester Viereck, *The Strangest Friendship in History, Woodrow Wilson and Col. House,* Liveright, New York, 1932.

[28] Edward Mandell House ezredes, *The Intimate Papers of Col. House,* szerkesztette Charles Seymour, Houghton Mifflin Co., 1926–28, 1. kötet, 157. o.

[29] Uo. 1. kötet, 163. o.

képviseleti kormányzás megszűnt létezni. House így folytatja a „Papers"-ben:

„1913. március 13. Warburg és én bizalmas megbeszélést folytattunk a pénzreformról.

1913. március 27. J.P. Morgan Jr. úr és cégének Denny úr pontosan ötkor érkezett. 47

McAdoo körülbelül tíz perccel később érkezett. Morgannak már kinyomtatott pénzügyi terve volt. Javasoltam, hogy írassa le gépeléssel, hogy ne tűnjön túl előre megtervezettnek, és küldje el még ma Wilsonnak és nekem.

1913. július 23. Megpróbáltam megmutatni Quincy polgármesternek (Bostonból), hogy milyen ostobaság az, hogy a keleti bankárok ellenséges álláspontot képviselnek a pénzügyi törvényjavaslattal szemben. Elmagyaráztam Henry Higginson őrnagynak[30], milyen gondossággal fogalmazták meg a törvényjavaslatot. Épp mielőtt megérkezett, befejeztem a Harvardon tanító Sprague professzor áttekintését Paul Warburg Glass-Owen-törvényjavaslatra vonatkozó kritikájáról, és holnap továbbítom azt Washingtonba. Minden olyan bankárt, akit Warburg ismer, és aki gyakorlati szempontból ismeri a témát, felhívtunk a törvényjavaslat kidolgozásával kapcsolatban.

1913. október 13. Paul Warburg volt ma az első látogatom. A monetáris intézkedésről jött beszélgetni. Az Owen-Glass-törvényjavaslatnak számos olyan eleme van, amelyet ő nem tart helyesnek. Megígértem, hogy összekötöm McAdoo-val és Owen szenátorral, hogy megbeszélhesse velük a kérdést.

1913. november 17. Paul Warburg telefonált a washingtoni útjáról. Később ő és Jacob Schiff úr átjöttek néhány percre.

Warburg beszélt a legtöbbet. Új javaslata volt a hagyományos tartalékbankok csoportosítására vonatkozóan, hogy az egységek összekovácsolódjanak és könnyebben kapcsolatba lépjenek a Federal Reserve Boarddal.

George Sylvester Viereck *A történelem legfurcsább barátsága, Woodrow Wilson és House ezredes című könyvében* így ír: „A

[30] Boston legjelentősebb bankára.

Schiffek, a Warburgok, a Kahnok, a Rockefellerek és a Morganok House-ban bíztak. Amikor a Federal Reserve-törvény végre konkrét formát öltött, House volt a közvetítő a Fehér Ház és a pénzemberek között."[31]

A 45. oldalon Viereck megjegyzi: „House ezredes a monetáris rendszer reformját a Wilson-kormány legfőbb belpolitikai eredményének tekinti."[32]

A Glass-törvényjavaslat (a végleges Federal Reserve Act képviselőházi változata) 1913. szeptember 18-án 287 szavazattal 85 ellenében került elfogadásra a Képviselőházban. 1913. december 19-én a Szenátus 54 szavazattal 34 ellenében fogadta el saját változatát. Több mint negyven fontos különbséget kellett még rendezni a Képviselőház és a Szenátus változatai között, és a törvényjavaslat ellenzői mindkét házban azt hitték, hogy még sok hétnek kell eltelnie, mire a konferencia-javaslat készen áll a megvitatásra. A kongresszusi képviselők felkészültek arra, hogy elhagyják Washingtont az éves karácsonyi szünetre, biztosak abban, hogy a konferencia-javaslatot csak a következő évben terjesztik elő. Ekkor a pénzteremtők előkészítették és végrehajtották tervük legzseniálisabb lépését. Egyetlen nap alatt tisztázták a törvényjavaslat mind a negyven vitatott pontját, és gyorsan szavazásra bocsátották. 1913. december 22-én, hétfőn a törvényjavaslatot a Képviselőház 282-60, a Szenátus pedig 43-23 arányban fogadta el. 1913. december 21-én *a The New York Times* szerkesztőségi cikkében így kommentálta a törvényt: „New York pénzügyi növekedése szilárdabb alapokra fog épülni, és hamarosan a világ pénzügyi központjává válik."

A The New York Times 1913. december 22-én, hétfőn a címlapon a következő címsorral számolt be: A PÉNZÜGYI TÖRVÉNYJAVASLAT MA TÖRVÉNY LÉHET – A KONFERENCIÁT RÉSZTVEVŐI MA REGGEL 1:30-KOR SZÁMOS KÜLÖNBÖZETET MEGOLDOTTAK-NINCS BETÉTBIZTOSÍTÁS – A SÉNÁTUS ENGEDETT EBBEN A KÉRDÉSBEN, DE SZÁMOS MÁS MÓDOSÍTÁST ELFOGADOTT „Szinte példátlan gyorsasággal a Képviselőház és

---

[31] George Sylvester Viereck, A történelem legfurcsább barátsága, Woodrow Wilson és House ezredes, Liveright, New York, 1932.
[32] Uo.

a Szenátus közötti nézeteltéréseket rendező konferencia ma hajnalban gyakorlatilag befejezte munkáját. Szombaton a konferencia résztvevői alig tettek többet, mint hogy elintézték az előkészületeket, így vasárnapra negyven lényeges nézeteltérést hagytak megvitatásra... Ezen a héten sem a Képviselőház, sem a Szenátus nem fog más fontos törvényjavaslatot tárgyalni. Mindkét ház tagjai már készülnek a washingtoni távozásra."

„Példátlan gyorsasággal" – írja *a The New York Times*. Ebben a végső stratégiában Paul Warburg finom keze látszik. A törvényjavaslat leghangosabb kritikusai közül néhányan már elhagyták Washingtonot. Régóta bevett politikai illem volt, hogy karácsony előtti héten nem hoznak döntést fontos törvényjavaslatokról, de ezt a hagyományt durván felrúgták, hogy ráerőltessék az amerikai népnek a Federal Reserve Act-et.

A *Times* elrejtett egy rövid idézetet Lindbergh kongresszusi képviselőtől, miszerint „a törvényjavaslat a föld leghatalmasabb trösztjét hozná létre", és idézte Guernsey képviselőt Maine-ből, a Képviselőház Bank- és Valutaügyi Bizottságának republikánus tagját, aki szerint „ez egy inflációs törvényjavaslat, az egyetlen kérdés az infláció mértéke".

Lindbergh képviselő azon a történelmi napon a következőket mondta a Ház előtt:

„Ez a törvény a föld leghatalmasabb trösztjét hozza létre. Amikor az elnök aláírja ezt a törvényjavaslatot, a monetáris hatalom láthatatlan kormányzata törvényessé válik. Az emberek talán nem veszik észre azonnal, de a számadás napja már csak néhány évre van. A trösztök hamarosan rájönnek, hogy még a saját érdekükben is túl messzire mentek. Az embereknek függetlenségi nyilatkozatot kell kiadniuk, hogy megszabaduljanak a monetáris hatalomtól. Ezt úgy tehetik meg, hogy átveszik az irányítást a Kongresszus felett. A Wall Street-i emberek nem tudnának becsapni minket, ha ti, szenátorok és képviselők, nem tennétek a Kongresszust színjátékká. Ha népi Kongresszusunk lenne, stabilitás lenne.

A Kongresszus legnagyobb bűne a pénzrendszere. A banki törvényjavaslat az évszázadok legrosszabb jogalkotási bűncselekményét követi el. A frakció és a pártvezérek ismét működésbe léptek, és megakadályozták, hogy a nép részesüljön a saját kormányának előnyeiből."

A New York Times 1913. december 23-i szerkesztői cikkében, ellentétben Lindbergh képviselő törvényjavaslatot bíráló véleményével, így kommentálta: „A banki és valutatörvényjavaslat egyre jobb és szilárdabb lett, ahányszor a Capitolium egyik végéből a másikba küldték. A Kongresszus a nyilvánosság felügyelete alatt dolgozott a törvényjavaslat kidolgozásán."

A „nyilvános felügyelet" alatt *a Times* nyilván Paul Warburgot értette, aki több napon át egy kis irodát tartott fenn a Capitolium épületében, ahonnan irányította a törvényjavaslat karácsony előtti sikeres elfogadására irányuló kampányt, és ahová szenátorok és kongresszusi képviselők óránként érkeztek az ő utasítására, hogy végrehajtsák a stratégiáját.

A „karácsonyi mészárlásként" ismert eseménysorozat során a Kongresszus által a Federal Reserve Act-et elfogadó „példátlan gyorsaságnak" volt egy előre nem látható vonása. Woodrow Wilson-t váratlanul érte a dolog, mivel neki, mint sok másnak, biztosították, hogy a törvényjavaslatot csak karácsony után fogják szavazásra bocsátani. Most azonban megtagadta az aláírást, mert kifogásolta a B osztályú igazgatók kiválasztására vonatkozó rendelkezéseket. William L. White Bernard Baruch életrajzában leírja, hogy Baruch, aki Wilson kampányalapjának egyik fő támogatója volt, megdöbbent, amikor értesült arról, hogy Wilson megtagadta a törvényjavaslat aláírását. Sietve a Fehér Házba sietett, és biztosította Wilsont, hogy ez csak aprócska kérdés, amelyet később „adminisztratív eljárások" révén rendezni lehet. A legfontosabb az volt, hogy a Federal Reserve Act-et azonnal törvénybe iktassák. Ezzel a megnyugtatással Wilson 1913. december 23-án aláírta a Federal Reserve Act-et. A történelem bebizonyította, hogy azon a napon az Alkotmány megszűnt az amerikai nép irányadó szerződése lenni, és szabadságjogainkat átadták egy kis nemzetközi bankárokból álló csoportnak.

Az 1913. december 24-i New York Times címlapján a következő főcím jelent meg: „WILSON ALÁÍRTA A PÉNZÜGYI TÖRVÉNYT!" Alatta, szintén nagybetűkkel, két további főcím volt olvasható: „A JÓLÉT MINDENKIÉ" és „MINDEN TÁRSADALMI RÉTEGNEK SEGÍTSÉGET NYÚJT". Ki ellenezhetne egy olyan törvényt, amely mindenki számára előnyöket biztosít? *A Times* leírta az ünnepi hangulatot, miközben Wilson családja és kormányzati tisztviselők nézték, ahogy aláírja a törvényt.

„A karácsonyi hangulat áthatotta a gyülekezetet" – örvendezett *a Times*.

Carter Glass életrajzában Rixey Smith kijelenti, hogy a törvény aláírásánál jelen voltak Marshall alelnök, Bryan miniszter, Carter Glass, Owen szenátor, McAdoo miniszter, Champ Clark házelnök és más pénzügyminisztériumi tisztviselők. A törvényjavaslat valódi szerzői, a Jekyll-szigeti megfogalmazók közül senki sem volt jelen. Óvatosan távol maradtak győzelmük színhelyétől. Rixey Smith azt is írta: „Olyan volt, mintha a karácsony két nappal korábban jött volna el." 1913. december 24-én Jacob Schiff így írt House ezredesnek:

„Kedves House ezredes! Szeretnék néhány szót szólni Önnek a pénzügyi törvényhozás érdekében végzett csendes, de kétségtelenül hatékony munkájáról, és gratulálni szeretnék ahhoz, hogy a törvényjavaslatot végre törvénybe iktatták. Minden jót kívánok, hűségesen az Öné, JACOB SCHIFF."

Moore képviselő Kansasból a törvény elfogadásáról szólva a következőket mondta a Képviselőházban: „Az Egyesült Államok elnöke mostantól az ország összes pénzügyeinek abszolút diktátora lesz. Kinevez egy hétfős ellenőrző testületet, amelynek minden tagja a politikai pártjához tartozik, még akkor is, ha az kisebbségben van. A pénzügyminiszternek legfőbb hatalma lesz, ha véleménykülönbség adódik közte és a Federal Reserve Board között.

ÉS a tanácsnak csak egy tagja távozik hivatalából az elnök hivatali ideje alatt."

A testület tagjainak tízéves hivatali idejét az 1935-ös banki törvény tizennégy évre hosszabbította meg, ami azt jelentette, hogy a nemzet pénzügyeinek ezek az igazgatói, bár nem a nép választotta őket, három elnöknél is hosszabb ideig maradtak hivatalban.

Míg House ezredes, Jacob Schiff és Paul Warburg a jól végzett munka dicsőségében sütkéreztek, a dráma többi szereplőjét később utólagos megfontolások foglalkoztatták. Woodrow Wilson 1916-ban a következőket írta: „Nemzeti gazdaság és bankrendszer", Szenátusi dokumentum 3. sz., 223. sz., 76. kongresszus, 1. ülésszak, 1939: „Hitelrendszerünk (a Federal Reserve System-ben) koncentrálódik. A nemzet növekedése és minden tevékenységünk ezért néhány ember kezében van."

Amikor Clarence W. Barron megkérdezte tőle, hogy jóváhagyja-e a törvényjavaslatot annak végleges formájában, Warburg így válaszolt: „Nos, nem tartalmazza pontosan mindazt, amit szeretnénk, de a hiányosságokat később adminisztratív eljárásokkal ki lehet pótolni."

A legtöbb kortárs történész Woodrow Wilsonnak és Carter Glassnak tulajdonítja a törvényt, de az érintettek közül Wilsonnak volt a legkevesebb köze a törvényjavaslatot érintő kongresszusi döntéshozatalhoz. George Creel, egy veterán washingtoni tudósító, a Harper's Weekly 1915. június 26-i számában így írt:

„Ami a Demokrata Pártot illeti, Woodrow Wilsonnak nem volt befolyása, kivéve a támogatói körét. Bryan volt az, aki a vámtörvény, a panamai csatorna díjainak eltörlése és a pénzügyi törvény ügyében egy vonalba állította a Kongresszust." Bryan később így írt: „Ez az egyetlen dolog, amit közéleti pályafutásomban megbántam – az a munkám, amellyel a Federal Reserve-törvény elfogadását biztosítottam."

1913. december 25-én *a The Nation* rámutatott, hogy „a New York-i tőzsde folyamatosan emelkedni kezdett annak a hírnek a hatására, hogy a szenátus készen áll a Federal Reserve Act elfogadására."

Ez cáfolja azt az állítást, hogy a Federal Reserve-törvény monetáris reformtörvény volt. A New York-i Értéktőzsdét általában a Washingtonban elfogadott pénzügyi jogszabályok valódi jelentésének pontos barométerének tekintik. Aldrich szenátor is úgy döntött, hogy többé nincsenek kétségei a Federal Reserve-törvényt illetően. Az általa tulajdonolt, *The Independent* nevű magazinban 1914 júliusában a következőket írta: „E törvény elfogadása előtt a New York-i bankárok csak New York tartalékait tudták uralni. Most már az egész ország banki tartalékait uralhatjuk."

H.W. Loucks *a The Great Conspiracy of the House of Morgan* című művében elítélte a Federal Reserve Act-et: „A Federal Reserve törvényben elvették a néptől és maguknak biztosították azt az alkotmányos jogot, hogy pénzt bocsássanak ki és annak értékét szabályozzák." A 31. oldalon Loucks így ír: „A Morgan-ház ma már teljes ellenőrzése alatt tartja iparunkat, kereskedelmünket és politikai ügyeinket.

Teljes mértékben ők irányítják a Demokrata, a Republikánus és a Progresszív Párt politikájának alakítását. A jelenlegi, a „felkészültségre" irányuló rendkívüli propaganda-kampányt inkább a belföldi kényszerítésre tervezték, mint a külföldi agresszió elleni védekezésre."[33] A Federal Reserve Act (Szövetségi Tartalék Törvény) Woodrow Wilson általi aláírása jelentette a csúcspontját annak az évekig tartó összejátszásnak, amelyben közeli barátja, House ezredes és Paul Warburg is részt vett. Az egyik olyan személy, akivel House a Wilson-kormány idején ismerkedett meg, Franklin D. Roosevelt, a haditengerészet helyettes államtitkára volt. Amint 1932-ben elnyerte a Demokrata Párt elnöki jelöltségét, Franklin D. Roosevelt „zarándoklatot" tett House ezredes massachusettsi Magnolia-i otthonába. Roosevelt, az 1920-as évek republikánus szünete után, megvalósította Philip Dru, a Nemzeti Hitelintézet ([34]) igazgatójának azokat a céljait, amelyeket Wilson nem tudott végrehajtani. Roosevelt későbbi eredményei között szerepelt a társadalombiztosítási program bevezetése, a többletnyereség-adó bevezetése, valamint a progresszív jövedelemadó kiterjesztése a keresett jövedelem 90%-ára.

House életrajzírója, Charles Seymour így írt: „Fárasztották a pártpolitika és a kinevezések részletei. Még az a szerep sem elégítette ki, amelyet a konstruktív belföldi jogalkotásban (a Federal Reserve Act, a vámtarifa-felülvizsgálat és a jövedelemadó-módosítás) vállalt. 1914 elejétől egyre több időt szentelt annak, amit a politika legmagasabb formájának tartott, és amihez különösen alkalmas volt: a nemzetközi ügyeknek."[35]

1938-ban, röviddel halála előtt, House így nyilatkozott Charles Seymournak: „Az elmúlt tizenöt évben a dolgok középpontjában álltam, bár kevesen sejtik ezt. Egyetlen fontos külföldi személyiség sem érkezett az Egyesült Államokba anélkül, hogy beszélt volna velem. Közel álltam a Rooseveltot jelölő mozgalomhoz. Roosevelt

---

[33] H.W. Loucks, *A Morgan-ház nagy összeesküvése*, magánkiadás, 1916.

[34] E.M. House, *Philip Dru, Administrator*, B. W. Heubsch, N.Y., 1912.

[35] E.M. House ezredes, *The Intimate Papers of Col. House*, 4 kötet, 1926–1928, Houghton Mifflin Co.

szabad kezet adott nekem a tanácsadásban. Minden nagykövet rendszeresen jelentett nekem."

Az 1913-as Federal Reserve Act (Szövetségi Tartalék Törvény) képviselőházi elfogadott és szenátusi módosított változatának összehasonlító nyomtatványa a következő feltűnő változást mutatja:

A Szenátus törölte a következő szövegrészt: „A Federal Reserve bankok tisztviselőinek felfüggesztése indokolt esetben, írásban, meghallgatás lehetőségével, az említett tisztviselő eltávolításának megkövetelése alkalmatlanság, kötelességmulasztás, csalás vagy megtévesztés miatt, az ilyen eltávolításnak az Egyesült Államok elnökének jóváhagyását kell követnie." Ezt a Szenátus a következőképpen módosította: „Bármely Federal Reserve Bank tisztviselőjét vagy igazgatóját felfüggeszthetik vagy eltávolíthatják, az eltávolítás okát a Federal Reserve Board haladéktalanul írásban közli az eltávolított tisztviselővel vagy igazgatóval, valamint az említett bankkal." Ez teljesen megváltoztatta azokat a feltételeket, amelyek mellett egy tisztviselőt vagy igazgatót eltávolíthatnak. Már nem tudjuk, mik a leváltás feltételei, sem az okát. Úgy tűnik, a Federal Reserve Board számára nem számít az alkalmatlanság, a kötelességmulasztás, a csalás vagy a megtévesztés. Ezenkívül a leváltott tisztviselőnek nincs lehetősége fellebbezni az elnökhöz. Írásbeli megkeresésre a Federal Reserve Board helyettes titkára azt válaszolta, hogy az elmúlt harminchat évben csak egy tisztviselőt távolítottak el „okból", és ennek a személynek a neve és az ügy részletei az érintett személy, az érintett Reserve Bank és a Federal Reserve Board közötti „magánügynek" minősülnek.

A Federal Reserve System 1914-ben kezdte meg működését a Woodrow Wilson által kinevezett Szervező Bizottság tevékenységével, amelynek tagjai William McAdoo pénzügyminiszter – aki Wilson veje volt –, Houston mezőgazdasági miniszter és John Skelton Williams pénzügyi felügyelő voltak.

1914. január 6-án J.P. Morgan találkozott a Szervező Bizottsággal New Yorkban. Tájékoztatta őket, hogy az új rendszerben nem lehet több mint hét regionális körzet.

Ennek a bizottságnak kellett kiválasztania a „decentralizált" tartalékbankok helyszíneit. Felhatalmazták őket, hogy nyolc és tizenkét tartalékbank közül válasszanak, bár J.P. Morgan tanúvallomásában kijelentette, hogy szerinte legfeljebb négyet kellene kiválasztani. A helyszínek kiválasztása során sok politikai manőver folyt, mivel a így kiválasztott tizenkét város hatalmas jelentőségre tett szert a pénzügyi központok között. New York természetesen eleve biztos volt. Richmond volt a következő választás, mint ellentételezés Carter Glassnak és Woodrow Wilsonnak, a két virginiai politikusnak, akiknek politikai érdemet tulajdonítottak a Federal Reserve Act elfogadásáért. A bizottság további választásai Boston, Philadelphia, Cleveland, Chicago, St. Louis, Atlanta, Dallas, Minneapolis, Kansas City és San Francisco voltak. E választás eredményeként ezek a városok később mind fontos „pénzügyi negyedeket" alakítottak ki.

Ezek a helyi küzdelmek azonban eltörpültek a New York-i Federal Reserve Bank rendszerben betöltött teljes dominanciája mellett.

Ferdinand Lundberg az America's Sixty Families című művében rámutatott, hogy „a gyakorlatban a New York-i Federal Reserve Bank lett a tizenkét regionális bankból álló rendszer forrása, mivel New York volt az ország pénzpiaca. A többi tizenegy bank csupán drága mauzóleum volt, amelyet a helyi büszkeség megnyugtatására és a hátországban élő emberek Jackson-féle félelmeinek elcsillapítására emeltek. Benjamin Strongot, a Bankers Trust (J.P. Morgan) elnökét választották meg a New York-i Federal Reserve Bank első kormányzójának. A nagypénzügyekben jártas Strong hosszú évekig a vezető new york-i bankokat képviselő igazgatók belátása szerint irányította az ország monetáris rendszerét. Strong vezetése alatt a Federal Reserve rendszer szoros kapcsolatba került az Angol Nemzeti Bankkal és a Francia Nemzeti Bankkal. Benjamin Strong a New York-i Federal Reserve Bank elnöki posztját 1928-ban bekövetkezett hirtelen haláláig töltötte be, éppen akkor, amikor a Kongresszus vizsgálatot indított a Federal Reserve elnökei és az európai központi bankok vezetői közötti titkos találkozókról, amelyek a 1929–1931-es nagy gazdasági világválságot idézték elő."[36] Strong feleségül vette a Bankers Trust elnökének lányát, ami bevezette őt a nagy pénzügyi világban oly fontos szerepet játszó dinasztikus intrikák öröklési rendjébe. Tagja volt az eredeti Jekyll Island-i csoportnak, a First Name Clubnak is, és így alkalmas volt a

---

[36] Ferdinand Lundberg, *Amerika hatvan családja*, 1937.

Federal Reserve System legmagasabb pozíciójára, a teljes rendszert uraló New York-i Federal Reserve Bank kormányzói posztjára.

Paul Warburgot J. Laurence Laughlin alapvető művében, a The Federal Reserve Act, Its Origins and Purposes című könyvben is megemlítik: „Paul Warburg úr, a Kuhn, Loeb Company képviselője 1910 márciusában egy meglehetősen átgondolt tervet terjesztett elő, amely az Egyesült Államok Egyesült Tartalékbankja néven vált ismertté. Ezt a tervet *a The New York Times* 1910. március 24-i számában tették közzé. A Nemzeti Monetáris Bizottság céljaiban érdekelt csoport 1910 decemberében körülbelül két héten át titokban találkozott Jekyll Islanden, és a Nemzeti Monetáris Bizottság által a Kongresszus elé terjesztendő törvényjavaslat előkészítésére koncentrált. A Jekyll-szigeten jelen lévő férfiak Aldrich szenátor, H. P. Davison a J.P. Morgan Company-tól, Paul Warburg a Kuhn, Loeb Company-tól, Frank Vanderlip a National City Bank-tól és Charles D. Norton a First National Bank-tól voltak. Kétségtelenül a csoport legkiválóbb banki elméje Warburg úr volt, aki európai banki képzésben részesült. Aldrich szenátor nem rendelkezett speciális banki képzettséggel."[37]

Paul Warburgról szóló cikk, amelyet Harold Kelloch írt „Warburg, a forradalmár" címmel, a Century Magazine 1915. májusi számában jelent meg. Kelloch így ír:

„Ráerőltette elképzeléseit egy százmilliós nemzetre... Warburg úr nélkül nem lett volna Federal Reserve Act. A hamburgi Warburg és Warburg bankház mindig is szigorúan családi vállalkozás volt. Csak Warburgok jöhettek szóba, de minden Warburg ebbe a családba született. 1895-ben feleségül vette a Kuhn Loeb Company néhai Solomon Loeb lányát. 1902-ben a Kuhn Loeb Company tagja lett. Warburg úr magánvállalkozásából származó fizetése évente körülbelül fél millió volt. Warburg úr motivációi tisztán hazafias önfeláldozáson alapultak."

A Federal Reserve Act valódi céljai hamarosan kiábrándították azokat, akik eleinte hittek az állításokban. W. H. Allen a Moody's Magazine 1916-os számában így írt: „A Federal Reserve Act célja az volt, hogy megakadályozza a pénz New York-i bankokban való koncentrálódását azáltal, hogy a vidéki bankárok számára

[37] J. Laurence Laughlin, *A Federal Reserve Act, eredete és céljai.*

jövedelmezővé teszi a saját forrásaik helyi felhasználását, de a pénzforgalom azt mutatja, hogy a törvény hatálybalépése óta a New York-i bankok 1915 decemberét kivéve minden hónapban nyereségre tettek szert a belföldről. A kamatlábak stabilizálódása kizárólag New Yorkban következett be. Máshol továbbra is magasak a kamatlábak. A törvény, amelynek célja az volt, hogy megfossza a Wall Streetet a spekulációra szánt forrásaitól, valójában olyan forrásokat biztosított a bulloknak és a bearoknak, amilyenekkel még soha nem rendelkeztek. Az igazság az, hogy a törvény messze nem zárta el a Wall Street felé vezető csatornát, ahogyan Glass úr olyan magabiztosan dicsekedett, hanem valójában kiszélesítette a régi csatornákat, és két újat nyitott meg. Az első közvetlenül Washingtonba vezet, és a Wall Streetnek ellenőrzést biztosít az Egyesült Államok Kincstárában lévő összes többletkészpénz felett. Ezenkívül a bankjegyek kibocsátásának jogával kimeríthetetlen hitelpénz-kínálatot biztosít; a második csatorna Európa nagy központi bankjaihoz vezet, ahol az Egyesült Államok kormánya által gyakorlatilag garantált akceptusok eladásán keresztül a Wall Street mentességet kap az arany iránti külföldi követelések alól, amelyek történelmünk minden nagy válságát kiváltották."

Sok éven át nagy rejtély övezte, hogy ki is a Federal Reserve Bankok részvényeinek tulajdonosa. Wright Patman kongresszusi képviselő, a rendszer vezető kritikusaként megpróbálta kideríteni, kik a részvényesek. Az eredeti tizenkét regionális Federal Reserve Bank részvényeit az adott tizenkét régió nemzeti bankjai vásárolták meg. Mivel a New York-i Federal Reserve Banknak kellett megállapítania a kamatlábakat és irányítania a nyílt piaci műveleteket, így ellenőrizve az Egyesült Államok egész területén a pénz napi kínálatát és árát, ezért e bank részvényesei az egész rendszer valódi igazgatói. Most először derülhet ki, kik is azok a részvényesek. A szerző rendelkezik a tizenkét Federal Reserve Bank eredeti alapító okiratával, amely feltünteti az egyes körzetek nemzeti bankjainak részvénytulajdonát. A New York-i Federal Reserve Bank 203 053 részvényt bocsátott ki, és a Pénzügyminisztériumhoz 1914. május 19-én benyújtott bejelentés szerint a nagy new york-i bankok a kibocsátott részvények több mint felét szerezték meg. A Rockefeller, Kuhn és Loeb által irányított National City Bank szerezte meg a legtöbb részvényt az összes bank közül, 30 000 darabot. J.P. Morgan First National Bankja 15 000 részvényt vett át. Amikor ez a két bank 1955-ben egyesült, egy blokkban a New York-i Federal Reserve Bank részvényeinek csaknem egynegyedét birtokolták, amely az egész rendszert irányította, és így kinevezhették Paul Volckert vagy bárki mást, akit választottak a Federal Reserve Kormányzótanács elnökének. A Chase National Bank 6 000 részvényt vett át. A buffalói Marine Nation Bank, később Marine Midland néven ismert, 6 000 részvényt vett át. Ez a bank a Schoellkopf család tulajdonában volt, amely a Niagara Power Company-t és más nagy érdekeltségeket irányított. A New York-i National Bank of Commerce 21 000 részvényt vett át. A New York-i Federal Reserve Bank részvényeit birtokló bankok részvényesei azok az emberek, akik 1914 óta irányítják politikai és gazdasági sorsunkat. Ők az

- az európai Rothschildok,
- a Lazard Freres (Eugene Meyer),
- a Kuhn Loeb Company, a Warburg Company,
- a Lehman Brothers,
- a Goldman Sachs,
- a Rockefeller család,
- és a J.P. Morgan érdekei.

Ezek az érdekek az elmúlt években összeolvadtak és konszolidálódtak, így az irányítás sokkal koncentráltabbá vált. A National Bank of Commerce ma már a Morgan Guaranty Trust Company. A Lehman Brothers egyesült a Kuhn, Loeb Company-val, a First National Bank egyesült a National City Bankkal, és a többi tizenegy Federal Reserve körzetben ugyanezek a részvényesek közvetve birtokolják vagy ellenőrzik a bankok részvényeit, míg a többi részvény az adott területek vezető családjainak tulajdonában van, akik ezeknek a régióknak a főbb iparágait birtokolják vagy ellenőrzik.[38] A „helyi" családok New York utasítására regionális tanácsokat hoztak létre olyan csoportokból, mint a Külkapcsolatok Tanácsa, a Trilaterális Bizottság és más, uraik által kitalált ellenőrző eszközök. Ők finanszírozzák és irányítják a politikai fejleményeket a területükön, jelölnek ki jelölteket, és terveiknek ritkán állnak sikeresen ellen.

A Federal Reserve Bankok révén létrehozott tizenkét „pénzügyi körzet" megalakulásával az Egyesült Államok hagyományos,

---

[38] Lásd a V–IX. táblázatokat.

negyvennyolc államból álló felosztása megdőlt, és beléptünk a „regionalizmus" korszakába, vagyis tizenkét olyan régióba, amelyeknek semmi közük nem volt a hagyományos államhatárokhoz.

A Federal Reserve Act elfogadását követő fejlemények mindegyike igazolta azokat az állításokat, amelyeket Thomas Jefferson 1791-ben a központi bankkal szemben tett: hogy a Federal Reserve Bank részvényeinek jegyzői társaságot alapítottak, amelynek részvényeit külföldiek is birtokolhatták és birtokolták is; hogy ezeket a részvényeket egy bizonyos utódvonalra ruházzák át; hogy azok nem vonhatók be és nem esnek állami tulajdonba; hogy kizárólagos jogot kapnak a banki tevékenységre, ami ellentétes a monopóliumra vonatkozó törvényekkel; és hogy most már joguk van törvényeket hozni, amelyek elsőbbséget élveznek az államok törvényeivel szemben. Egyetlen állami törvényhozás sem vonhatja vissza a Federal Reserve Bank Kormányzótanácsa által a magánrészvényeseik javára hozott törvényeket. Ez a tanács hoz törvényeket a kamatlábakról, a pénzmennyiségről és a pénz áráról. Mindezek a hatáskörök felülírják az állami törvényhozások hatásköreit és az állampolgárok iránti felelősségüket.

A New York Times azt írta, hogy a Federal Reserve Bankok 1914. augusztus 1-jén készen állnak az üzletvitelre, de valójában 1914. november 16-án kezdték meg működésüket. Abban az időben teljes vagyonukat 143 000 000 dollárra becsülték, ami a Federal Reserve Bankok részvényeinek eladásából származott azoknak a nemzeti bankoknak a részvényesei részére, amelyek jegyzésbe léptek.

Az a tény, hogy ebből a 143 000 000 dollárból mennyit fizettek be ténylegesen a részvényekért, továbbra is rejtély marad. Egyes történészek úgy vélik, hogy a részvényesek az összegnek csak körülbelül a felét fizették be készpénzben; mások szerint egyáltalán nem fizettek be készpénzt, hanem csupán csekkeket küldtek be, amelyeket a tulajdonukban lévő nemzeti bankokra állítottak ki. Ez tűnik a legvalószínűbbnek, hogy a Federal Reserve működése a kezdetektől fogva „papír papír ellen" alapult, vagyis a könyvelési tételek jelentették az egyetlen értéket, amely gazdát cserélt.

Azok a férfiak, akiket Woodrow Wilson elnök választott ki az első Federal Reserve Kormányzótanácsba, a banki körökből kerültek ki. Őt a Demokrata Párt jelölte az elnöki posztra, amely azt állította, hogy a „közembereket" képviseli a „beágyazott érdekekkel" szemben. Wilson saját elmondása szerint csak egy embert választhatott a Federal Reserve Kormányzótanácsba. A többieket a New York-i bankárok választották ki. Wilson választása Thomas D. Jonesra esett, aki a Princeton kurátora, valamint az International Harvester és más vállalatok igazgatója volt. A többi tag: Adolph C. Miller, a Rockefeller-féle Chicagói Egyetem és a Morgan-féle Harvard Egyetem közgazdásza, aki egyben a Belügyminisztérium helyettes államtitkára is volt; Charles S. Hamlin, aki korábban nyolc évig a Pénzügyminisztérium helyettes államtitkára volt; F.A. Delano, Roosevelt rokona és vasúti üzemeltető, aki számos vasútvonalat vett át a Kuhn, Loeb Company számára; W.P.G. Harding, az Atlanta First National Bank elnöke; valamint Paul Warburg a Kuhn, Loeb Company-tól. A The Intimate Papers of Col. House című mű szerint Warburgot azért nevezték ki, mert „az elnök elfogadta (House) javaslatát, miszerint Paul Warburgot, a New York-i üzletembert válasszák, mivel ő mind a republikánus, mind a demokrata kormányzatok alatt érdeklődést tanúsított a monetáris problémák iránt, és tapasztalattal rendelkezett ezen a téren."[39] Warburghoz hasonlóan Delano is az Egyesült Államok kontinentális határain kívül született, bár amerikai állampolgár volt. Josephson doktor és más szakértők szerint Delano apja, Warren Delano, Hongkongban aktívan részt vett a kínai ópiumkereskedelemben, és Frederick Delano 1863-ban Hongkongban született.

A The Money Power of Europe című művében Paul Emden azt írja, hogy „a Warburgok a múlt század utolsó húsz évében értek el kiemelkedő jelentőséget, egy időben a New York-i Kuhn, Loeb Company növekedésével, amellyel személyes és családi kapcsolatban álltak. Paul Warburg 1913-ban hatalmas sikerrel hajtotta végre az amerikai bankrendszer átszervezését, amelyen 1911 óta dolgozott Aldrich szenátorral, és ezzel a legteljesebb mértékben konszolidálta az Egyesült Államok valutáját és pénzügyeit."[40]

---

[39] Charles Seymour, *House ezredes magániratai*, 4 kötet, 1926–1928, Houghton Mifflin Co.

[40] Paul Emden, *Európa pénzhatalma a 19. és 20. században*, S. Low, Marston Co., London, 1937.

A New York Times[41] 1914. május 6-án megjegyezte, hogy Paul Warburg „visszavonult" a Kuhn, Loeb Company-tól, hogy a Federal Reserve Board tagjaként szolgálhasson, bár nem mondott le az American Surety Company, a Baltimore and Ohio Railroad, a National Railways of Mexico, a Wells Fargo vagy a Westinghouse Electric Corporation igazgatósági tagságáról, hanem továbbra is tagja marad ezeknek az igazgatóságoknak.A „Who's Who" című kiadványban szerepelt, hogy ezeket a igazgatósági tagságokat tölti be, emellett az American I.G. Chemical Company (az I.G. Farben leányvállalata), az Agfa Ansco Corporation, a Westinghouse Acceptance Company, az amszterdami Warburg Company, az International Acceptance Bank igazgatótanácsának elnöke, valamint számos más bank, vasúttársaság és vállalat igazgatótanácsának tagja. „A Kuhn Loeb & Co. Warburggal együtt négy szavazattal rendelkezik, vagyis a Federal Reserve Board többségét képviseli."[42]

Annak ellenére, hogy 1914 májusában visszavonult a Kuhn, Loeb Company-tól, hogy a Federal Reserve Kormányzótanácsának tagja legyen, Warburgot 1914 júniusában felkérték, hogy jelenjen meg a Szenátus egyik albizottsága előtt, és válaszoljon néhány kérdésre a Federal Reserve-törvény kongresszusi elfogadásában játszott háttérszerepéről. Ez valószínűleg a Jekyll-szigeti titkos konferenciával kapcsolatos kérdéseket is jelentett volna, ezért Warburg megtagadta a megjelenést. 1914. július 7-én levelet írt G.M. Hitchcocknak, a Szenátus Banki és Pénzügyi Bizottságának elnökének, amelyben kijelentette, hogy ha bármilyen kérdésre köteles lenne válaszolni, az ronthatja a Kormányzótanácsban betöltött hasznosságát, ezért visszavonja jelöltségét. Úgy tűnt, Warburg arra készült, hogy blöfföléssel rávegye a szenátusi bizottságot, hogy kérdések nélkül erősítse meg kinevezését. 1914. július 10-én *a The New York Times* a szerkesztői oldalon védelmébe vette Warburgot, és elítélte a „szenátusi inkvizíciót". Mivel Warburgnak még nem tettek fel kérdéseket, az „inkvizíció" kifejezés rendkívül helytelennek tűnt, és nem állt fenn valódi

---

41 *A New York Times* 1914. április 30-i száma arról számolt be, hogy a 12 körzet 74 740 800 dollár értékben jegyzett részvényeket, és hogy a jegyző bankok ennek a összegnek a felét hat hónap alatt fizetik ki.

42 Clarence W. Barron, More They Told Barron, Arno Press, New York Times, 1973, 1914. június 12. 204. o.

veszélye annak, hogy a szenátorok kínzóeszközöket készültek volna alkalmazni Warburg úrral szemben. A zűrzavar akkor oldódott meg, amikor a szenátusi bizottság teljes meghátrálással beleegyezett abba, hogy Warburg úr még megjelenése előtt megkapja a kérdések listáját, hogy átnézhesse azokat, és hogy mentesüljön minden olyan kérdés megválaszolása alól, amely hátráltathatná a Kormányzótanácsban végzett munkáját. A The Nation 1914. július 23-án arról számolt be, hogy „Warburg úr végül megbeszélést folytatott O'Gorman szenátorral, és beleegyezett abba, hogy informálisan találkozzon a szenátusi albizottság tagjaival, a megegyezés elérése érdekében, és hogy minden ésszerű információt megadjon nekik, amit csak kérhetnek. Washingtonban az a vélemény uralkodik, hogy Warburg úr kinevezése biztos." *A The Nationnek* igaza volt. Warburg urat kinevezték, az utat pedig „közvetítője", a New York-i O'Gorman szenátor, akit inkább „a Wall Street-i szenátorként" ismertek, simította el. Robert L. Owen szenátor korábban azzal vádolta Warburgot, hogy ő a Rothschild-család amerikai képviselője, de ha erről kérdezték volna, az valóban a középkori „inkvizíció" -jára emlékeztetett volna, és szenátor kollégái túl civilizáltak voltak ahhoz, hogy ilyen barbárságba bocsátkozzanak.[43]

A Szenátus Banki és Valutaügyi Bizottsága előtt 1914. augusztus 1-jén tartott Paul Warburg-meghallgatás során Bristow szenátor azt kérdezte: „Hányan vannak ezek közül a partnerek közül (a Kuhn, Loeb Company-ból) amerikai állampolgárok?" WARBURG: „Kahn úr kivételével mindannyian amerikai állampolgárok. Ő brit állampolgár." BRISTOW: „Volt egy időben parlamenti képviselőjelölt, nem igaz?" WARBURG: „Beszéltek róla, felvetették, és ő is fontolgatta."

Paul Warburg a bizottság előtt azt is kijelentette: „Angliába mentem, ahol két évig maradtam, először a Samuel Montague & Company bank- és diszkontcégnél. Utána Franciaországba mentem, ahol egy francia banknál dolgoztam."

ELNÖK: „Melyik francia bank volt az?"

---

[43] Warburgot 1914. augusztus 8-án, 38-11 arányban erősítették meg, és fő ellenzője Bristow kansasi szenátor volt, akit *a The New York Times* „radikális republikánusnak" bélyegzett, és akinek kiváló, banki témájú ritka könyvekből álló könyvtárát a jelen író 1983-ban szerezte meg e mű kutatása céljából.

WARBURG: „Az orosz külkereskedelmi bank, amelynek Párizsban van egy képviselete."

BRISTOW: „Úgy értem, hogy ön republikánus volt, de amikor Theodore Roosevelt úr megjelent, ön Wilson úr szimpatizánsává vált és támogatta őt?"

WARBURG: „Igen."

BRISTOW: „Míg a testvére (Felix Warburg) Taftot támogatta?"

WARBURG: „Igen."

Így a Kuhn, Loeb Company három partnere három különböző amerikai elnökjelöltet támogatott. Paul Warburg Wilsont, Felix Warburg Taftot, Otto Kahn pedig Theodore Rooseveltet támogatta. Paul Warburg ezt a furcsa helyzetet azzal magyarázta a bizottságnak, hogy nem voltak hatással egymás politikai meggyőződésére, „mivel a pénzügyek és a politika nem keverednek".

A Warburg kinevezésével kapcsolatos kérdések háttérbe szorultak, amikor Wilson egyetlen jelöltjét, Thomas B. Jonest is felvették a Kormányzótanácsba. Az újságírók ugyanis rájöttek, hogy Jones kinevezésének idején az Egyesült Államok főügyésze vádat emelt ellene. Wilson azonnal védelmébe vette választottját, és azt mondta az újságíróknak, hogy „azoknak a férfiaknak a többsége, akik ahhoz kapcsolódnak, amit ma »nagyvállalatoknak« nevezünk, becsületes, feddhetetlen és hazafias". Wilson tiltakozása ellenére a Szenátus Bank- és Valutaügyi Bizottsága meghallgatásokat tűzött ki Thomas D. Jones kormányzótanácsi tagságra való alkalmasságáról. Wilson ezután levelet írt Robert L. Owen szenátornak, a bizottság elnökének:

Fehér Ház

1914. június 18.

Tisztelt Owen szenátor úr!

Jones úr mindig is a nép jogait képviselte a kiváltságok jogával szemben. Kapcsolata a Harvester Company-val közszolgálat volt, nem pedig magánérdek. Ő az egyetlen az egész csoportból, akit egyfajta különleges értelemben én személyesen választottam ki.

Tisztelettel

Woodrow Wilson

Woodrow Wilson azt mondta: „Nincs ok azt hinni, hogy a kedvezőtlen jelentés a szenátus saját álláspontját tükrözi." Néhány hét elteltével Thomas D. Jones visszavonta jelöltségét, és az országnak nélkülöznie kellett szolgálatait.

Az első kormányzótanács többi tagja William McAdoo pénzügyminiszter, Wilson veje, a Kuhn, Loeb Company által irányított Hudson-Manhattan Railroad elnöke, valamint John Skelton Williams pénzügyi felügyelő volt.

Amikor 1914. november 16-án megnyitották a Federal Reserve Bankokat, Paul Warburg így nyilatkozott: „Ez a nap az Egyesült Államok gazdasági történelmében a július 4-ének tekinthető."

NEGYEDIK FEJEZET

A SZÖVETSÉGI TANÁCSADÓ TESTÜLET

Amikor a Federal Reserve Act-et a Képviselőházon keresztülnyomta, Carter Glass képviselő 1913. szeptember 30-án a Képviselőházban kijelentette, hogy a közérdeket egy bankárokból álló tanácsadó testület fogja védeni. „Nincs semmi gyanús a tranzakcióiban. Évente legalább négyszer ülésezik majd a rendszer minden regionális tartalékkerületét képviselő bankárokból álló tanácsadó testület. Hogyan is lehetett volna nagyobb óvatossággal eljárnunk a közérdek védelmében?"

Carter Glass sem akkor, sem később nem szolgáltatott semmiféle alátámasztást arra a meggyőződésére, hogy egy bankárokból álló csoport védeni fogja a közérdeket, és az Egyesült Államok történelmében sincs bizonyíték arra, hogy bármely bankárokból álló csoport valaha is ezt tette volna. Valójában a Szövetségi Tanácsadó Testület bizonyult annak az „adminisztratív folyamatnak", amelyet Paul Warburg illesztett be a Federal Reserve Act-be, hogy pontosan azt a fajta távoli, de láthatatlan ellenőrzést biztosítsa a rendszer felett, amelyet ő kívánt. Amikor a pénzügyi újságíró, C.W. Barron a Kongresszus által a Federal Reserve Act törvénybe iktatását követően megkérdezte tőle, hogy jóváhagyja-e a végleges formában elfogadott törvényjavaslatot, Warburg így válaszolt: „Nos, nem tartalmazza pontosan mindazt, amit szeretnénk, de a hiányosságokat később adminisztratív eljárásokkal ki lehet pótolni." A tanács ideális eszköznek bizonyult Warburg céljainak eléréséhez, mivel hetven éven át szinte teljes anonimitásban működött, tagjai és üzleti kapcsolataik a nyilvánosság számára észrevétlenek maradtak.

Robert Owen szenátor, a Szenátus Banki és Pénzügyi Bizottságának elnöke a törvény elfogadása előtt, 1913. augusztus 3-án *a The New York Times*-ban a következőket mondta:

"A Federal Reserve Act biztosítja a banki, ipari és kereskedelmi érdekek számára a minősített kereskedelmi papírok diszkontját, és ezáltal stabilizálja kereskedelmi és ipari életünket. A Federal Reserve bankok nem pénzkereső bankokként működnek, hanem egy nagy nemzeti cél szolgálatában állnak: a kereskedelem, az üzletemberek és a bankok támogatása, valamint a gyártott áruk, a mezőgazdasági termékek és a munkaerő számára biztos piac megóvása. Nincs ok arra, hogy a bankok irányítsák a Federal Reserve rendszert. A stabilitásnak köszönhetően kereskedelmünk minden irányban egészségesen bővülni fog."

Owen szenátor optimizmusát a Jekyll-szigeti kezdeményezőknek a Federal Reserve rendszer kezdeti összetételére gyakorolt dominanciája tette tönkre.

A Morgan-Kuhn-Loeb szövetség nemcsak a New York-i Federal Reserve Bank részvényeinek többségi irányítását szerezte meg, hanem a részvények csaknem felét is az általuk ellenőrzött öt new york-i bank birtokolta,

- First National Bank,
- a National City Bank,
- a National Bank of Commerce,
- a Chase National Bank és
- Hanover National Bank,

de rábeszélték Woodrow Wilson elnököt is, hogy a Jekyll Island-i csoport egyik tagját, Paul Warburgot nevezze ki a Federal Reserve Kormányzótanácsába.

A tizenkét szövetségi tartalékbank mindegyike egy-egy tagot választott volna a Szövetségi Tanácsadó Testületbe, amely évente négyszer ülésezett volna a Szövetségi Tartalékbank Kormányzótanácsával Washingtonban, hogy „tanácsot adjon" a Kormányzótanácsnak a jövőbeli monetáris politikával kapcsolatban. Ez látszólag abszolút demokráciát biztosított, mivel a tizenkét „tanácsadó" mindegyike, akik az Egyesült Államok különböző régióit képviselték, várhatóan kiállt volna a saját területének gazdasági érdekeiért, és mind a tizenkét tag egyenlő szavazati joggal rendelkezett. A koncepció elméletileg csodálatosnak tűnhetett, de a gazdasági élet kemény valósága egészen más képet mutatott. Egy kis bank elnöke St. Louisból vagy

Cincinnatiból, aki Paul Warburggal és J.P. Morgannel ülésezik, hogy „tanácsot adjon” nekik a monetáris politikáról, aligha merne ellentmondani a világ két leghatalmasabb nemzetközi pénzemberének, hiszen egy-egy feljegyzés tőlük – – elegendő lenne ahhoz, hogy kis bankját csődbe taszítsa. Valójában a tizenkét Federal Reserve-kerület kis bankjai csupán a nagy New York-i pénzügyi érdekek szatellitjeiként léteztek, és teljesen kiszolgáltatottak voltak nekik. Martin Mayer A bankárok című művében rámutat, hogy „J.P. Morgan levelező banki kapcsolatokat tartott fenn számos kis bankkal az egész országban.”[44] A nagy New York-i bankok nem korlátozták magukat több millió dolláros ügyletekre más nagy pénzügyi érdekcsoportokkal, hanem számos kisebb és rutinszerűbb ügyletet is lebonyolítottak „levelező” bankjaikkal az Egyesült Államok egész területén.

Nyilvánvalóan abban a meggyőződésben, hogy tevékenységük soha nem kerül a nyilvánosság elé, a Morgan-Kuhn, Loeb érdekcsoport merészen kiválasztotta a Szövetségi Tanácsadó Testület tagjait a levelező bankjaikból és azokból a bankokból, amelyekben részesedéssel rendelkeztek. Úgy tűnik, a pénzügyi közösségben senki sem vette észre, mivel a Federal Reserve System hetven éves működése alatt erről egy szót sem ejtettek.

Annak elkerülése érdekében, hogy felmerüljön a gyanú, miszerint a New York-i érdekcsoportok irányíthatják a Szövetségi Tanácsadó Testületet, annak első elnöke, akit 1914-ben a többi tag választott meg, J.B. Forgan, a First National Bank of Chicago elnöke lett. A Rand McNally Bankers Directory 1914-es kiadása felsorolja a nagy bankok fő levelező bankjait. A Baker-Morgan által irányított First National Bank of New York fő levelező bankjaként a First National Bank of Chicago szerepel. A First National Bank of Chicago által felsorolt fő partner a New York-i Bank of Manhattan, amelyet Jacob Schiff és Paul Warburg, a Kuhn, Loeb Company képviselői irányítottak. James B. Forgan az Equitable Life Insurance Company igazgatójaként is szerepelt, amelyet szintén Morgan irányított. A First National Bank of Chicago és ezek a New York-i bankok közötti kapcsolat azonban még szorosabb volt, mint amit ezek a felsorolások jelzik.

---

44 Martin Mayer: *The Bankers*, Weybright and Talley, New York, 1974, 207. o.

F. Cyril James The Growth of Chicago Banks című művének 701. oldalán találunk utalást „a First National Bank of Chicago jövedelmező kapcsolatára a Morgan-érdekekkel. Sürgősen jószándékú követet küldtek New Yorkba, hogy meghívják George F. Bakert a First National Bank of Chicago igazgatótanácsának tagjává."[45] (J.B. Forgan Reamnek, 1903. január 7.) Valójában Baker és Morgan személyesen választották ki a Szövetségi Tanácsadó Testület első elnökét.

James B. Forgan (1852–1924) szintén példázza a Federal Reserve System működésében elengedhetetlen „londoni kapcsolatot". A skóciai St. Andrew's-ban született, és ott kezdte banki karrierjét a Bank of England levelező bankjaként működő Royal Bank of Scotlandnál. Kanadába a Bank of British North America alkalmazásában érkezett, a Bank of Nova Scotia-nál dolgozott, amely az 1880-as években Chicagóba küldte, és 1900-ra a First National Bank of Chicago elnöke lett. Hat évig töltötte be a Szövetségi Tanácsadó Testület elnöki posztját, és amikor távozott a testületből, helyét Frank O. Wetmore vette át, aki korábban is felváltotta őt a First National Bank of Chicago elnöki posztján, amikor Forgan-t nevezték ki az igazgatótanács elnökévé.

Az első Szövetségi Tanácsadó Testületben a New York-i Federal Reserve körzetet J.P. Morgan képviselte. Őt nevezték ki a Végrehajtó Bizottság elnökévé. Így Paul Warburg és J.P. Morgan ült a Federal Reserve Board ülésein a működés első négy évében, körülöttük a többi kormányzóval és a tanács tagjaival, akik aligha tudták nem észrevenni, hogy jövőjüket ez a két hatalmas bankár fogja irányítani.

A Szövetségi Tanácsadó Testület másik tagja 1914-ben Levi L. Rue volt, aki a philadelphiai körzetet képviselte. Rue a Philadelphia National Bank elnöke volt. A Rand McNally Bankers Directory 1914-es kiadása a Philadelphia National Bankot a First National Bank of New York fő levelező bankjaként tüntette fel. A First National Bank of Chicago szintén a Philadelphia National Bankot jelölte meg fő levelező bankjaként Philadelphiában. A Szövetségi Tanácsadó Testület többi tagja között volt Daniel S. Wing, a First National Bank of Boston elnöke, W.S. Rowe, a First National Bank of Cincinnati elnöke, és C.T. Jaffray, a First National Bank of

---

45 F. Cyril James, *The Growth of Chicago Banks*, Harper, New York, 1938.

Minneapolis elnöke. Ezek mind a New York-i „nagy ötös" bankok levelező bankjai voltak, amelyek az Egyesült Államok pénzpiacát irányították.

Jaffray még szorosabb kapcsolatban állt a Baker-Morgan érdekeltségekkel. 1908-ban, a New York-i First National Bank részvényeikből származó nagy éves osztalék újrabefektetése érdekében Baker és Morgan létrehozott egy holdingtársaságot, a First Security Corporationt, amely 500 részvényt vásárolt a minneapolisi First National Bankból. Így Jaffray alig volt több, mint Baker és Morgan fizetett alkalmazottja, bár a minneapolisi Federal Reserve Bank részvényesei „választották ki", hogy képviselje érdekeiket. A First Security Corporation tulajdonában volt továbbá 50 000 részvény a Chase National Bankból, 5400 részvény a National Bank of Commerce-ból, 2500 részvény a Bankers Trustból, 928 részvény a Liberty National Bankból – amelynek Henry P. Davison volt az elnöke, amikor felkérték, hogy csatlakozzon a J.P. Morgan céghez –, valamint részvények a New York Trustból, az Atlantic Trustból és a Brooklyn Trustból. A First Security olyan banki részvényekre koncentrált, amelyek értéke gyorsan emelkedett, és bőséges éves osztalékot fizettek. 1927-ben ötmillió dollárt keresett, de nyolcmilliót fizetett ki a részvényeseknek, a maradékot pedig a többletéből fedezte.

A kezdeti Szövetségi Tanácsadó Testület másik tagja E.F. Swinney volt, a First National Bank of Kansas City elnöke. Ő a Southern Railway igazgatója is volt, és a Who's Who-ban „politikailag függetlennek" tüntette fel magát.

Archibald Kains a San Francisco-i körzetet képviselte a Szövetségi Tanácsadó Testületben, bár irodáját New Yorkban tartotta fenn, mint az American Foreign Banking Corporation elnöke.

Miután 1914 és 1918 között a Federal Reserve Board kormányzója volt, Paul Warburg nem kért újabb mandátumot. Ugyanakkor nem volt hajlandó megszakítani a kapcsolatát a Federal Reserve Systemmel, amelynek létrehozásában és működésbe hozásában olyan nagy szerepet játszott. J.P. Morgan készségesen lemondott helyéről a Szövetségi Tanácsadó Testületben, és az elkövetkező tíz évben Paul Warburg továbbra is a New York-i Federal Reserve körzetet képviselte a testületben. 1922 és 1925 között a testület alelnöke, 1926 és 1927 között pedig elnöke volt. Így Warburg az 1920-as évek során továbbra is meghatározó szereplő maradt a Federal Reserve Board ülésein, amikor az európai központi bankok azt a nagy hitelcsökkentést tervezték, amely előidézte az 1929-es tőzsdekrachot és a nagy gazdasági világválságot.

Bár a Szövetségi Tanácsadó Testületnek a Kormányzótanácshoz intézett „tanácsainak" nagy része soha nem került nyilvánosságra, ritka esetekben *a The New York Times* rövid beszámolói révén némi bepillantást nyerhettünk a testület tanácskozásaiba. 1916. november 21-én *a The Times* arról számolt be, hogy a Szövetségi Tanácsadó Testület negyedéves ülésére Washingtonban gyűlt össze.

„Szóba került Európa Dél-Amerikának és más országoknak nyújtott hitelek átvállalása. A Federal Reserve tisztviselői szerint ahhoz, hogy az Egyesült Államok megőrizhesse pozícióját a világ egyik bankáraként, számolnia kell azzal, hogy felkérik arra, hogy nagy részben átvegye azokat a szolgáltatásokat, amelyeket a múltban főként Anglia nyújtott, azaz rövid lejáratú hiteleket nyújtson a világkereskedelemben mindenféle áru előállításához és szállításához, és hogy a külkereskedelmi akceptusok alacsonyabb diszkontokat, valamint a legszabadabb és legmegbízhatóbb aranypiacokat igényelnek." (Az első világháború 1916-ban volt a csúcspontján.)

A Kormányzótanácsban és a Szövetségi Tanácsadó Testületben betöltött tisztsége mellett Paul Warburg továbbra is bankári csoportok előtt tartott beszédeket az általuk követendő monetáris politikáról. 1915. október 22-én a minnesotai St. Paulban található Twin City Bankers Club előtt tartott beszédében kijelentette: „Az önök érdeke, hogy a Federal Reserve bankok a lehető legerősebbek legyenek. Elképzelhetetlen, hogy mi várhat az amerikai bankrendszer fejlődésére a jövőben. Mivel Európa vezető hatalmai a saját területükre korlátozódnak, az Egyesült Államok pedig az egész világ hitelezőjévé vált, a számunkra nyitott terület határait kizárólag a biztonságos terjeszkedés képessége határozza meg. Banki jövőnk hatókörét végső soron az az aranymennyiség fogja korlátozni, amelyet banki és hitelstruktúránk alapjaként fel tudunk halmozni."

A Federal Reserve Kormányzótanácsának és a Federal Reserve Tanácsadó Testületének összetétele, a kezdeti tagságtól napjainkig, kapcsolatokat mutat a Jekyll Island-i konferenciával és a londoni banki közösséggel, ami vitathatatlan bizonyítékot nyújt – amelyet bármely bíróság elfogadna –, hogy létezett egy terv az Egyesült Államok népének pénzének és hitelének ellenőrzése megszerzésére, és annak a terv megalkotóinak profitjára való felhasználására. A Jekyll-szigeti régi motorosok között volt Frank Vanderlip, a National City Bank elnöke, amely 1914-ben megvásárolta a New York-i Federal Reserve Bank részvényeinek nagy részét; Paul Warburg a Kuhn, Loeb Company-tól; Henry P. Davison, J.P. Morgan jobbkeze, valamint a New York-i First National Bank és a National Bank of Commerce igazgatója, amely a New York-i Federal Reserve Bank részvényeinek nagy részét megvásárolta; és Benjamin Strong, akit szintén Morgan helyetteseként ismertek, és aki az 1920-as években a New York-i Federal Reserve Bank kormányzója volt.[46]

Az, hogy a Szövetségi Tanácsadó Testület regionális tagjait azoknak a bankároknak a listájáról választották ki, akik a legszorosabban együttműködtek New York „öt nagy" bankjával, és akik azok fő levelező bankjai voltak, bizonyítja, hogy a Carter Glass és a Federal Reserve Act washingtoni támogatói által annyira hangoztatott „közérdek regionális védelme" már a kezdetektől fogva szándékos megtévesztés volt. Az a tény, hogy hetven éven át ez a tanács találkozhatott a Federal Reserve Kormányzótanácsával, és „tanácsot adhatott" a kormányzóknak az Egyesült Államok minden polgárának mindennapi életét érintő monetáris politikai

---

46 „A Szövetségi Tanácsadó Testület nagy befolyással bír a Szövetségi Tartalékbank Igazgatótanácsára. A testületben kiemelkedő szerepet játszik J.P. Morgan, a J.P. Morgan Company vezető tagja és a néhai J.P. Morgan fia. A Tanácsadó Testület tizenkét tagja közül mindegyik, mint jól tudják, ugyanabban a légkörben nevelkedett. A Federal Reserve Act nem csupán egy különleges kiváltságokról szóló törvény, hanem kiváltságos személyeket is kineveztek az irányításba, akik tanácsadói a rendszer adminisztrációjának. A Federal Reserve Board és a Federal Advisory Council a Federal Reserve System legfőbb hatóságaként irányítja a rendszert, és a kisebb rangú tisztviselők közül senki sem merne, még ha akarna is, keresztbe tenni nekik."
(FORRÁS: *„Miért van háborúban az országod?"* Charles Lindbergh, 1917-ben kiadva). A fenti bekezdés magyarázza, miért rendelte el Woodrow Wilson 1918 tavaszán a kormányügynököknek, hogy foglalják le és semmisítsék meg a könyv nyomólemezeit és példányait.

döntésekben, anélkül, hogy a nyilvánosság tudott volna a létezésükről, azt bizonyítja, hogy a központi bank működésének tervezői pontosan tudták, hogyan érhetik el céljaikat olyan „adminisztratív folyamatok" révén, amelyekről a nyilvánosság nem tudhatott. Az az állítás, hogy a tanács tagjainak „tanácsai" nem kötelezőek a kormányzókra nézve, vagy hogy nincs súlyuk, azt jelenti, hogy évente négyszer az Egyesült Államok tizenkét legbefolyásosabb bankára szakít időt a munkájából, hogy Washingtonba utazzon és találkozzon a Federal Reserve Boarddal pusztán azért, hogy kávét igyon és udvariassági frázisokat cseréljen. Ez egy olyan állítás, amelyet bárki, aki ismeri az üzleti közösség működését, képtelen komolyan venni. 1914-ben a távoli nyugatról érkező bankároknak négy napos utat kellett megtenniük oda-vissza, hogy Washingtonba jussanak a Federal Reserve Board tanácsának ülésére. Ezeknek az embereknek kiterjedt üzleti érdekeltségeik voltak, amelyek időt igényeltek. J.P. Morgan hatvanhárom vállalat igazgatósági tagja volt, amelyek éves közgyűlést tartottak, és aligha várható el tőle, hogy Washingtonba utazzon a Federal Reserve Board üléseire, ha tanácsát nem tartják fontosnak.[47]

---

[47] A J.P. Morgan-kapcsolat továbbra is meghatározó maradt a Szövetségi Tanácsadó Testületben. Az elmúlt néhány évben a tekintélyes 2. számú Federal Reserve-kerületet, a New York-i kerületet Lewis Preston képviselte a Szövetségi Tanácsadó Testületben. Preston a J.P. Morgan Company elnöke, valamint a New York-i Morgan Guaranty Trust elnöke és vezérigazgatója. A Baldwin-vagyon (egy Morgan által irányított vállalat) örököse, Preston feleségül vette a Pulitzer újságvagyon örökösnőjét. 1929. február 26-án *a The New York Times* megjegyezte, hogy a National Bank of Commerce és a Guaranty Trust egyesülése révén az Egyesült Államok legnagyobb bankja jött létre, kétmilliárd dolláros tőkével. Az egyesülésről Myron C. Taylor, a Morgan-céghez tartozó U.S. Steel elnöke tárgyalt. A bankok a Wall Streeten egymás melletti épületeket foglaltak el, és ahogy *a The New York Times* megjegyezte: „A Guaranty Trust Company régóta a bankok »Morgan-csoportjának« egyik tagjaként ismert." A National Bank of Commerce-t is a Morgan-érdekekkel azonosították.

ÖTÖDIK FEJEZET

A ROTHSCHILD-HÁZ

A Federal Reserve-összeesküvés sikere számos kérdést vet fel azoknak az olvasóknak a fejében, akik nem ismerik az Egyesült Államok történelmét és a pénzügyi tőkét. Hogyan hihette a Kuhn, Loeb-Morgan szövetség, bármilyen hatalmas is volt, hogy képes lesz először is kidolgozni egy tervet, amely az Egyesült Államok népének teljes pénz- és hitelállományát a kezükbe adja, másodszor pedig, hogy egy ilyen tervet törvénybe iktassanak?

A „Nemzeti Tartalékterv" – ahogy a Jekyll-szigeti találkozó közvetlen eredményét nevezték – kidolgozásának és végrehajtásának képessége könnyedén a Kuhn–Loeb–Morgan szövetség hatáskörébe tartozott, amint azt a McClure's Magazine 1911. augusztusi számában megjelent, John Moody által írt „A hét ember" című cikk is alátámasztja:

„Hét Wall Street-i férfi irányítja jelenleg az Egyesült Államok alapvető iparának és erőforrásainak jelentős részét. A hét ember közül hárman, J.P. Morgan, James J. Hill és George F. Baker, a First National Bank of New York vezetője az úgynevezett Morgan-csoporthoz tartoznak; négyen, John D. és William Rockefeller, James Stillman, a National City Bank vezetője, valamint Jacob H. Schiff, a Kuhn, Loeb Company magánbanki cégtől, az úgynevezett Standard Oil City Bank-csoporthoz... a tőke központi gépezete kiterjeszti ellenőrzését az Egyesült Államokra... A folyamat nemcsak gazdasági szempontból logikus, hanem ma már gyakorlatilag automatikus is."[48]

[48] John Moody, „*The Seven* Men", McClure's Magazine, 1911. augusztus, 418. o.

Így láthatjuk, hogy az 1910-es összeesküvést, amelynek célja az Egyesült Államok népének pénzügyi és hitelügyi irányításának megragadása volt, olyan emberek tervezték, akik máris az ország erőforrásainak nagy részét irányították. John Moody számára „gyakorlatilag automatikusnak" tűnt, hogy folytassák tevékenységüket.

Amit John Moody nem tudott, vagy nem mondott el olvasóinak, az az volt, hogy az Egyesült Államok leghatalmasabb emberei maguk is egy másik hatalomnak, egy külföldi hatalomnak tartoztak felelősséggel, egy olyan hatalomnak, amely a kezdetektől fogva kitartóan igyekezett kiterjeszteni ellenőrzését az Egyesült Államok fiatal köztársaságára. Ez a hatalom Anglia pénzügyi hatalma volt, amelynek központja a Rothschild-ház londoni fiókja volt. A tény az volt, hogy 1910-ben az Egyesült Államokat gyakorlatilag Angliából irányították, és ez ma is így van. Az Egyesült Államok tíz legnagyobb bankholdingtársasága szilárdan bizonyos bankházak kezében van, amelyek mindegyike rendelkezik londoni fiókkal. Ezek a J.P. Morgan Company, a Brown Brothers Harriman, a Warburg, a Kuhn Loeb és a J. Henry Schroder. Mindegyikük szoros kapcsolatot ápol a Rothschild-házzal, elsősorban azáltal, hogy a Rothschild-ház az aranyár manipulálásával ellenőrzi a nemzetközi pénzpiacokat. Az arany világpiaci árát minden nap az N.M. Rothschild and Company londoni irodájában határozzák meg.

Bár ezek a cégek látszólag amerikai cégek, amelyek csupán fiókokat tartanak fenn Londonban, a valóságban ezek a bankházak valójában Londonból kapják az utasításaikat. Történetük lenyűgöző, és az amerikai közvélemény számára ismeretlen, mivel az arany, rabszolgák, gyémántok és egyéb csempészáruk nemzetközi kereskedelméből ered. Ezeknek a cégeknek az üzleti döntéseiben nincsenek erkölcsi megfontolások. Kizárólag a pénz és a hatalom érdekli őket.

A mai turisták bámulják a nagyon gazdagok csodálatos kúriáit Newportban, Rhode Islanden, anélkül, hogy tudnák, hogy ezek a „nyaralók" nemcsak a viktoriánus milliomosok bárói vágyainak emlékművei, hanem felépítésük Newportban a nagy amerikai vagyonok nosztalgikus megemlékezését is jelenti, amelyek kezdetei Newportban voltak, amikor az a rabszolga-kereskedelem fővárosa volt.

A rabszolga-kereskedelem évszázadokig Velencében volt a központja, amíg a 17. századi Nagy-Britannia, a tengerek új ura, nem használta fel az óceánok feletti ellenőrzését a monopólium megszerzésére. Ahogy az amerikai kolóniák benépesültek, a hevesen függetlenségre törekvő emberek, akiknek többsége nem akart rabszolgákat, meglepetésükre azt tapasztalták, hogy rabszolgákat nagy számban küldenek a kikötőinkbe.

Sok éven át Newport volt ennek a visszataszító kereskedelemnek a fővárosa. William Ellery, a newporti kikötő vámfelügyelője 1791-ben így nyilatkozott:

„...egy etióp hamarabb változtatná meg a bőrét, mint egy newporti kereskedő rávehető lenne arra, hogy feladja ezt a jövedelmező kereskedelmet... bármely gyár lassú nyeresége érdekében."

John Quincy Adams a naplójában, a 459. oldalon így írt: „Newport egykori jóléte elsősorban az afrikai rabszolga-kereskedelemben betöltött jelentős szerepének volt köszönhető."

J.P. Morgan és a Brown cég amerikai pénzügyi életben betöltött kiemelkedő szerepe a 19. századi rabszolga-kereskedelem fővárosaként kialakult Baltimore fejlődéséhez köthető. Mindkét cég Baltimore-ban alakult, fiókokat nyitott Londonban, a Rothschild-ház égisze alá került, majd visszatért az Egyesült Államokba, hogy fiókokat nyisson New Yorkban, és így nemcsak a pénzügyi életben, hanem a kormányzásban is meghatározó erővé váljon. Az elmúlt években olyan kulcsfontosságú pozíciókat, mint a védelmi miniszteri posztot, Robert Lovett, a Brown Brothers Harriman partnere, és Thomas S. Gates, a Drexel and Company – a J.P. Morgan leányvállalata – partnere töltötte be. A jelenlegi alelnök, George Bush, Prescott Bush fia, aki a Brown Brothers Harriman partnere, hosszú éveken át Connecticut szenátora, valamint a Columbia Broadcasting System pénzügyi szervezője volt, amelynek hosszú éveken át igazgatója is volt.

Ahhoz, hogy megértsük, miért működnek ezek a cégek úgy, ahogy, szükséges röviden áttekinteni eredetüket. Kevés amerikai tudja, hogy a J.P. Morgan Company a George Peabody and Company néven indult. George Peabody (1795–1869), aki Massachusetts állambeli South Danversben született, 1814-ben Georgetownban (Washington D.C.) alapította meg a Peabody,

Riggs and Company nevű vállalkozást, amely textiláruk nagykereskedelmével foglalkozott, és a georgetowni rabszolgapiacot is üzemeltette. 1815-ben, hogy közelebb legyenek beszerzési forrásaikhoz, Baltimore-ba költöztek, ahol 1815-től 1835-ig Peabody and Riggs néven működtek. Peabody egyre inkább belekeveredett a londoni üzleti életbe, és 1835-ben megalapította a George Peabody and Company céget Londonban. Kiváló kapcsolatai voltak a londoni üzleti életben egy másik, Liverpoolban alapított baltimore-i cég, a Brown Brothers révén. Alexander Brown 1801-ben érkezett Baltimore-ba, és megalapította azt a céget, amelyet ma az Egyesült Államok legrégebbi bankházaként ismernek, és amely ma is működik: a New York-i Brown Brothers Harriman, az angliai Brown, Shipley and Company, valamint a baltimore-i Alex Brown and Son. A cég által a háttérben gyakorolt hatalmat jól jelzi az a tény, hogy Sir Montagu Norman, az Angol Nemzeti Bank hosszú ideig kinevezett elnöke, a Brown, Shipley and Company társtulajdonosa volt.[49] A világ legbefolyásosabb bankárjának tartott Sir Montagu Norman szervezte meg 1927-ben a központi bankok vezetői közötti „informális megbeszéléseket", amelyek közvetlenül a 1929-es nagy tőzsdekrachhoz vezettek.

Nem sokkal londoni érkezése után George Peabody meglepetten vette tudomásul, hogy a mogorva Nathan Mayer Rothschild báró audienciára hívta. Rothschild nem kertelt, és elárulta Peabody-nak, hogy a londoni arisztokrácia nagy része nyíltan utálja őt, és visszautasítja meghívásait. Javasolta, hogy Peabody-t, aki szerény anyagi körülmények között élt, alakítsák át pazar vendéglátóvá, akinek a szórakoztató rendezvényei hamarosan London egészének beszédtémájává válnak. Rothschild természetesen minden költséget állt volna. Peabody elfogadta az ajánlatot, és hamarosan London legnépszerűbb házigazdájaként vált ismertté. Az amerikai függetlenséget ünneplő, évente megrendezett július 4-i vacsorája rendkívül népszerűvé vált az angol arisztokrácia körében, akik közül sokan, miközben Peabody borát itták, Rothschild durvaságáról és rossz modoráról szóló viccekkel szórakoztatták egymást, anélkül,

49 „Van egy informális megegyezés, miszerint a Brown, Shipley egyik igazgatójának helyet kell kapnia a Bank of England igazgatótanácsában, és Norman 1907-ben megválasztották oda." Montagu Norman, Current Biography, 1940.

hogy tudták volna, hogy minden csepp, amit ittak, Rothschild fizette.

Aligha meglepő, hogy London legnépszerűbb műsorvezetője egyben rendkívül sikeres üzletemberré is vált, különösen mivel a háttérben a Rothschild-ház támogatta. Peabody gyakran 500 000 font tőkével működött, és nagyon ügyesen kereskedett az Atlanti-óceán mindkét oldalán. Amerikai ügynöke a bostoni Beebe, Morgan and Company cég volt, amelyet Junius S. Morgan, John Pierpont Morgan apja vezetett. Peabody, aki soha nem nősült meg, nem hagyott maga után örököst, és nagyon kedvező benyomást tett rá a magas, jóképű Junius Morgan. 1854-ben rábeszélte Morgant, hogy csatlakozzon hozzá Londonban, mint a George Peabody and Company társult tagja. 1860-ban John Pierpont Morgant gyakornokként vette fel a New York-i Duncan, Sherman cég. Nem fordított nagy figyelmet az üzletre, és 1864-ben Morgan apja felháborodott, amikor a Duncan, Sherman nem volt hajlandó társult taggá tenni a fiát. Azonnal megkötött egy megállapodást, amelynek keretében a Duncan, Sherman egyik vezető alkalmazottját, Charles H. Dabney-t rábeszélte, hogy csatlakozzon John Pierpont Morganhez egy új cégben, a Dabney, Morgan and Company-ban. A Bankers Magazine 1864. decemberi száma megjegyezte, hogy Peabody visszavonta számláját a Duncan, Sherman-tól, és hogy más cégek is várhatóan így fognak tenni. A Peabody-számla természetesen a Dabney, Morgan Company-hoz került.

John Pierpont Morgan 1837-ben született, az Egyesült Államok első pénzügyi pánikja idején. Jelentős, hogy ezt a pánikot a Rothschild-ház okozta, amelyhez Morgan később csatlakozott.

1836-ban Andrew Jackson elnök, akit felháborítottak a bankárok taktikái, akik megpróbálták rávenni, hogy megújítsa a Második Egyesült Államok Bankjának alapító okiratát, így szólt: „Ti egy viperák fészke vagytok. Szándékomban áll kiűzni titeket, és az Örök Istenre esküszöm, ki foglak titeket űzni. Ha az emberek csak megértenék pénz- és bankrendszerünk mélységes igazságtalanságát, reggelre forradalom törne ki."

Bár Nicholas Biddle volt az Egyesült Államok Bankjának elnöke, közismert volt, hogy a párizsi James de Rothschild báró volt a központi bank fő befektetője. Bár Jackson megvétózta az Egyesült Államok Bankjának alapító okiratának megújítását, valószínűleg nem tudta, hogy néhány hónappal korábban, 1835-ben a Rothschild-ház megerősítette kapcsolatait az Egyesült Államok kormányával azzal, hogy 1835. január 1-jén felváltotta a Baring céget a Külügyminisztérium pénzügyi ügynökeként.

Henry Clews, a híres bankár, a Twenty-eight Years in Wall Street ([50]) című könyvében kijelenti, hogy az 1837-es pánikot azért rendezték meg, mert az Egyesült Államok Második Bankjának alapító okirata 1836-ban lejárt. Jackson elnök nemcsak azonnal kivonta a kormányzati pénzeszközöket az Egyesült Államok Második Bankjából, hanem ezeket a pénzeszközöket, 10 millió dollárt, állami bankokba helyezte el. Clews szerint ennek azonnali eredménye az volt, hogy az ország nagy prosperitást élvezett. Ez a hirtelen pénzbeáramlás a nemzetgazdaság azonnali bővülését eredményezte, és a kormány kifizette az egész államadósságot, 50 millió dolláros többletet hagyva a kincstárban.

Az európai pénzembereknek volt megoldásuk erre a helyzetre. Clews továbbá kijelenti: „Az 1837-es pánikot súlyosbította az Angol Nemzeti Bank, amikor egy nap alatt eladta az Egyesült Államokkal kapcsolatos összes papírját."

Az Angol Nemzeti Bank természetesen egyet jelentett Nathan Mayer Rothschild báró nevével. Miért „dobta ki" az Angol Nemzeti Bank egy nap alatt az Egyesült Államokkal kapcsolatos összes papírt, vagyis miért nem volt hajlandó elfogadni vagy diszkontálni az Egyesült Államokban kibocsátott értékpapírokat, kötvényeket vagy egyéb pénzügyi papírokat? Ennek a lépésnek az volt a célja, hogy azonnali pénzügyi pánikot keltsen az Egyesült Államokban, a hitelek teljes összehúzódását okozza, leállítsa a részvények és kötvények további kibocsátását, és tönkretegye azokat, akik az Egyesült Államok értékpapírjait készpénzre akarták váltani. Ebben a pénzügyi pánik légkörében jött a világra John Pierpont Morgan. Nagyapja, Joseph Morgan, jómódú farmer volt, akinek 106 hektár földje volt Hartfordban, Connecticutban. Később megnyitotta a City Hotelt és az Exchange Coffee Shopot, 1819-ben pedig az Aetna Insurance Company egyik alapítója volt.

---

50 Henry Clews, *Twenty-eight Years in Wall Street*, Irving Company, New York, 1888, 157. o.

George Peabody rájött, hogy jól döntött, amikor Junius S. Morgant választotta utódjául. Morgan beleegyezett abba, hogy folytassa a titkos kapcsolatot az N.M. Rothschild Company-val, és hamarosan kibővítette a cég tevékenységét azzal, hogy nagy mennyiségű vasúti vasat szállított az Egyesült Államokba. A Peabody-vas volt az alapja az amerikai vasúti pályák nagy részének 1860 és 1890 között. 1864-ben, miután elégedett volt azzal, hogy visszavonul és cégét Morgan kezébe adja, Peabody engedélyezte a névváltoztatást Junius S. Morgan Company-ra. A Morgan-céget akkor és azóta is mindig Londonból irányítják. John Pierpont Morgan ideje nagy részét londoni, Prince's Gate nevű pompás kúriájában töltötte.

A Rothschild-Peabody-Morgan üzleti vállalkozás egyik csúcspontja az 1857-es pánik volt. Az 1837-es pánik óta húsz év telt el: a fejlődő Amerika nyereségébe fektetni vágyó lelkes befektetők tömegei már elfeledkeztek annak tanulságairól. Itt volt az ideje, hogy újra megkopasszák őket. A tőzsde úgy működik, mint a partra mosó hullám. Magával sodor sok apró élőlényt, amelyek életfenntartásukhoz kizárólag a hullám oxigénjétől és vizétől függnek. A „jólét hullámának" csúcsán sodródnak. Hirtelen a hullám, miután elérte a parton a legmagasabb pontot, visszahúzódik, és az összes élőlény a homokban kapkod levegő után. Lehet, hogy időben jön egy újabb hullám, hogy megmentse őket, de minden valószínűség szerint az nem jut el olyan messzire, és néhány tengeri élőlénynek végzete megpecsételődik. Ugyanígy a jólét hullámai, amelyeket az újonnan létrehozott pénz táplál, a hitelek mesterséges szűkítése révén, visszahúzódnak, és azokat, akiket magasra emeltek, levegő után kapkodva, megmentés reménye nélkül hagyják ott.

A Corsair, the Life of J.P. Morgan ([51]) című könyvből megtudjuk, hogy az 1857-es pánikot a gabonapiac összeomlása és az Ohio Life and Trust hirtelen csődje okozta, ami ötmillió dolláros veszteséget jelentett. Ezzel az összeomlással kilencszáz másik amerikai vállalat is csődbe ment. Jelentős, hogy egy vállalat nemcsak túlélte, hanem virágzott a válság után. A Corsair című műből megtudjuk, hogy az Angol Nemzeti Bank ötmillió fontot kölcsönzött a George Peabody and Company-nak az 1857-es pánik

[51] Corsair, *The Life of Morgan.*

idején. Winkler a Morgan the Magnificent című művében ([52]) azt írja, hogy az Angol Nemzeti Bank egymillió fontot, ami akkoriban hatalmas összeg volt, és mai értéken százmillió dollárnak felel meg, előlegezett Peabody-nak a cég megmentése érdekében. Azonban egyetlen más cég sem részesült ilyen jótéteményben a pánik idején. Az okot Matthew Josephson tárja fel The Robber Barons című művében. A 60. oldalon így ír:

„A konzervativizmus és a tisztesség ilyen tulajdonságairól volt híres a George Peabody and Company, az a régi fa, amelyből a Morgan-ház kinőtt. Az 1857-es pánik idején, amikor az amerikai befektetők a piacra dobták az értékvesztett értékpapírokat, Peabody és az idősebb Morgan, akik készpénzzel rendelkeztek, szabadon vásárolták meg azokat a kötvényeket, amelyeknek valódi értékük volt, majd amikor helyreállt a józan ész, nagy haszonnal adták tovább őket."[53]

Így Morgan számos életrajzából összeállítható a történet. Miután a pánikot előidézték, egy cég egymillió font készpénzzel lépett a piacra, pánikáron vásárolt értékpapírokat a bajba jutott befektetőktől, majd később hatalmas nyereséggel adta tovább őket. Ez a cég a Morgan cég volt, mögötte pedig Nathan Mayer Rothschild báró ügyes manőverei álltak. A kapcsolat titokban maradt a londoni és new yorki legjártasabb pénzügyi szakértők előtt is, bár Morgan alkalmanként pénzügyi ügynökként jelent meg egy-egy Rothschild-műveletben. Ahogy a Morgan-cég a 19. század végén gyorsan növekedett, egészen addig, amíg uralma alá hajtotta az ország pénzügyeit, sok megfigyelőt meglepett, hogy a Rothschildok látszólag alig érdekeltek abban, hogy befektetéseikkel profitáljanak a gyorsan fejlődő amerikai gazdaságból. John Moody a The Masters of Capital című könyvének 27. oldalán megjegyzi: „A Rothschildok elégedettek voltak azzal, hogy Morgan szoros szövetségesei maradtak... ami az amerikai területet illeti."[54] A titoktartás jövedelmezőbb volt, mint a hősiesség.

Az okot, amiért az európai Rothschildok inkább névtelenül működtek az Egyesült Államokban a J.P. Morgan and Company

[52] John K. Winkler, *Morgan the Magnificent*, Vanguard, N.Y. 1930.

[53] Matthew Josephson, *The Robber Barons*, Harcourt Brace, N.Y. 1934.

[54] John Moody, *A tőke urai.*

látszat mögött, George Wheeler magyarázza a Pierpont Morgan and Friends, the Anatomy of a Myth című könyvének 17. oldalán:

„De már akkor is lépéseket tettek annak érdekében, hogy kivezessék őt a pénzügyi háttérbe szorulásból, és ezeket a lépéseket nem maga Pierpont Morgan tette. Az első javaslat, hogy ő vállaljon szerepet a tartalék feltöltésében, a Rothschild-ház londoni fiókjától származott, amely Belmont munkaadója volt."[55]

Wheeler tovább magyarázza, hogy Európában és az Egyesült Államokban jelentős Rothschild-ellenes mozgalom alakult ki, amely a Rothschild család banki tevékenységére összpontosított. Annak ellenére, hogy volt egy bejegyzett képviselőjük az Egyesült Államokban, August Schoenberg, aki 1837-ben, amikor a Rothschildok képviselőjeként az Egyesült Államokba érkezett, Belmontra változtatta a nevét, számukra rendkívül előnyös volt, ha olyan amerikai képviselőjük volt, akit nem a Rothschildok ügynökeként ismertek.

Bár a londoni Junius S. Morgan and Company továbbra is a Morgan-vállalkozások domináns ága maradt, miután az idősebb Morgan 1890-ben egy kocsi balesetben meghalt a Riviérán, John Pierpont Morgan lett a cég vezetője. Miután 1864 és 1871 között a Dabney Morgan Company néven a londoni cég amerikai képviselőjeként működött, Morgan 1871-ben új partnert vett magához, a philadelphiai Anthony Drexelt, és 1895-ig a Drexel Morgan and Company néven működött. Drexel abban az évben meghalt, és Morgan az amerikai fiók nevét J.P. Morgan and Company-ra változtatta.

LaRouche A[56] című művében azt írja, hogy 1891. február 5-én Londonban Cecil Rhodes, bankára, Lord Rothschild, a Rothschildok rokonai, Lord Rosebery és Lord Curzon megalakították a Round Table Group néven ismert titkos társaságot. Kijelenti, hogy az Egyesült Államokban a Round Table-t a Morgan-csoport képviselte. Dr. Carrol Quigley a Tragedy and Hope című művében „brit-amerikai titkos társaságnak" nevezi ezt a csoportot, és kijelenti,

---

[55] George Wheeler, *Pierpont Morgan és barátai, egy mítosz anatómiája*, Prentice Hall, N.J. 1973.

[56] Lyndon H. LaRouche, Jr., Dope, Inc., The New Benjamin Franklin House Publishing Company, New York, 1978.

hogy „ennek a szervezetnek a fő gerincét a már meglévő pénzügyi együttműködés mentén alakult ki, amely a New York-i Morgan Banktól a Lazard Brothers által vezetett londoni nemzetközi pénzemberek csoportjáig terjedt (1901-ben)."[57]

William Guy Carr *a Pawns In The Game* című művében kijelenti, hogy „1899-ben J.P. Morgan és Drexel Angliába utazott, hogy részt vegyenek a Nemzetközi Bankárok Kongresszusán. Visszatérésükkor J.P. Morgant nevezték ki a Rothschild-érdekek fő képviselőjévé az Egyesült Államokban. A londoni konferencia eredményeként a New York-i J.P. Morgan and Company, a philadelphiai Drexel and Company, a londoni Grenfell and Company, a párizsi Morgan Harjes Cie, a német és amerikai M.M. Warburg Company, valamint a Rothschild-ház mind társultak egymással."[58]

Carr, aki nyilvánvalóan nem volt tisztában a Peabody-család és a Rothschildok közötti kapcsolattal, valamint azzal a ténnyel, hogy a Morganok mindig is kapcsolatban álltak a Rothschild-házzal, azt hitte, hogy ő fedezte fel ezt a kapcsolatot 1899-ben, pedig valójában az 1835-re nyúlik vissza.[59]

Az első világháború után a Kerekasztal az Egyesült Államokban a Külkapcsolatok Tanácsaként, Londonban pedig a Királyi Nemzetközi Ügyek Intézeteként vált ismertté. Anglia és az Egyesült Államok vezető kormánytisztviselőit a tagjai közül választották ki. Az 1960-as években, ahogy egyre nagyobb figyelem irányult a Külkapcsolatok Tanácsának titkos kormányzati tevékenységeire, azonos pénzügyi érdekeket képviselő leányvállalatok, az úgynevezett Trilaterális Bizottság és a Bilderbergek kezdték meg

[57] Dr. Carrol Quigley, *Tragedy and Hope*, Macmillan Co., N.Y.

[58] William Guy Carr, *Pawns In The Game*, magánkiadás, 1956, 60. o.

[59] 1930. július 30. McFadden: A gazdasági viszonyok ellenőrzésének alapjai. A világ üzleti struktúrájának, valamint az emberi boldogságnak és haladásnak egy kis csoport általi ellenőrzése a legélénkebb közérdeklődés tárgyát képezi. Ezt elemezve a J.P. Morgan Company köré szerveződő belső csoporttal kell kezdenünk. Soha korábban nem volt még ilyen hatalmas, központosított ellenőrzés a pénzügyek, az ipari termelés, a hitelek és a bérek felett, mint amilyen jelenleg a Morgan-csoport kezében van... A Morgan-csoport a Federal Reserve System feletti ellenőrzését a New York-i Federal Reserve Bank vezetésének ellenőrzésén keresztül gyakorolja.

működésüket, és a fontosabb tisztviselők, mint például Robert Roosa, mindhárom csoport tagjai voltak.

George F. Peabody History of the Great American Fortunes (A nagy amerikai vagyonok története) című művében (Gustavus Myers, Mod. Lib. 537) megjegyzi, hogy J.P. Morgan apja, Junius S. Morgan, George Peabody partnere lett a banki üzletágban. „Amikor kitört a polgárháború, a George Peabody and Company-t nevezték ki az amerikai kormány pénzügyi képviselőjévé Angliában... ezzel a kinevezéssel vagyonuk hirtelen növekedni kezdett; míg addig nem különösebben gyors ütemben halmozták fel a gazdagságot, most néhány éven belül több millióval gyarapodtak." A korabeli írók szerint a George Peabody & Company módszerei nemcsak ésszerűtlenek voltak, hanem kettős árulásnak is minősültek, mivel miközben belső segítséget nyújtottak az ellenségnek, a George Peabody & Company az amerikai kormány meghatalmazottja volt, és jól fizették őket az érdekeinek előmozdításáért.

„*Springfield* Republic", 1866: „Mert mindenki, aki bármit is tud a témáról, nagyon jól tudja, hogy Peabody és partnerei nem adtak nekünk sem hitet, sem segítséget a nemzeti létért folytatott küzdelmünkben. Teljes mértékben osztoztak az angolok általános bizalmatlanságában a mi ügyünk és sikerünk iránt, és inkább a Délért beszéltek és cselekedtek, mint a mi nemzetünkért. Senki sem járult hozzá annyira a pénzpiacaink elárasztásához és a nemzetünk iránti pénzügyi bizalom gyengítéséhez, mint a George Peabody & Company, és senki sem keresett több pénzt ezzel a művelettel. Az összes pénzt, amelyet Mr. Peabody olyan bőkezűen osztogat a tanulmányi intézményeink között, a cége spekulációi révén szerezte meg a mi szerencsétlenségünkön."

Lásd még: *New York Times*, 1866. október 31.: Újjáépítési Carpetbaggers Pénzalap. Villámlás a Kincstári épület felett, John Elson, Meador Publishing Co., Boston 41, 53. o.: „Az *Angol Nemzeti Bank* amerikai leánybankjaival (J.P. Morgan irányítása alatt), a Francia Nemzeti Bankkal és a német Reichsbankkal egy összekapcsolt és együttműködő bankrendszert alkotott, amelynek fő célja a nép kizsákmányolása volt."

William Guy Carr szerint, *a Pawns In The Game* című könyvében ([60]) ezeknek a hivatalból kinevezett tervezőknek az első találkozója 1773-ban Mayer Amschel Bauer frankfurti aranyműves műhelyében került sor. Bauer, aki a „Rothschild" vagy Vörös Pajzs nevet vette fel az üzletét hirdető, ajtaja fölé akasztott vörös pajzsról (a vörös pajzs ma Frankfurt városának hivatalos címere), (lásd a borítót) „csupán harminc éves volt, amikor tizenkét másik gazdag és befolyásos embert hívott meg egy találkozóra Frankfurtba. Célja az volt, hogy meggyőzze őket arról, hogy ha beleegyeznek erőforrásaik összevonásába, akkor finanszírozhatják és irányíthatják a világ forradalmi mozgalmát, és azt cselekvési útmutatóként felhasználva megszerezhetik a teljes világ vagyonának, természeti erőforrásainak és munkaerejének végső ellenőrzését. Miután megkötötték ezt a megállapodást, Mayer kiterjesztette forradalmi tervét. A projektet minden olyan hatalom támogatná, amelyet összevont erőforrásaikkal meg lehetne vásárolni.

Összeadott vagyonuk ügyes manipulálásával olyan kedvezőtlen gazdasági körülményeket lehetne teremteni, hogy a tömegeket a munkanélküliség az éhezés határára szorítaná... Fizetett propagandistáik gyűlöletet és bosszúvágyat keltenének a uralkodó osztályok ellen azáltal, hogy nyilvánosságra hoznák az összes valós és állítólagos esetet, amelyben pazarlás, erkölcstelen viselkedés, igazságtalanság, elnyomás és üldözés történt. Emellett alaptalan vádakat is kitalálnának, hogy rossz hírbe hozzák azokat, akik – ha békén hagynák őket – zavarhatnák átfogó terveiket... Rothschild egy kézirat felé fordult, és elkezdte felolvasni a gondosan kidolgozott cselekvési tervet.

1. Azzal érvelt, hogy a TÖRVÉNY csupán álcázott ERŐ. Úgy érvelte, logikus következtetés, hogy „a természet törvényei szerint a jog az erőben rejlik".

2. A politikai szabadság egy eszme, nem pedig tény. A politikai hatalom megszerzéséhez csupán annyit kellett tenni, hogy a „liberális eszmét" hirdették, hogy a választók egy eszme kedvéért átadjanak egy részét hatalmuknak és kiváltságaiknak, amelyeket a összeesküvők aztán a saját kezükbe gyűjthettek.

---

[60] William Guy Carr, *Pawns In The Game*, magánkiadás, 1956.

3. Az előadó azt állította, hogy az arany hatalma elvette a liberális uralkodók hatalmát... Rámutatott, hogy terve sikerének szempontjából lényegtelen, hogy a meglévő kormányokat külső vagy belső ellenségek pusztítják-e el, mert a győztesnek szükségszerűen a „tőke" segítségét kell kérnie, amely „teljesen a mi kezünkben van".

4. Azzal érvelt, hogy a végső cél eléréséhez bármilyen eszköz alkalmazása indokolt, mivel az erkölcsi kódex szerint kormányzó uralkodó nem volt ügyes politikus, mert sebezhetővé és instabil helyzetbe hozta magát.

5. Kijelentette, hogy „Jogunk az erőben rejlik. A JOG szó egy elvont gondolat, és semmit sem bizonyít. Új JOGOT találtam... hogy a Erősebb Joga alapján támadjak, hogy minden létező intézményt újjáépítsek, és hogy mindazok szuverén ura legyek, akik liberalizmusukban ránk ruházták hatalmuk jogait.

6. Erőforrásaink hatalmának láthatatlannak kell maradnia mindaddig, amíg olyan erőre nem tesz szert, amelyet semmilyen ravaszság vagy erő nem tud aláásni.

7. Ezután huszonöt pontot vázolt fel.

A 8. pont az alkoholos italok, a kábítószerek, az erkölcsi romlás és mindenféle bűn használatával foglalkozott, amelyekkel szisztematikusan megrontják minden nemzet ifjúságát.

9. Joguk volt bármilyen eszközzel és habozás nélkül elkobozni a vagyont, ha ezzel biztosították az alávetettséget és a szuverenitást.

10. Mi voltunk az elsők, akik a „Szabadság, Egyenlőség, Testvériség" jelszavakat a tömegek szájába adtuk, ami egy új arisztokráciát hozott létre. Ennek az arisztokráciának a feltétele a VAGYON, amely tőlünk függ.

11. A háborúkat úgy kell irányítani, hogy a részt vevő nemzetek mindkét oldalon még nagyobb adósságba kerüljenek velünk szemben.

12. A közhivatalra jelölt személyeknek alázatosnak és engedelmesnek kell lenniük parancsainknak, hogy könnyen felhasználhassuk őket.

13. Propaganda – összevont vagyonukkal ellenőrzésük alá vonnák az összes nyilvános információforrást.

14. A pánikok és a pénzügyi válságok végső soron egy világkormányhoz, egy új, egyetlen világkormányzati rendhez vezetnének."

A Rothschild család két évszázadon át döntő szerepet játszott a nemzetközi pénzügyekben, ahogyan Frederick Morton írja A Rothschildok című művében:

„Az elmúlt százötven évben a Rothschild-ház története elképesztő mértékben Nyugat-Európa háttértörténete volt."38 (Előszó)... Mivel nem magánszemélyeknek, hanem nemzeteknek nyújtottak kölcsönöket, hatalmas nyereségre tettek szert, bár ahogy Morton írja a 36. oldalon: „Valaki egyszer azt mondta, hogy a Rothschildok vagyona a nemzetek csődjéből áll."[61]

E.C. Knuth *a The Empire of the City* című művében így ír: „Kétségtelen tény, hogy a Rothschild-ház a történelem nagy összeomlásain és nagy háborúin, éppen azokon az időszakokon keresett pénzt, amikor mások elvesztették a pénzüket."[62]

A Nagy Szovjet Enciklopédia kijelenti: „A nyugat-európai szintű személyes kapcsolatok (nemzetközi igazgatóságok) legegyértelműbb példája a Rothschild-család. A Rothschildok londoni és párizsi ágait nemcsak családi kötelékek, hanem a közösen irányított vállalatokban fennálló személyes kapcsolatok is összekötik."[63] A enciklopédia ezeket a vállalatokat nemzetközi monopóliumokként írta le.

A család alapítója, Mayer Amschel Rothschild 1743-ban Frankfurtban alapított egy kis vállalkozást érmekereskedőként. Bár korábban Bauer néven volt ismert,[64] hivatását egy vörös pajzsra helyezett sas ábrázolásával hirdette, amely a frankfurti város

---

[61] Frederick Morton, *The Rothschilds*, Fawcett Publishing Company, N.Y., 1961.

[62] E.C. Knuth: *Empire of the City*, 71. o.

[63] *Nagy Szovjet Enciklopédia*, 3. kiadás, 1973, Macmillan, London, 14. kötet, 691. o.

[64] „Rothschild eredeti neve Bauer volt." 397. o., Henry Clews, *Twenty-eight years in Wall Street.*

címerének adaptációja volt, és amelyhez öt arany nyíl is társult, amelyek a karomokból nyúltak ki, jelképezve öt fiát. E jelkép miatt vette fel a „Rothschild” vagy „Vörös Pajzs” nevet. Amikor a hesseni választófejedelem vagyont szerzett azzal, hogy hesseni zsoldosokat bérelt ki a briteknek az amerikai gyarmatokon dúló lázadás leverésére, Rothschildra bízták a pénz befektetését. Kiváló nyereséget ért el mind saját maga, mind a választófejedelem számára, és ezzel további ügyfeleket vonzott. 1785-ben egy nagyobb házba költözött, a Judengasse 148. szám alá, egy öt emeletes házba, amelyet „A Zöld Pajzs” néven ismertek, és amelyet a Schiff családdal osztott meg.

Az öt fiú fióktelepeket alapított Európa főbb városaiban, közülük a legsikeresebb James Párizsban és Nathan Mayer Londonban volt. Ignatius Balla A Rothschildok romantikája ([65]) című művében elmeséli, hogyan szerezte meg vagyonát a londoni Rothschild. Elutazott Waterloo-ba, ahol Európa sorsa a mérleg nyelvén állt, látta, hogy Napóleon vesztésre áll a csatában, és sietve visszatért Brüsszelbe. Ostendben megpróbált hajót bérelni Angliába, de a tomboló vihar miatt senki sem volt hajlandó kihajózni. Rothschild 500, majd 700, végül 1000 frankot ajánlott egy hajóért. Az egyik tengerész azt mondta: „2000 frankért elviszlek; akkor legalább az özvegyemnek lesz valamije, ha megfulladunk.” A vihar ellenére átkeltek a Csatornán.

Másnap reggel Rothschild a szokásos helyén ült a londoni tőzsdén. Mindenki észrevette, milyen sápadtnak és kimerültnek tűnik. Hirtelen eladni kezdett, hatalmas mennyiségű értékpapírt dobott piacra. A pánik azonnal elhatalmasodott a tőzsdén. Rothschild elad; tudja, hogy elvesztettük a waterlooi csatát. Rothschild és minden ismert ügynöke továbbra is értékpapírokat zúdított a piacra. Balla így ír: „Semmi sem tudta megakadályozni a katasztrófát. Ugyanakkor csendben felvásárolta az összes értékpapírt olyan titkos ügynökök segítségével, akiket senki sem ismert. Egyetlen nap alatt közel egymillió fontot nyert, ami a

---

[65] Ignatius Balla, *The Romance of the Rothschilds*, Everleigh Nash, London, 1913

következő mondáshoz vezetett: „A szövetségesek nyerték a waterlooi csatát, de valójában Rothschild nyert."[66]

A The Profits of War című könyvében Richard Lewinsohn így ír: „Rothschild napóleoni háborúkból származó háborús nyeresége finanszírozta későbbi tőzsdei spekulációit. Metternich vezetése alatt Ausztria hosszú habozás után végül beleegyezett abba, hogy elfogadja a Rothschild-ház pénzügyi irányítását."[67]

A waterlooi hőstett sikere után Nathan Mayer Rothschild a „Consols" és más részvények szinte kizárólagos birtoklásán keresztül megszerezte az irányítást az Angol Nemzeti Bank felett. Európában több „központi" bank, vagyis olyan bank is létrejött, amelynek jogában állt pénzt kibocsátani: 1656-ban a Svéd Bank, amely 1661-ben kezdett bankjegyeket kibocsátani, a legkorábbi pedig az Amszterdami Bank volt, amely 1649-ben finanszírozta Oliver Cromwell hatalomátvételét Angliában, látszólag vallási különbségek miatt. Cromwell 1657-ben meghalt, és az angol trón 1660-ban, II. Károly koronázásával került vissza a helyére. Ő 1685-ben halt meg. 1689-ben ugyanaz a bankárcsoport visszanyerte a hatalmat Angliában azáltal, hogy Orániai Vilmos királyt ültette a trónra. Hamarosan meghálálta támogatóinak, amikor elrendelte a brit kincstárnak, hogy 1 250 000 fontot vegyen fel kölcsön ezektől a bankároktól. Emellett kiadott nekik egy királyi oklevelet az Angol Bank számára, amely lehetővé tette számukra az államadósság (amelyet éppen ez a kölcsön teremtett) konszolidálását, valamint a kamat- és tőkefizetések biztosítását a nép közvetlen adóztatásával.

---

[66] *A The New York Times* 1915. április 1-jei száma arról számolt be, hogy 1914-ben Nathan Mayer de Rothschild báró bíróság elé állította Ignatius Ballát, azzal az indokkal, hogy a nagyapjáról szóló waterlooi történet hamis és rágalmazó. A bíróság megállapította, hogy a történet igaz, elutasította Rothschild keresetét, és elrendelte, hogy ő viselje az összes költséget. *A New York Times* ebben a cikkben megjegyezte, hogy „a Rothschild-család teljes vagyonát 2 milliárd dollárra becsülik". *A The New York Times* egy korábbi cikke (1905. május 27.) megjegyezte, hogy Alphonse de Rothschild báró, a francia Rothschild-ház feje, vagyonában 60 millió dollár értékű amerikai értékpapírral rendelkezett, bár a Rothschildok állítólag nem voltak aktívak az amerikai piacon. Ez magyarázza, miért volt ügynöküknek, J.P. Morgannek csak 19 millió dollár értékű értékpapírja a vagyonában, amikor 1913-ban meghalt, és a Morgan által kezelt értékpapírok valójában a munkaadójának, Rothschildnak a tulajdonában voltak."

[67] Richard Lewinsohn, *The Profits of War*, E.P. Dutton, 1937.

Az oklevél megtiltotta a magánaranyműveseknek az arany tárolását és a nyugták kiállítását, ami az Angol Nemzeti Bank részvényeseinek pénzmonopóliumot biztosított. Az aranyműveseket arra is kötelezték, hogy aranyukat az Angol Nemzeti Bank páncélszekrényeiben tárolják. Nemcsak hogy kormányrendelettel elvették tőlük a forgalomban lévő fizetőeszköz kibocsátásának kiváltságát, de vagyonukat is átadták azoknak, akik kiszorították őket.[68]

Ezra Pound a „*Cantos*" 46. és 27. versében utal azokra az egyedülálló kiváltságokra, amelyeket William Paterson az Angol Nemzeti Bank alapító okiratának prospektusában hirdetett:

„Paterson így szólt

A banknak joga van kamatot szedni minden pénz után, amelyet a semmiből teremt."

A „semmi", amire utal, természetesen a bank könyvelési művelete, amely pénzt „teremt" azzal, hogy bejegyzi, hogy ezer dollárt „kölcsönzött" neked, olyan pénzt, amely nem létezett, amíg a bank nem tette meg a bejegyzést.

1698-ra a brit kincstár 16 millió font sterlinggel tartozott az Angol Nemzeti Banknak. 1815-re, főként a kamatok kamatozása miatt, az adósság 885 millió font sterlingre emelkedett. Ez a növekedés részben az abban az időszakban dúló háborúknak volt köszönhető, beleértve a napóleoni háborúkat és azokat a háborúkat, amelyeket Anglia az amerikai gyarmatának megtartása érdekében vívott.

William Paterson (1658–1719) maga alig profitált „a bank által a semmiből teremtett pénzből", mivel politikai nézeteltérés miatt egy évvel a Bank of England alapítása után kilépett a bankból. Egy későbbi William Paterson az Egyesült Államok Alkotmányának egyik megalkotója lett, míg a név tovább él, akárcsak maga a káros központi bank.

Paterson képtelennek találta magát az együttműködésre az Angol Nemzeti Bank részvényeseivel. Sokan közülük névtelenek

---

[68] Az Egyesült Államokban, miután a Federal Reserve System részvényesei 1934-ben megszilárdították hatalmukat, kormányunk is kiadott rendeleteket, amelyek megtiltották a magánszemélyeknek az arany tárolását vagy birtoklását.

maradtak, de az Angol Nemzeti Bank egyik korai leírása szerint az intézmény „körülbelül 1330 főből álló társaság volt, amelynek tagjai között ott volt az angol király és királyné, akik 10 000 font értékű részvényt birtokoltak, a Leeds-i herceg, a Devonshire-i herceg, a Pembroke-i gróf és a Bradford-i gróf."

Spekulációs sikerei miatt Nathan Mayer de Rothschild báró, ahogy ekkor már nevezte magát, London legfőbb pénzügyi hatalmának uralkodott. Egy kastélyában rendezett partin arrogánsan kijelentette: „Nem érdekel, melyik bábot ültetik Anglia trónjára, hogy uralkodjon a Birodalmon, amelyen soha nem nyugszik le a nap. Az az ember, aki ellenőrzi Nagy-Britannia pénzkínálatát, az irányítja a Brit Birodalmat, és én ellenőrzöm a brit pénzkínálatot."

Párizsi testvére, James szintén meghatározó szerepet játszott a francia pénzügyekben. David Druck a Baron Edmond de Rothschild című művében így ír: „(James) Rothschild vagyona elérte a 600 milliót. Franciaországban csak egy ember rendelkezett ennél többel. Az a király volt, akinek vagyona 800 millió volt. A francia bankárok összesített vagyona 150 millióval kevesebb volt, mint James Rothschildé. Ez természetesen kimondhatatlan hatalmat biztosított számára, akár kormányok megbuktatásáig is, amikor csak úgy döntött. Jól ismert például, hogy ő döntötte meg Thiers miniszterelnök kabinetjét."[69]

Németország Bismarck alatt történő terjeszkedését kísérte az a tény, hogy ő a porosz császár udvari bankárától, Samuel Bleichrodertől függött, aki 1828 óta a Rothschildok ügynökeként volt ismert. A későbbi német kancellár, Dr. von Bethmann Hollweg, a frankfurti Moritz Bethmann fia volt, aki házasság révén kapcsolódott a Rothschildokhoz. I. Vilmos császár is nagyban támaszkodott Bischoffsheimre, Goldschmidtre és a frankfurti Sir Ernest Casselre, aki Angliába emigrált, és a walesi herceg, a későbbi VII. Edward személyes bankára lett. Cassel lánya Lord Mountbattenhez ment feleségül, így a család közvetlen kapcsolatba került a jelenlegi brit koronával.

---

69 David Druck, *Baron Edmond de Rothschild,* (magánkiadás), N.Y. 1850.

Josephson a „[70] ” című művében azt állítja, hogy Philip Mountbatten a Cassel családon keresztül rokonságban állt a frankfurti Meyer Rothschildokkal. Így az angol Windsor-ház közvetlen családi kapcsolatban áll a Rothschildokkal. 1901-ben, amikor Viktória királynő fia, Edward, VII. Edward király lett, újra felvette a kapcsolatot a Rothschildokkal.

Paul Emden a Behind The Throne című könyvében így ír:

„Edward felkészülése a hivatására egészen más volt, mint édesanyjáé, ezért kevésbé „uralkodott”, mint ő. Szerencsére megtartotta maga körül azokat az embereket, akik vele voltak a bagdadi vasút építésének idején... a tanácsadói gárdához csatlakozott Leopold és Alfred de Rothschild, a Sassoon család különböző tagjai, és mindenekelőtt a magánpénzügyi tanácsadója, Sir Ernest Cassel.”[71]

A hatalmas vagyon, amelyet Cassel viszonylag rövid idő alatt szerzett, óriási hatalmat biztosított számára, amelyet soha nem használt vissza. Összeolvasztotta a Vickers Sons céget a Naval Construction Company-val és a Maxim-Nordenfeldt Guns and Ammunition Company-val, ebből a fúzióból pedig a világszerte ismert Vickers Sons and Maxim cég jött létre. Casseltől teljesen eltérő szerepet játszottak olyan üzletemberek, mint a Rothschildok. A céget demokratikus elvek szerint irányították, és a különböző partnereknek mind a család tagjainak kellett lenniük. Nagy vendégszeretettel és fejedelmi módon élték a nagy urak életét, és természetes volt, hogy VII. Edward szimpatikusnak találta őket. Nemzetközi családi kapcsolataiknak és még kiterjedtebb üzleti kapcsolataiknak köszönhetően az egész világot ismerték, mindenkiről jól tájékozottak voltak, és megbízható ismeretekkel rendelkeztek olyan ügyekről, amelyek a felszínen nem látszottak. A pénzügy és a politika ezen kombinációja a kezdetektől fogva a Rothschildok védjegye volt. A Rothschild-ház mindig többet tudott, mint ami az újságokban olvasható volt, sőt, még annál is többet, mint ami a Külügyminisztériumhoz beérkező jelentésekben szerepelt. Más országokban is a trón mögé nyúltak a Rothschildok kapcsolatai. Csak miután a háború utáni években számos

[70] E.M. Josephson, *Franklin D. Roosevelt furcsa halála*, 39. o., Chedney Press, New York, 1948.

[71] Paul Emden, *Behind The Throne*, Hoddard Stoughton, London, 1934.

diplomáciai kiadvány jelent meg, tudta meg a szélesebb közönség, milyen erőteljesen befolyásolta Alfred de Rothschild keze Közép-Európa politikáját a háború (az első világháború) előtti húsz évben.”

A pénz feletti ellenőrzéssel együtt jött a hírközlő eszközök feletti ellenőrzés is. Kent Cooper, az Associated Press vezetője, önéletrajzi könyvében, a Barriers Down-ban így ír:

„A Rothschild-ház alá tartozó nemzetközi bankárok részesedést szereztek a három vezető európai hírügynökségben.”[72]

Így a Rothschildok megvásárolták a londoni székhelyű Reuters International News Agency, a francia Havas és a német Wolf irányítását, amelyek az összes európai hír terjesztését ellenőrizték.

Az Inside Europe című művében John Gunther, a[73] ja 1936-ban azt írta, hogy 1935 végén minden francia miniszterelnök a pénzügyi oligarchia bábja volt, és hogy ezt a pénzügyi oligarchiát tizenkét régens uralta, akik közül hat bankár volt, és akiket Edmond de Rothschild báró vezetett.

A „London Connection” médiára gyakorolt vasmarkú hatalmát Ben J. Bagdikian The Media Monopoly című, nemrég megjelent könyve tárta fel, amelyet úgy írtak le, mint „megdöbbentő jelentés az 50 vállalatról, amelyek irányítják, amit Amerika lát, hall és olvas”.[74] Bagdikian, aki az ország legbefolyásosabb magazinját, a Saturday Evening Postot szerkesztette, amíg a monopólium hirtelen be nem zárta, feltárja az ötven vállalat közötti egymásba fonódó igazgatósági kapcsolatokat, amelyek a híreket irányítják, de nem vezeti vissza őket az azokat irányító öt londoni bankházra. Megemlíti, hogy a CBS összefonódik a Washington Posttal, az Allied Chemical-lel, a Wells Fargo Bankkal és másokkal, de nem mondja el az olvasónak, hogy a Brown Brothers Harriman irányítja a CBS-t, vagy hogy az Eugene Meyer család (Lazard Freres) irányítja az Allied Chemicalt és a Washington Postot, a Kuhn Loeb Co. pedig a Wells Fargo Bankot. Bagdikian bemutatja, hogy *a The New York Times* összefonódik a Morgan Guaranty Trusttal, az American Expressszel, a First Boston Corporationnal és másokkal,

---

[72] Kent Cooper, *Barriers Down*, 21. o.

[73] John Gunther, *Inside Europe*, 1936.

[74] Ben H. Bagdikian, *The Media Monopoly*, Beacon Press, Boston 1983.

de nem mutatja be, hogyan fonódik össze a bankrendszer. Az egész könyvben nem említi a Federal Reserve Systemet, ami feltűnő hiányosság.

Bagdikian dokumentálja, hogy a médiamonopólium folyamatosan bezárja az újságokat és magazinokat., ahol csak egy újság, a The Post jelenik meg, egyedülálló a világ fővárosai között. Londonban tizenegy, Párizsban tizennégy, Rómában tizennyolc, Tokióban tizenhét, Moszkvában pedig kilenc napilap jelenik meg. Hivatkozik a 1982-es World Press Encyclopaedia egyik tanulmányára, amely szerint az Egyesült Államok az iparosodott országok között az utolsó helyen áll az 1000 lakosra jutó eladott napilapok számát tekintve. Svédország vezeti a listát 572-vel, az Egyesült Államok az utolsó helyen áll 287-tel. Az amerikaiak általánosan bizalmatlanok a médiával szemben, annak hírhedt monopóliuma és elfogultsága miatt. A média egyhangúlag szorgalmazza a dolgozó emberek magasabb adóztatását, a kormányzati kiadások növelését, egy totalitárius hatalommal rendelkező jóléti államot, szoros kapcsolatokat Oroszországgal, valamint a kommunizmus ellenzőinek heves elítélését. Ez a „London Connection" programja. Mániákus rasszizmust hirdet, és mottója a főpapnője, Susan Sontag mondása: „A fehér faj a történelem rákja." Mindenkinek ellene kell lennie a ráknak. A médiamonopólium kétféleképpen bánik ellenfeleivel: vagy frontális rágalmazási támadással, amely ellen az átlagember nem engedheti meg magának a pereskedést, vagy a csend vasfüggönyével, ami a szokásos kezelés minden olyan mű esetében, amely leleplezi titkos tevékenységeit.

Bár a Rothschild-terv nem egyezik meg egyetlen politikai vagy gazdasági mozgalommal sem, mióta 1773-ban megfogalmazták, annak lényeges elemei felismerhetők minden azóta történt politikai forradalomban. LaRouche[75] rámutat arra, hogy a Kerekasztalok támogatták a fabiánus szocializmust Angliában, miközben a németországi Kerekasztal-tag, Dr. Hjalmar Schacht révén a náci rezsimet is támogatták, és hogy a második világháború alatt a Kerekasztal-tag Canaris admirális révén a náci kormányt használták

[75] Lyndon H. LaRouche, Jr., *Dope, Inc.*, New Benjamin Franklin House Publishing Co., New York, 1978.

fel, miközben Allen Dulles Svájcban a szövetségesek számára egy együttműködő hírszerzési műveletet irányított.

HATODIK FEJEZET

A LONDONI KAPCSOLAT

„Látod tehát, kedves Coningsby, hogy a világot egészen más személyiségek irányítják, mint ahogyan azt azok elképzelik, akik nem a kulisszák mögött állnak.”[76] – Disraeli, Anglia miniszterelnöke Viktória királynő uralkodása alatt.

1775-ben az amerikai gyarmatosok kikiáltották függetlenségüket Nagy-Britanniától, majd az amerikai függetlenségi háborúban kivívták szabadságukat. Bár politikai szabadságot értek el, a pénzügyi függetlenség megteremtése nehezebb feladatnak bizonyult. 1791-ben Alexander Hamilton európai bankárok ösztönzésére megalapította az első Egyesült Államok Bankját, egy olyan központi bankot, amelynek hatáskörei nagyjából megegyeztek az Angol Nemzeti Bankéval. A bank mögött álló külföldi erők több mint egy évszázaddal később sikerült a Kongresszuson keresztüljuttatniuk a Federal Reserve Act-et, ami végre megadta nekik a gazdaságunk pénzügyi központját. Bár a Federal Reserve Bank sem volt szövetségi, mivel magánrészvényesek tulajdonában állt, sem tartalék, mivel célja a pénzteremtés volt, nem pedig a tartalékban tartás, hatalmas pénzügyi hatalmat szerzett, olyannyira, hogy fokozatosan felváltotta az Egyesült Államok népi választáson megválasztott kormányát. A Federal Reserve System révén az amerikai függetlenséget titokban, de legyőzhetetlenül visszaszívták a brit befolyási övezetbe. Így a

[76] *Coningsby*, Disraeli műve, Longmans Co., London, 1881, 252. o.

londoni kapcsolatok lettek az Egyesült Államok politikájának döntőbírái.

Mivel Anglia a második világháború után elvesztette gyarmatbirodalmát, úgy tűnt, hogy világpolitikai hatalmaként befolyása hanyatlik. Lényegében ez igaz is volt. Az 1980-as Anglia nem az 1880-as Anglia. Már nem uralkodik a tengereken; másodrangú, talán harmadrangú katonai hatalom, de paradox módon, ahogy politikai és katonai hatalma hanyatlott, pénzügyi hatalma nőtt. A Capital City című könyvben ezt olvashatjuk: „Szinte bármilyen szempontból is nézzük, London a világ vezető pénzügyi központja... Az 1960-as években London dominanciája nőtt..."[77]

Erre a tényre részleges magyarázatot is kapunk:

„Daniel Davison, a londoni Morgan Grenfell vezetője azt mondta: »Az amerikai bankok hozták a szükséges pénzt, ügyfeleket, tőkét és szakértelmet, amelyek London jelenlegi kiemelkedő helyzetét megteremtették... csak az amerikai bankoknak van végső hitelezőjük. Az Egyesült Államok Federal Reserve Boardja *szükség esetén dollárt* tud és is *teremt*. Az amerikaiak nélkül a nagy dollárügyletek nem jöhetnek létre. Nélkülük London nem lenne hiteles nemzetközi pénzügyi központ."[78]

Így London a világ pénzügyi központja, mert hatalmas tőkeösszegeket tud mozgósítani, amelyeket az Egyesült Államok Federal Reserve Boardja az ő parancsára teremt. De hogyan lehetséges ez? Már megállapítottuk, hogy az Egyesült Államok monetáris politikáját, a kamatlábakat, a pénz mennyiségét és értékét, valamint a kötvények értékesítését nem a Federal Reserve Board of Governors névleges vezetője, hanem a New York-i Federal Reserve Bank határozza meg. A Federal Reserve System és tizenkét, egyformán autonóm „regionális" bankjának látszólagos decentralizációja csalás volt és az is marad, amióta a Federal Reserve Act 1913-ban törvényerőre lépett. Az a tévhit, hogy az Egyesült Államok monetáris politikája kizárólag a New York-i Federal Reserve Bankból származik, szintén téves. Különösen hamis az a feltételezés, hogy a New York-i Federal Reserve Bank

---

[77] McRae és Cairncross, *Capital City*, Eyre Methuen, London, 1963, 1. o.

[78] Uo., 225. o.

önálló, és külső beavatkozás nélkül szabadon alakíthatja az egész Egyesült Államok monetáris politikáját.

Talán elhinnénk ezt az autonómiát, ha nem tudnánk, hogy a New York-i Federal Reserve Bank többségi részvényei három New York-i bank – a First National Bank, a National City Bank és a National Bank of Commerce – tulajdonában vannak. Ha megvizsgáljuk ezeknek a bankoknak a fő részvényeseit 1914-ben és ma, közvetlen londoni kapcsolatot fedezhetünk fel.

1812-ben a National City Bank City Bank néven kezdte meg működését, ugyanabban a helyiségben, ahol korábban a már megszűnt, alapító okiratának lejárt Bank of the United States működött. Sok azonos részvényest képviselt, akik most már törvényes amerikai alapító okirat alapján működtek. Az 1800-as évek elején a City Bankhoz kapcsolódó leghíresebb név Moses Taylor (1806–1882) volt. Taylor apja titkos ügynök volt, akit azzal bízták meg, hogy ingatlanokat vásároljon az Astor-érdekek számára, miközben eltitkolta, hogy Astor a vevő. Ezzel a taktikával Astornak sikerült számos farmot, valamint rengeteg potenciálisan értékes manhattani ingatlant megvásárolnia. Bár Astor tőkéjéről azt tartották, hogy a prémkereskedelemből származik, számos forrás arra utal, hogy ő külföldi érdekeket is képviselt. LaRouche a „[79] " című művében azt állítja, hogy Astor a függetlenségi háború előtti és utáni években a briteknek nyújtott hírszerzési információkért, valamint azért, hogy az indiánokat az amerikai telepesek megtámadására és megölésére buzdította a határvidéken, jelentős jutalmat kapott. Nem készpénzben fizették ki, hanem a britek Kínával folytatott ópiumkereskedelméből részesedést kapott. Az Astor-vagyon alapját éppen ebből a jövedelmező koncesszióból származó bevétel képezte.

Apja kapcsolatai révén az Astor családdal a fiatal Moses Taylor 15 éves korában könnyedén talált magának helyet egy bankházban gyakornokként. Mint oly sokan mások e lapokban, ő is akkor találta meg legnagyobb lehetőségeit, amikor sok más amerikai a hirtelen hitelpiaci szűkülés miatt csődbe ment. Az 1837-es pánik idején, amikor New York üzleti vállalkozásainak több mint fele tönkrement, ő megduplázta vagyonát. 1855-ben a City Bank elnöke

---

[79] Lyndon H. LaRouche, *Dope, Inc.*, New Benjamin Franklin House Publishing Co., N.Y. 1978.

lett. Az 1857-es pánik idején a City Bank profitált számos versenytársa csődjéből. George Peabodyhoz és Junius Morganhoz hasonlóan Taylor is bőséges készpénzzel rendelkezett a bajba jutott részvények felvásárlásához. A Delaware Lackawanna Railroad szinte összes részvényét 5 dollárért vásárolta meg. Hét évvel később az részvények ára 240 dollár volt. Moses Taylor vagyona ekkor már ötvenmillió dollárt tett ki.

1861 augusztusában Taylort nevezték ki a polgárháborúban az Unió kormányának finanszírozásával foglalkozó Hitelbizottság elnökévé. A bizottság megdöbbentette Lincolnt azzal, hogy 5 millió dollárt ajánlott fel a kormánynak 12%-os kamatra a háború finanszírozására. Lincoln elutasította az ajánlatot, és a háborút az Egyesült Államok Pénzügyminisztériuma által kibocsátott, aranyfedezetű híres „greenbackek” segítségével finanszírozta. Taylor a háború alatt tovább gyarapította vagyonát, és későbbi éveiben a fiatal James Stillman lett a pártfogoltja. 1882-ben, amikor Moses Taylor meghalt, hetvenmillió dollárt hagyott hátra.[80] Vőlegénye, Percy Pyne követte őt a City Bank elnöki posztján, amely időközben National City Bank névre változott. Pyne mozgássérült volt, és alig tudott a bankban dolgozni. Kilenc éven át a bank stagnált, tőkéjének szinte teljes egészét Moses Taylor hagyatéka tette ki. William Rockefeller, John D. Rockefeller testvére, részesedést vásárolt a bankban, és alig várta, hogy fejlődést lásson. 1891-ben rábeszélte Pyne-t, hogy lépjen félre James Stillman javára, és hamarosan a National City Bank lett a Rockefeller-család olajjövedelmének fő letéteményese. William Rockefeller fia, William, feleségül vette James Stillman lányát, Isabelet. Mint oly sokan mások a New York-i bankvilágban, James Stillmannek is voltak brit kapcsolatai. Apja, Don Carlos Stillman, a polgárháború idején brit ügynökként és blokádtörőként érkezett Brownsville-be, Texasba. New York-i banki kapcsolatai révén Don Carlosnak sikerült helyet szereznie fiának egy bankházban gyakornokként. 1914-ben, amikor a National City Bank megvásárolta az újonnan alapított New York-i Federal Reserve Bank részvényeinek csaknem

[80] *A New York Times* 1882. május 24-i számában megjegyezte, hogy Moses Taylor 1861-ben a New York-i Bankok Szövetségének Hitelbizottságának elnöke volt. Kétszázmillió dollár értékű értékpapírt bíztak rá. Valószínűleg neki köszönhető leginkább, hogy a kormány 1861-ben rendelkezett a háború folytatásához szükséges eszközökkel.

tíz százalékát, Moses Taylor két unokája, Moses Taylor Pyne és Percy Pyne 15 000 National City-részvényt birtokolt. Moses Taylor fia, H.A.C. Taylor 7699 National City Bank-részvényt birtokolt. A bank ügyvédje, John W. Sterling, a Shearman and Sterling cégtől, szintén 6000 National City Bank részvényt birtokolt. James Stillman azonban 47 498 részvényt, vagyis a bank 250 000 részvényének csaknem húsz százalékát birtokolta. [Lásd az I. táblázatot]

A New York-i Federal Reserve Bank részvényeinek második legnagyobb vásárlója 1914-ben a First National Bank, általánosan a néven, azaz „a Morgan Bank" néven volt ismert, mivel a Morgan család képviseltette magát az igazgatóságban, bár a bank alapítója, George F. Baker 20 000 részvényt birtokolt, fia, G.F. Baker Jr. pedig 5000 részvényt, ami a bank 100 000 darabos teljes részvényállományának huszonöt százalékát jelentette. George F. Baker Sr. lánya feleségül vette a londoni George F. St. George-ot. A St. George-ok később az Egyesült Államokban telepedtek le, ahol lányuk, Katherine St. George, évekig prominens kongresszusi képviselő volt. Dr. E.M. Josephson így írt róla: „Mrs. St. George, FDR első unokatestvére és a New Deal híve, azt mondta: »A demokrácia kudarcot vallott.«"[81]

George Baker Jr. lánya, Edith Brevoort Baker 1934-ben feleségül vette Jacob Schiff unokáját, John M. Schiffet. John M. Schiff jelenleg a Lehman Brothers Kuhn Loeb Company tiszteletbeli elnöke.

A New York-i Federal Reserve Bank részvényeinek harmadik nagy vásárlója 1914-ben a National Bank of Commerce volt, amely 250 000 részvényt bocsátott ki. J.P. Morgan az Equitable Life-ban fennálló többségi részesedése révén, amely 24 700 részvényt birtokolt, valamint a Mutual Life-ban, amely 17 294 részvényt birtokolt a National Bank of Commerce-ban, további 10 000 részvényt birtokolt a National Bank of Commerce-ban a J.P. Morgan and Company (7800 részvény), J.P. Morgan, Jr. (1100 részvény) és Morgan partnere, H.P. Davison (1100 részvény) révén. Paul Warburg, a Federal Reserve Board of Governors kormányzója szintén 3000 részvényt birtokolt a National Bank of Commerce-ban. Partnere, Jacob Schiff 1000 részvényt birtokolt a National Bank of

---

[81] E.M. Josephson, *Franklin D. Roosevelt furcsa halála*, Chedney Press, New York, 1948.

Commerce-ban. Ezt a bankot egyértelműen Morgan irányította, aki valójában a londoni Junius S. Morgan Company és a londoni N.M. Rothschild Company leányvállalata volt, valamint a Kuhn, Loeb Company, amely a Rothschildok fő ügynökeként is ismert volt.

A pénzügyi szakember, Thomas Fortune Ryan is 5100 részvényt birtokolt a National Bank of Commerce-ban 1914-ben. Fia, John Barry Ryan feleségül vette Otto Kahn lányát; Kahn a Kuhn, Loeb Company-ban Warburg és Schiff partnere volt. Ryan unokája, Virginia Fortune Ryan feleségül vette Lord Airlie-t, a londoni és new yorki J. Henry Schroder Banking Corporation jelenlegi vezetőjét.

A National Bank of Commerce egy másik igazgatója 1914-ben, A.D. Juillard, az A.D. Juillard Company elnöke, a New York Life és a Guaranty Trust kurátora volt, melyeket mind J.P. Morgan irányított. Juillardnak brit kapcsolatai is voltak, hiszen a North British and Mercantile Insurance Company igazgatója volt. Juillard 2000 részvényt birtokolt a National Bank of Commerce-ban, és a Chemical Bank igazgatója is volt.

Matthew Josephson A rablólovagok című könyvében elmondja, hogy Morgan 1900-ra uralta a New York Life-ot, az Equitable Life-ot és a Mutual Life-ot, amelyek egymilliárd dollárnyi vagyonnal rendelkeztek, és évente ötvenmillió dollárt tudtak befektetni. Azt írja:

„Ebben a titkos szövetségekből álló kampányban ő (Morgan) közvetlen ellenőrzést szerzett a National Bank of Commerce felett; majd részesedést szerzett a First National Bankban, szövetségre lépve annak élén álló, igen erős és konzervatív pénzügyi szakemberrel, George F. Bakerrel; végül részvénytulajdon és egymással összefonódó igazgatóságok révén összekapcsolta az előbb említett bankokkal más vezető bankokat is, a Hanovert, a Liberty-t és a Chase-t.”[82]

Mary W. Harriman, E.H. Harriman özvegye, szintén 5000 részvényt birtokolt a National Bank of Commerce-ban 1914-ben. E.H. Harriman vasúti birodalmát teljes egészében Jacob Schiff, a Kuhn, Loeb Company képviselője finanszírozta. Levi P. Morton szintén 1500 részvényt birtokolt a National Bank of Commerce-ban

---

[82] Matthew Josephson, *The Robber Barons*, 409. o.

1914-ben. Ő volt az Egyesült Államok huszonkettedik alelnöke, az Egyesült Államok korábbi franciaországi nagykövete, valamint a New York-i L.P. Morton Company, a Morton-Rose and Company és a londoni Morton Chaplin elnöke. Az Equitable Life Insurance Company, a Home Insurance Company, a Guaranty Trust és a Newport Trust igazgatósági tagja volt.

Az a megdöbbentő elképzelés, hogy az Egyesült Államok Federal Reserve rendszerét valójában Londonból irányítják, valószínűleg első hallásra a legtöbb amerikai számára elfogadhatatlannak tűnik. Minsky azonban a „domináns keret" elméletéről vált híressé. Állítása szerint minden adott helyzetben létezik egy „domináns keret", amelyhez a helyzetben minden kapcsolódik, és amelyen keresztül értelmezhető. A Federal Reserve System monetáris politikai döntéseinek „domináns kerete" az, hogy ezeket a döntéseket azok hozzák, akik a legtöbbet profitálnak belőlük. Első pillantásra úgy tűnhet, hogy ezek a New York-i Federal Reserve Bank fő részvényesei. Láttuk azonban, hogy ezeknek a részvényeseknek mindegyikének van „londoni kapcsolata". A „londoni kapcsolat" még nyilvánvalóbbá válik, mint domináns erő, amikor a The Capital City[83] című könyvben azt találjuk, hogy csak tizenhét cég működhet kereskedelmi bankként London Cityben, Anglia pénzügyi negyedében. Mindegyiket jóvá kell hagynia a Bank of Englandnek. Valójában a Bank of England kormányzóinak többsége e tizenhét cég partnereiből kerül ki. Clarke a tizenhét céget tőkeértékük szerint rangsorolja. A 2. helyen a Schroder Bank áll. A 6. helyen a Morgan Grenfell, a Morgan-ház londoni fiókja, amely valójában a domináns fiókja. A Lazard Brothers a 8. helyen áll. Az N.M. Rothschild a 9. helyen áll. A Brown Shipley Company, a Brown Brothers Harriman londoni fiókja, a 14. helyen áll. Ez az öt londoni kereskedelmi banki cég valójában irányítja azokat a New York-i bankokat, amelyek többségi részesedéssel rendelkeznek a New York-i Federal Reserve Bankban.

A Federal Reserve System döntései feletti ellenőrzés egy másik egyedülálló helyzeten is alapul. Minden nap négy másik londoni banki cég képviselői találkoznak az N.M. Rothschild Company londoni irodáiban, hogy meghatározzák az aznapi aranyárat. A

[83] McRae és Cairncross, *Capital City*, Eyre Methuen, London, 1963.

másik négy bankár a Samuel Montagu Company-tól származik, amely az 17 londoni kereskedelmi banki cég listáján az 5. helyen áll, valamint a Sharps Pixley-től, a Johnson Matheson-tól, a Mocatta-tól és a Goldsmid-től.

Annak ellenére, hogy hatalmas áradatban árasztják el a világot a papírpénz-piramisok és bankjegyek, egy bizonyos ponton minden hitelnyújtásnak vissza kell térnie ahhoz, hogy – bármilyen csekély mértékben is – valahol a világon egy bankban lévő aranytartalékra alapuljon. Emiatt a londoni kereskedelmi bankárok, akiknek hatalmukban áll minden nap megállapítani az arany árát, azoknak az országoknak a pénzmennyiségének és a pénz árának végső döntőbíráivá válnak, amelyeknek meg kell hajolniuk hatalmuk előtt. Ezek közül nem utolsósorban az Egyesült Államok.

A New York-i Federal Reserve Bank vagy a Federal Reserve Board of Governors egyetlen tisztviselője sem rendelkezik olyan hatalommal a világ pénzével szemben, amilyen -nek, a londoni kereskedelmi bankároknak van. Nagy-Britannia, bár politikai és katonai hatalma hanyatlik, ma a legnagyobb pénzügyi hatalmat gyakorolja. Ez az oka annak, hogy London a világ jelenlegi pénzügyi központja.

HETEDIK FEJEZET

A HITLER-KAPCSOLAT

A J. Henry Schroder Banking Company a Capital City[84] tőkeértékét tekintve a második helyen áll azon a listán, amely a londoni exkluzív Accepting Houses Committee-t alkotó tizenhét kereskedelmi bankárt sorolja fel. Bár az Egyesült Államokban szinte ismeretlen, történelmünkben nagy szerepet játszott. A listán szereplő többi bankhoz hasonlóan először az Angol Nemzeti Bank jóváhagyását kellett megszereznie. És a Warburg családhoz hasonlóan a von Schroder család is Hamburgban, Németországban kezdte meg banki tevékenységét. A századfordulón, 1900-ban Bruno von Schroder báró megalapította a cég londoni fiókját. Hamarosan, 1902-ben csatlakozott hozzá Frank Cyril Tiarks. Tiarks feleségül vette a hamburgi Emma Franziskát, és 1912-től 1945-ig az Angol Nemzeti Bank igazgatója volt.

Az első világháború alatt a J. Henry Schroder Banking Company fontos szerepet játszott a háttérben. Egyetlen történész sem tud ésszerű magyarázatot adni az első világháború kitörésére. Ferdinánd főherceget Szarajevóban Gavril Princeps meggyilkolta, Ausztria bocsánatkérést követelt Szerbiától, Szerbia pedig elküldte a bocsánatkérő levelet. Ennek ellenére Ausztria hadat üzent, és hamarosan Európa többi nemzete is csatlakozott a harcokhoz. Miután a háború elkezdődött, kiderült, hogy nem könnyű fenntartani. A fő probléma az volt, hogy Németországnak rendkívül kevés élelme és szénje volt, és Németország nélkül a háború nem folytatható. John Hamill a The Strange Career of Mr. Hoover ([85])

[84] McRae és Cairncross: *Capital City*, Eyre Methuen, London, 1963.

[85] John Hamill, *Mr. Hoover furcsa karrierje*, William Faro, New York, 1931.

című művében elmagyarázza, hogyan oldották meg a problémát.[86] Idézi a Nordeutsche Allgemeine Zeitung 1915. március 4-i számát: „Az igazságosság azonban megköveteli, hogy nyilvánosságra hozzák a német hatóságok által Belgiumban e probléma megoldásában játszott kiemelkedő szerepet. A kezdeményezés tőlük származott, és kizárólag az Amerikai Segélybizottsággal fenntartott folyamatos kapcsolataiknak köszönhető, hogy az élelmiszer-ellátás kérdése megoldódott." Hamill rámutat: „Éppen ezért hozták létre a Belga Segélybizottságot – hogy Németországot élelemmel lássák el."

A Belga Segélybizottságot Emile Francqui, a Societe Generale nevű nagy belga bank igazgatója, és egy londoni bányavállalkozó, az amerikai Herbert Hoover szervezte, aki Francquival számos botrányban volt összeköttetésben, amelyek híres bírósági ügyekké váltak, nevezetesen a kínai Kaiping Coal Company-botrány, amely állítólag kiváltotta a bokszerlázadást, amelynek célja az volt, hogy minden külföldi üzletembert kiűzzön Kínából. Hoover-t egy ellene hozott ítélet miatt eltiltották a londoni tőzsdei kereskedéstől, társát, Stanley Rowe-t pedig tíz év börtönbüntetésre ítélték. Mindezek alapján Hoover-t ideális választásnak tartották a humanitárius munka területén.

Bár az Egyesült Államokban ismeretlen a neve, Emile Francqui volt Herbert Hoover felemelkedésének mozgatórugója. Hamill (a 156. oldalon) Francquit a kongói őslakosok ellen elkövetett számos atrocitás irányítójának nevezi. „Minden elhasznált töltényért egy ember kezét kellett behozniuk". Francqui rettenetes tettei lehettek az alapja annak a vádnak, amelyet később a Belgiumban tartózkodó német katonák ellen emeltek, miszerint levágták a nők és gyermekek kezét – egy állítás, amelyről kiderült, hogy alaptalan. Hamill azt is elmondja, hogy Francqui „1901-ben kicsalta az amerikaiaktól a kínai Hankow–Kanton vasútvonal koncesszióját, és egyúttal készenlétben állt arra az esetre, ha Hoovernek további segítségre lenne szüksége a kaipingi szénbányák „megszerzésében". Ez az a humanitárius, aki kizárólagos felelősséggel irányította a belga „segélyek" elosztását az első világháború alatt, amelyek beszerzését

86 Hamill könyvének példányait a kormány ügynökei szisztematikusan felkutatták és megsemmisítették, mert a könyv Hoover elnök újraválasztási kampányának előestéjén jelent meg.

és szállítását Hoover végezte. Francqui Hooverrel együtt igazgató volt a Chinese Engineering and Mining Company-nál (a Kaiping-i bányáknál), amelyen keresztül Hoover 200 000 kínai rabszolgamunkást szállított Kongóba, hogy Francqui rézbányáiban dolgozzanak."

Hamill a 311. oldalon azt írja, hogy „Francqui a Societe Generale nevű bankjában nyitotta meg a Belgian Relief irodáit, egyemberes vállalkozásként, a német főkormányzó, von der Goltz 1914. október 16-i engedélyező levelével.

A New York Herald Tribune 1930. február 18-i száma, amelyet Louis McFadden képviselő idézett a Házban 1930. február 26-án, így írt: „A Nemzetközi Fizetések Bankjának két belga igazgatója közül az egyik Emile Francqui lesz a Societe Generale-tól, aki mind a Young-, mind a Dawes-terv bizottságának tagja. A nemzetközi bank igazgatótanácsában nem lesz színesebb személyiség, mint Emile Francqui, a volt pénzügyminiszter, a Kongóban és Kínában megfordult veterán... őt tartják Belgium leggazdagabb emberének, és Európa tizenkét leggazdagabb embere közé sorolják."

Jelentős szerepe ellenére a *The New York Times* Index Francqui nevét halála előtti két évtizedben csak néhányszor említi. 1931. október 3-án *a The New York Times* a brüsszeli Le Peuple-t idézve arról számolt be, hogy Francqui az Egyesült Államokba látogat. „Hoover elnök barátjaként Monsieur Francqui biztosan meglátogatja az elnököt."

1931. október 30-án *a The New York Times* a következő címmel számolt be erről a látogatásról: „A Hoover–Francqui-beszélgetés nem hivatalos volt". „Kijelentették, hogy Francqui úr kedd este az elnök személyes vendégeként töltötte az estét, és hogy szigorúan nem hivatalos keretek között beszélgettek általánosságban a világ pénzügyi problémáiról. Francqui úr Hoover elnök munkatársa volt, amikor az utóbbi a háború alatt Belgiumban szolgált. Találkozójuknak nem volt hivatalos jelentősége. Francqui úr magánszemély, és nem lát el semmilyen hivatalos megbízatást."

Nem esik szó a Hoover–Francqui üzleti kapcsolatokról, amelyek hatalmas peres ügyek tárgyát képezték Londonban. Francqui látogatása valószínűleg összefüggésben állt Hoover német háborús adósságokra vonatkozó moratóriumával, amely megdöbbentette a pénzügyi világot. 1931. december 15-én McFadden elnök tájékoztatta a Házat a Philadelphia Public Ledger 1931. október 24-i számában megjelent hírről: „NÉMET FELFEDTE HOOVER TITKÁT. Az amerikai elnök már 1930 decemberében szoros tárgyalásokat folytatott a német kormánnyal egy éves adósságmoratóriumról." McFadden így folytatta: „Hoover bejelentése mögött hónapokig tartó sietős és titkos előkészületek álltak mind Németországban, mind a német bankárok wall street-i irodáiban. Németországot, akár egy szivacsot, telíteni kellett amerikai pénzzel. Magát Hoover urat is meg kellett választani, mert ez a terv már azelőtt megkezdődött, hogy ő elnök lett volna. Ha a Wall Street-i német nemzetközi bankárok – azaz a Kuhn Loeb Company, a J. & W. Seligman, Paul Warburg, J. Henry Schroder – és a hozzájuk tartozó kiegészítő személyek nem várták volna ezt a feladatot, Herbert Hoover soha nem lett volna az Egyesült Államok elnöke. Hoover elnökválasztását a Warburg testvérek, a Kuhn Loeb Company nagy bank igazgatói befolyásolták, akik viselték a választási költségeket. Ezen együttműködésért cserébe Hoover megígérte, hogy moratóriumot rendel el a német adósságokra. Hoover arra törekedett, hogy Kreuger 125 millió dolláros németországi kölcsönét kivonja a Hoover-moratórium hatálya alól. Kreuger csalásának természetéről már januárban tudomást szereztek, amikor meglátogatta barátját, Hoover urat a Fehér Házban."

Hoover nemcsak Francqui-t látta vendégül a Fehér Házban, hanem Ivar Kreugert is, a 20. század leghíresebb csalóját.

Amikor Francqui 1935. november 13-án meghalt, *a The New York Times* így emlékezett meg róla: „a kongói rézkirály... Francqui úr, aki tavaly diktatórikus hatalmat szerzett a belga felett, válság idején is fenntartotta az aranyalapú valutát. 1891-ben expedíciót vezetett Kongóba, és meghódította azt Leopold király számára. Hatalmas vagyonú emberként, akit Európa tizenkét leggazdagabb embere közé soroltak, hatalmas rézmezőket szerzett meg. 1926-ban államtitkár, 1934-ben pénzügyminiszter volt. Büszkeségére szolgált, hogy soha nem fogadott el egy centimet sem a kormánynak nyújtott szolgálataiért. Sanghaji főkonzulként értékes koncessziókat szerzett, nevezetesen a Kaiping szénbányákat és a Tientsin-vasútvonal vasúti koncesszióját. A Societe Generale de Belgique és a Lloyd Royal Belge kormányzója, valamint a La Banque Nationale de Belgique régens volt."

A Times nem említi Francqui és Hoover üzleti partnerségét. Francquihez hasonlóan Hoover is elutasította a „kormányzati szolgálatért" járó díjazást, és kereskedelmi miniszterként, valamint az Egyesült Államok elnökeként visszaadta fizetését a kormánynak.

1932. december 13-án McFadden elnök több oldalas vádiratot terjesztett elő Hoover elnök ellen súlyos bűncselekmények és vétségek miatt, amelyben szerepelt a szerződések megszegése, az Egyesült Államok pénzügyi forrásainak jogellenes elherdálása, valamint Eugene Meyer kinevezése a Federal Reserve Boardba. A vádiratot napirendre tűzték, de a Ház soha nem hozott döntést az ügyben.

Hoover német háborús adósságokra vonatkozó moratóriumát bírálva McFadden utalt Hoover „német" támogatóira. Bár a „londoni kapcsolat" valamennyi főszereplője valóban Németországból, többségük Frankfurtból származott, amikor támogatták Hoover jelöltségét az Egyesült Államok elnöki posztjára, Londonból működtek, ahogyan Hoover is tette karrierje nagy részében.

Ráadásul a Hoover-moratórium nem azt célozta, hogy „segítsen" Németországnak, mivel Hoover soha nem volt „németbarát". A német háborús adósságok moratóriuma azért volt szükséges, hogy Németországnak legyen pénze a felfegyverkezésre. 1931-ben a valóban előrelátó diplomaták már előre látták a második világháborút, és „agresszor" nélkül nem lehetett háború.

Hoover a Rothschildok titkos ügynökeként számos bányászati projektet is előmozdított a világ különböző pontjain, amiért cserébe igazgatói kinevezést kapott a Rothschildok egyik legfontosabb vállalkozásában, a spanyolországi és bolíviai Rio Tinto bányavállalatnál. Francqui és Hoover belevetették magukat az első világháború alatt Németország ellátásának látszólag lehetetlen feladatába. Sikerükről a Nordeutsche Allgemeine Zeitung 1915. március 13-i száma számolt be, amely megjegyezte, hogy most már nagy mennyiségű élelmiszer érkezik Belgiumból vasúton. Schmoller 1916-os Évkönyve a jogalkotásról, közigazgatásról és politikai gazdaságról azt mutatja, hogy abban az évben egymilliárd font húst, másfél milliárd font burgonyát, másfél milliárd font kenyeret és százhuszonegy millió font vajat szállítottak Belgiumból Németországba. Egy hazafias brit nő, Edith Cavell, aki több éven át egy kis kórházat működtetett Belgiumban, 1915. április 15-én levelet írt a londoni Nursing Mirror című lapnak, amelyben panaszkodott, hogy a „belga segélyszállítmányokat" Németországba szállítják a német hadsereg ellátására. A németek Miss Cavellt jelentéktelennek tartották, és nem fordítottak rá figyelmet, de a londoni brit titkosszolgálat megdöbbent Miss Cavell felfedezésén, és követelte a németektől, hogy kémként tartóztassák le.

Sir William Wiseman, a brit titkosszolgálat vezetője és a Kuhn Loeb Company partnere attól tartott, hogy a háború folytatása forog kockán, ezért titokban értesítette a németeket, hogy Miss Cavellt ki kell végezni.

A németek vonakodva letartóztatták, és háborús foglyok szökésének segítésével vádolták meg. E bűncselekmény szokásos büntetése három hónapos börtönbüntetés volt, de a németek engedtek Sir William Wiseman követelésének, és Edith Cavellt kivégezték, így az első világháború egyik legfontosabb mártírját teremtve.

Edith Cavell eltávolításával a „Belgian Relief" művelet folytatódott, bár 1916-ban a német követek ismét felkeresték a londoni tisztviselőket azzal az információval, hogy nem hiszik, hogy Németország folytathatja a katonai műveleteket, nemcsak az élelmiszerhiány, hanem a pénzügyi problémák miatt is. További „sürgősségi segélyt" küldtek, és Németország 1918 novemberéig folytatta a háborút. Hoover két legfőbb segédje egy nyugati partról származó, korábban fakereskedelemben dolgozó irodista, Prentiss Gray, valamint Julius H. Barnes, egy duluth-i gabonakereskedő volt. A háború után mindketten a New York-i J. Henry Schroder Banking Corporation társai lettek, és hatalmas vagyont halmoztak fel, főként gabona- és cukorkereskedelemmel.

Az Egyesült Államok háborúba lépésével Barnes és Gray fontos pozíciókat kaptak az újonnan létrehozott amerikai Élelmiszerügyi Hivatalban, amely szintén Herbert Hoover irányítása alá került. Barnes 1917-től 1918-ig az amerikai Élelmiszerügyi Hivatal Gabonakereskedelmi Társaságának elnöke lett, Gray pedig a tengeri szállítás vezetője. A J. Henry Schroder másik partnere, G. A. Zabriskie az Egyesült Államok Cukor-kiegyenlítő Testületének vezetőjévé vált. Így a londoni kapcsolat az első világháború alatt gabona- és cukor-„cárjain” keresztül az Egyesült Államok összes élelmiszer-ellátását irányította. Annak ellenére, hogy az Egyesült Államok Élelmiszerügyi Hivatalában számos korrupciós panasz és botrány merült fel, senkit sem vádoltak meg. A háború után a J. Henry Schroder Company partnerei rájöttek, hogy immár Kuba cukoriparának nagy része az ő tulajdonukban van. Az egyik partner, M.E. Rionda, a Cuba Cane Corporation elnöke, valamint a Manati Sugar Company, az American British and Continental Corporation és más cégek igazgatója volt. Bruno von Schroder báró, a cég vezető partnere, a North British and Mercantile Insurance Company igazgatója volt. Apja, a hamburgi Rudolph von Schroder báró a Sao Paulo Coffee Ltd. igazgatója volt, amely Brazília egyik legnagyobb kávéipari vállalata volt, F.C. Tiarks mellett, aki szintén a Schroder céghez tartozott.[87]

A háború után Zabriskie, aki az Egyesült Államok cukorcárjaként az U.S. Sugar Equalization Board elnöki tisztét töltötte be, az Egyesült Államok több legnagyobb sütőipari vállalatának elnöke lett: az Empire Biscuit, a Southern Baking Corporation, a Columbia Baking és más cégek.

Hoover fő asszisztensének az Egyesült Államok Élelmiszerügyi Hivatalában Lewis Lichtenstein Strausst választotta, aki hamarosan a Kuhn Loeb Company társtulajdonosa lett, miután feleségül vette Jerome Hanauer, a Kuhn Loeb tulajdonosának lányát. A Belga Segélybizottságnál, az Egyesült Államok Élelmiszerügyi Hivatalánál, valamint a háború után az Amerikai Segélyhivatalnál végzett kiemelkedő humanitárius szolgálata során Hoover legközelebbi munkatársa egy bizonyos Edgar Rickard volt, aki a franciaországi Pontgibaudban született. A Who’s Who-ban azt állítja, hogy „Herbert Hoover adminisztratív asszisztense volt az első világháború alatt minden háborús és háború utáni szervezetben, beleértve a Belga Segélybizottságot is. 1914 és 1924 között az Egyesült Államok Élelmiszerügyi Hivatalában is dolgozott.” Ő maradt Hoover egyik legközelebbi barátja, és általában a Rickardok és a Hooverek együtt töltötték a nyaralásukat. Miután Hoover Coolidge alatt kereskedelmi miniszter lett, Hamill szerint Hoover

[87] *A New York Times* 1923. október 11-én így írt: „Frank C. Tiarks, az Angol Nemzeti Bank elnöke két hetet tölt itt, hogy előkészítse a londoni J. Henry Schroder bankház fiókjának megnyitását.”

barátjának adományozta a Hazeltine Radio szabadalmait, amelyek évi egymillió dollár jogdíjat hoztak neki.

1928-ban a „londoni kapcsolat" úgy döntött, hogy Herbert Hoover-t indítja az Egyesült Államok elnöki posztjára. Csak egy probléma volt: bár Herbert Hoover az Egyesült Államokban született, és így az alkotmány szerint jogosult volt az elnöki tisztségre, soha nem volt üzleti címe vagy lakcíme az Egyesült Államokban, mivel közvetlenül a stanfordi egyetem elvégzése után külföldre ment. Ennek eredményeként Herbert Hoover elnöki kampánya során amerikai címként a New York-i Broadway 42. szám alatti 2000-es szobát adta meg, amely Edgar Rickard irodája volt. A 2000-es szobát a gabonamágnás és a J. Henry Schroder Banking Corporation partnere, Julius H. Barnes is megosztotta.

Miután Herbert Hoover-t az Egyesült Államok elnökévé választották, ragaszkodott ahhoz, hogy a régi londoni körök egyik tagját, Eugene Meyert nevezze ki a Federal Reserve Board kormányzójává. Meyer apja a párizsi Lazard Freres és a londoni Lazard Brothers egyik partnere volt. Meyer Baruch mellett az első világháború idején az Egyesült Államok egyik legbefolyásosabb embere volt, a páratlan hatalmat gyakorló híres triumvirátus tagja; Meyer a War Finance Corporation elnöke, Bernard Baruch a War Industries Board elnöke, Paul Warburg pedig a Federal Reserve System kormányzója volt.

Eugene Meyer régóta tartó bírálója, Louis McFadden, a Képviselőház Bank- és Valutaügyi Bizottságának elnöke *a The New York Times* 1930. december 17-i számában idézett beszédében a Képviselőház plenáris ülésén támadta Hoover döntését Meyer kinevezéséről, és azzal vádolta meg, hogy „ő képviseli a Rothschild-érdekeket, és összekötő tisztviselőként működik a francia kormány és a J.P. Morgan között". December 18-án *a The Times* arról számolt be, hogy „Herbert Hoover mélyen aggódik", és hogy McFadden beszéde „szerencsétlen esemény" volt. December 20-án *a The Times* a szerkesztői oldalon, „McFadden újra" címmel így kommentálta az eseményt: „A beszédnek biztosítania kell, hogy a Szenátus jóváhagyja Meyer kinevezését a Federal Reserve élére. A beszéd összefüggéstelen volt, ahogyan McFadden beszédei általában." Ahogyan *a The Times* megjósolta, Meyert a Szenátus rendben jóváhagyta.

A J. Henry Schroder Corporation nem elégedett meg azzal, hogy barátja volt a Fehér Házban, és hamarosan újabb nemzetközi kalandokba kezdett, nem kevesebbet, mint a második világháború kirobbantásának tervét. Ezt úgy kívánták megvalósítani, hogy egy kritikus pillanatban finanszírozták Adolf Hitler hatalomra kerülését Németországban. Bár számos iparmágnásnak tulajdonítják Hitler finanszírozását, köztük Fritz Thyssennek, Henry Fordnak és J.P. Morgannek, ők – akárcsak mások – valóban több millió dollárt biztosítottak a politikai kampányaihoz az 1920-as években, ahogyan másoknak is, akiknek szintén esélyük volt a győzelemre, de akik eltűntek, és soha többé nem hallottak róluk. 1932 decemberében a német politikai életet figyelemmel kísérő sok megfigyelő számára elkerülhetetlennek tűnt, hogy Hitler is a feledésbe csúszik. Annak ellenére, hogy jól teljesített a nemzeti kampányokban, elköltötte a szokásos forrásaiból származó összes pénzt, és most súlyos adósságokkal kellett szembenéznie. Otto Lehmann-Russbeldt Aggression című könyvében azt írja, hogy „Hitlert 1933. január 4-én meghívták egy találkozóra a berlini Schroder Bankba. Németország vezető iparmágnásai és bankárai kisegítették Hitlert pénzügyi nehézségeiből, és lehetővé tették számára, hogy rendezze a magánsereg fenntartásával kapcsolatban felhalmozódott hatalmas adósságait. Cserébe megígérte, hogy megtöri a szakszervezetek hatalmát. 1933. május 2-án teljesítette ígéretét."[88]

Az 1933. január 4-i találkozón jelen voltak a Dulles fivérek, John Foster Dulles és Allen W. Dulles, a New York-i Sullivan and Cromwell ügyvédi iroda képviselői, amely a Schroder Bankot képviselte. A Dulles fivérek gyakran megjelentek fontos találkozókon. Ők képviselték az Egyesült Államokat a párizsi békekonferencián (1919); John Foster Dulles Eisenhower külügyminisztereként halt meg hivatalában, míg Allen Dulles sok éven át vezette a Központi Hírszerző Ügynökséget. Védelmezőik ritkán próbálták megvédeni a Dulles fivérek megjelenését azon az ülésen, amely Hitlert Németország kancellárjává tette, inkább úgy tettek, mintha az soha nem történt volna meg. Leonard Mosley, egy életrajzíró, burkoltan elkerüli a témát a Dulles című művében, amikor kijelenti:

[88] Otto Lehmann-Russbeldt, *Aggression*, Hutchinson & Co., Ltd., London, 1934, 44. o.

„Mindkét testvér sok időt töltött Németországban, ahol Sullivan és Cromwell az 1930-as évek elején jelentős érdekeltséggel rendelkezett, mivel több tartományi kormányt, néhány nagy ipari konszernet, számos, a Birodalomban érdekeltséggel rendelkező nagy amerikai vállalatot, valamint néhány gazdag magánszemélyt képviselt."[89]

Allen Dulles később a J. Henry Schroder Company igazgatója lett. Sem őt, sem J. Henry Schrodert nem lehetett náci- vagy Hitler-párti gyanúval vádolni; a megkerülhetetlen tény az volt, hogy ha Hitler nem lett volna Németország kancellárja, alig lett volna esély a második világháború kitörésére, amely háború megduplázta volna nyereségüket.[90]

A Nagy Szovjet Enciklopédia így ír: „A Schroder Bros. bankházat (Hitler bankára volt) 1846-ban alapították; mai partnerei a von Schroeder bárók, akik kapcsolatban állnak az Egyesült Államokban és Angliában működő fiókokkal."[91][92]

A londoni „The Daily Herald" pénzügyi szerkesztője 1933. szeptember 30-án írt „Norman úr döntéséről, hogy a náciknak biztosítja az (Angol) Bank támogatását." John Hargrave Montagu Norman életrajzában így fogalmaz:

„Teljesen biztos, hogy Norman mindent megtett, hogy segítse a hitlerizmust a politikai hatalom megszerzésében és megtartásában, pénzügyi síkon működve a Threadneedle Street-i fellegvárából." [azaz az Angol Nemzeti Bankból – a szerk.

Wilhelm de Ropp báró, egy újságíró, akinek legközelebbi barátja F.W. Winterbotham őrnagy, a brit titkosszolgálat légi hírszerzési

---

89 Leonard Mosley, *Dulles*, Dial Publishing Co., New York 1978, 88. o.

90 Ezra Pound 1943. április 18-án a Radio Rome adásában kijelentette: „...és az amerikaiak, akik nem elégednek meg ezzel a háborúval, már a következőre készülnek. Most van itt az ideje tiltakozni."

91 *The Great Soviet Encyclopaedia*, Macmillan, London, 1973, 2. kötet, 620. o.

92 *A New York Times* 1944. október 11-én így írt: „Claude Pepper szenátor bírálta John Foster Dulles-t, Dewey kormányzó külügyi tanácsadóját, amiért kapcsolatban állt a Sullivan and Cromwell ügyvédi irodával, és 1933-ban pénzügyileg támogatta Hitlert. Pepper leírta Franz von Papen és Hitler 1933. január 4-i találkozóját Schröder báró kölni otthonában, és hogy attól az időponttól kezdve a nácik folytathatták menetelésüket a hatalom felé."

vezetője volt, Londonba hozta a náci filozófust, Alfred Rosenberget, és bemutatta őt Lord Hailshamnek, a hadügyminiszternek, Geoffrey Dawsonnak, *a The Times* szerkesztőjének, valamint Normannek, az Angol Nemzeti Bank kormányzójának.

Miután beszélt Norman-nal, Rosenberg találkozott a londoni Schroder Bank képviselőjével. A Schroder Bank ügyvezető igazgatója, F.C. Tiarks, egyben az Angol Nemzeti Bank igazgatója is volt. Hargrave a következőket írja (217. o.): „1934 elején a City pénzügyi köreinek egy kiválasztott csoportja gyűlt össze Norman szobájában, a ablak nélküli falai mögött: Sir Robert Kindersley, a Lazard Brothers partnere, Charles Hambro, F.C.

Tiarks, Sir Josiah Stamp (aki egyben az Angol Nemzeti Bank igazgatója is volt). Norman kormányzó az európai politikai helyzetről beszélt. Egy új hatalom lépett színre, egy nagy „stabilizáló erő", nevezetesen a náci Németország. Norman azt tanácsolta munkatársainak, hogy vonják be Hitlert az Európa finanszírozására vonatkozó terveikbe. Nem volt ellenállás."

A Wall Street és Hitler felemelkedése című könyvében Antony C. Sutton így ír: „A náci báró, Kurt von Schroeder közvetítőként működött az I.T.T. pénzének Heinrich Himmler SS-szervezetéhez történő eljuttatásában 1944-ben, miközben a második világháború dúlt, és az Egyesült Államok háborúban állt Németországgal."[93] Az 1889-ben született Kurt von Schroeder a 1788-ban alapított kölni Bankhaus, J.H. Stein & Co. társult tagja volt. Miután a nácik 1933-ban hatalomra kerültek, Schroedert nevezték ki a Nemzetközi Fizetések Bankjának német képviselőjévé. A Kilgore-bizottság 1940-ben kijelentette, hogy Schroeder olyan nagy befolyással bírt a Hitler-kormányon, hogy ő nevezte ki Pierre Laval-t a francia kormány élére a náci megszállás idején. A Kilgore-bizottság több mint egy tucat fontos tisztséget sorolt fel, amelyet Kurt von Schroeder az 1940-es években töltött be, köztük a Deutsche Reichsbahn elnöki posztját, a Birodalmi Gazdasági Tanács elnöki posztját, az SS főcsoportvezetői posztját, a Birodalmi Posta Tanácsának elnöki posztját, valamint a Deutsche Reichsbank és más vezető bankok és ipari csoportok elnöki posztjait. Schroeder az

---

93 Antony C. Sutton, *Wall Street And The Rise Of Hitler*, 76 Press, Seal Beach, Kalifornia, 1976, 79. o.

International Telephone and Telegraph összes németországi leányvállalatának igazgatótanácsában is tag volt.

1938-ban a londoni Schroder Bank lett a német pénzügyi ügynök Nagy-Britanniában. A Schroder New York-i fiókja 1936-ban egyesült a Rockefellerekkel, és a Schroder, Rockefeller, Inc. néven a Wall Street 48. szám alatt működött tovább. A Schroder-től Carlton P. Fuller volt a cég elnöke, Avery Rockefeller pedig alelnöke. Évekig J. Henry Schroder háttérpartnere volt, és megalapította a Bechtel Corporation építőipari vállalatot, amelynek (szabadságon lévő) alkalmazottai ma vezető szerepet töltenek be a Reagan-kormányban, mint védelmi miniszter és külügyminiszter.

Ladislas Farago *a The Game of the Foxes* ([94]) című művében arról számolt be, hogy William de Ropp báró, egy kettős ügynök, a második világháború előtti időkben beépült a legfelsőbb körökbe, és Hitler de Roppra támaszkodott, mint bizalmas tanácsadójára a brit ügyekben. Hitler de Ropp tanácsát követte, amikor elutasította Anglia megszállását.

Victor Perlo a The Empire of High Finance című könyvében így ír:

„A Hitler-kormány a londoni Schroder Bankot nevezte ki pénzügyi ügynökének Nagy-Britanniában és Amerikában. Hitler személyes bankszámlája a J.M. Stein Bankhausnál volt, a Schroder Bank német leányvállalatánál. F.C. Tiarks, a brit J. Henry Schroder Company alkalmazottja az Anglo-German Fellowship tagja volt, két másik partnerrel együtt, valamint vállalati tagsággal is rendelkezett."[95]

A történet sokkal messzebb nyúlik, mint Perlo sejti. J. Henry Schroder maga volt az Anglo-German Fellowship, az America First mozgalom angol megfelelője, amely vonzotta azokat a hazafiakat is, akik nem akarták, hogy országuk felesleges háborúba keveredjen Németországgal. Az 1930-as években, a második világháború kitöréséig a Schroder család hatalmas összegeket ölt az Anglo-German Fellowshipbe, aminek eredményeként Hitler meg volt győződve arról, hogy Angliában számos prominens politikusból és

[94] Ladislas Farago, *The Game of the Foxes*, 1973

[95] Victor Perlo, *The Empire of High Finance*, International Publishers, 1957, 177. o.

pénzemberből álló, hatalmas németbarát ötödik hadoszlop áll rendelkezésére. Az 1930-as évek Angliájában két eltérő politikai csoport létezett: a Winston Churchill vezette háborúpárt, amely hevesen követelte, hogy Anglia háborúzzon Németország ellen, és a Neville Chamberlain vezette megalkuvási párt. München után Hitler úgy vélte, hogy a Chamberlain-csoport a domináns párt Angliában, Churchill pedig csak egy jelentéktelen lázító. Mivel saját pénzügyi támogatói, a Schroderek a megalkuvási pártot támogatták, Hitler úgy vélte, nem lesz háború. Nem sejtette, hogy a megalkuvási párt támogatói – miután Chamberlain betöltötte szerepét Hitler megtévesztésében – félreteszik Chamberlaint, és Churchillt nevezik ki miniszterelnöknek. Nemcsak Chamberlain, hanem Hitler is úgy távozott Münchenből, hogy „békét a mi korunkban" fog elérni.

A Schroderek sikere abban, hogy Hitlert ebbe a hitbe csábították, megmagyarázza a második világháború néhány legrejtélyesebb kérdését. Miért engedte Hitler, hogy a brit hadsereg elhagyja Dunkirköt és hazatérjen, amikor ki is irthatta volna őket? A tábornokai heves tanácsai ellenére, akik végzetes csapást akartak mérni az angol hadseregre, Hitler visszafogta magát, mert nem akarta elidegeníteni állítólagos hatalmas támogatói táborát Angliában. Ugyanezen okból nem volt hajlandó megszállni Angliát abban az időszakban, amikor katonai fölényben volt, mert úgy vélte, hogy erre nincs szükség, mivel az Anglo-German Fellowship csoport készen állt a békekötésre vele. Rudolf Hess angliai repülése arra irányult, hogy megerősítse: a Schroder-csoport készen áll a békekötésre és egy közös szövetség létrehozására a szovjetek ellen. Rudolf Hess a háború után sok évvel is a börtönben szenved, mert ha szabadon engednék, tanúskodna arról, hogy azért ment Angliába, hogy kapcsolatba lépjen az Anglo-German Fellowship, azaz a Schroder-csoport tagjaival a háború befejezése ügyében.[96]

---

[96] A következő beszámolók *a The New York Times*-ból származnak: 1945. október 21., „A luxemburgi rádió ma este sugárzott műsorában elhangzott, hogy Kurt von Schroder bárót, a náci párt felemelkedésének finanszírozásában segédkező volt bankárt felismerték egy amerikai hadifogolytáborban, és letartóztatták." 1945. november 1., „Brit hadsereg főparancsnoksága: Kurt von Schroder bárót, az 55 éves bankárt és Heinrich Himmler barátját Düsseldorfban tartják fogva, amíg döntés nem születik háborús bűnösként való vádemeléséről – közölte ma a katonai kormány hivatalos bejelentése." 1948. február 29.: „A

Ha valaki azt gondolja, hogy ez mind régi történelem, amelynek nincs köze a jelenlegi politikai helyzethez, bemutatjuk John Lowery Simpson nevét, aki a kaliforniai Sacramentóból származik. Bár először a 1952-es Who's Who in America című kiadványban tűnik fel, Simpson úr kijelenti, hogy 1915 és 1917 között Herbert Hoover alatt szolgált a Belga Segélyezési Bizottságban; az Egyesült Államok Élelmiszerügyi Hivatalában 1917 és 1918 között, az Amerikai Segélybizottságban 1919-ben, valamint P.N. Gray mellett a bécsi J. Henry Schroder Társaságnál 1919 és 1921 között. Gray az Egyesült Államok Élelmiszerügyi Hivatalának tengeri szállítási vezetője volt, ami lehetővé tette számára, hogy a háború után saját hajózási társaságot alapítson. Más Hoover-féle humanitáriusokhoz hasonlóan Simpson is csatlakozott a J. Henry Schroder Banking Company-hoz (Adolf Hitler személyes bankárai) és a J. Henry Schroder Trust Company-hoz. A Schroder-Rockefeller Company társult tagja is lett, amikor az a befektetési alap támogatást nyújtott egy építőipari vállalatnak, amely később a világ legnagyobbjává vált: a Bechtel Incorporatednek. Simpson a Bechtel Company, a Bechtel International és a Canadian Bechtel pénzügyi bizottságának elnöke volt. Simpson kijelenti, hogy a második világháború alatt a Bechtel-McCone érdekeltségek tanácsadója volt a hadi termelés terén. 1943–44-ben az Olaszországi Szövetséges Ellenőrző Bizottság tagjaként szolgált. Feleségül vette Margaret Mandellt, akinek kereskedőcsaládjáról Edward Mandell House ezredest elnevezték, és támogatta egy kaliforniai személyiséget, először kormányzóként, majd elnökként. Ennek eredményeként Simpsonnak és a J. Henry Schroder Companynek most Caspar Weinberger, a Bechtel korábbi alkalmazottja szolgál védelmi miniszterként. Külügyminiszterként George Pratt Schultz áll a szolgálatukban, aki szintén a Bechtel alkalmazottja, és véletlenül a

---

Harmadik Világháború Megelőzéséért Társaság tegnap azonnali vizsgálatot követelt annak kiderítésére, hogy miért nem állították a német náci bankárt, Kurt von Schrodert háborús bűnösként a szövetséges katonai törvényszék elé. Rámutatva arra, hogy von Schrodert tavaly novemberben három hónapos börtönbüntetésre és 1500 birodalmi márka pénzbírságra ítélte a brit zónában, Bielefeldben működő német denacifikációs bíróság, C. Monteith Gilpin, a társaság titkára azt mondta, fel kell tenni a kérdést, hogy miért engedték von Schrodernek, hogy elkerülje a szövetséges igazságszolgáltatást, és miért nem követelték a saját tisztviselőink, hogy von Schrodert a szövetséges katonai törvényszék állítsa bíróság elé. „Von Schroder ugyanolyan bűnös, mint Hitler vagy Göring."

Standard Oil örököse, megerősítve a Schroder-Rockefeller vállalatok közötti kapcsolatokat. Így a „konzervatív" Reagan-kormánynak a Schroder Company-ból származó védelmi minisztere, a Schroder-Rockefeller-ből származó külügyminisztere, valamint olyan alelnöke van, akinek az apja a Brown Brothers Harriman vezető partnere volt.

A Heritage Foundation szintén fontos szerepet játszott a Reagan-kormányzat politikájának kialakításában. Most pedig kiderült, hogy a Heritage Foundation a brit titkosszolgálat által irányított Tavistock Intézet hálózatának része. A pénzügyi döntéseket továbbra is a Bank of England hozza, és ki áll a Bank of England élén? Sir Gordon Richardson, a londoni és new yorki J. Henry Schroder Co. elnöke 1962-től 1972-ig, amikor a Bank of England kormányzójává vált. A „londoni kapcsolat" még soha nem volt ilyen szilárdan a hatalomban az Egyesült Államok kormányában.

1983. július 3-án *a The New York Times* bejelentette, hogy Gordon Richardsont, az Angol Nemzeti Bank elmúlt tíz évben kormányzóját, Robert Leigh-Pemberton, a National Westminster Bank elnöke váltotta fel. A National Westminster Bank igazgatósági tagjainak listája olyan, mint a brit uralkodó osztály Who's Who-ja. Köztük van az elnök, Lord Aldenham, aki egyben az Antony Gibbs & Son kereskedelmi bank elnöke is, amely az Angol Nemzeti Bank által engedélyezett tizenhét kiváltságos cég egyike; Sir Walter Barrie, a British Broadcasting System elnöke; F.E. Harmer, a London School of Economics – a nemzetközi bankárok képzőintézménye – rektora és a New Zealand Shipping Company elnöke; Sir E.C. Mieville, az angol király magántitkára 1937–1945 között; Salisbury márkija, Lord Cecil, a pecsétőr (a Cecil családot a középkor óta Anglia három uralkodó családjának egyikének tartják); Lord Leathers, Purfleet bárója, 1941–1945 között hadi közlekedési miniszter, a William Cory vállalatcsoport elnöke; Sir W.H. Coates és W.J. Worboys az Imperial Chemical Industries-tól (az angol DuPont); Dudley grófja, a British Iron & Steel elnöke, Sir W. Benton Jones, a United Steel és számos más acélipari vállalat elnöke; Sir G.E. Schuster, a Bank of New Zealand; az East India Coal Company; A. d'A. Willis, az Ashanti Goldfields és számos bank, teavállalat és egyéb cég; V.W. Yorke, a Mexican Railways Ltd. elnöke.

Richardsont, a Schroders korábbi elnökét, akinek New York-i leányvállalata a New York-i Federal Reserve Bank részvényeit birtokolta, a National Westminster elnöke váltotta fel, akinek New York-i leányvállalata szintén a New York-i Federal Reserve Bank részvényeit birtokolta. Robert Leigh Pemberton, az Equitable Life Assurance Society (J.P. Morgan) igazgatója feleségül vette Exeter márkinőjének (a Cecil Burghley család) lányát. Így a London Connection ellenőrzése folyamatosan érvényben marad.

A J. Henry Schroder Bank and Trust jelenlegi igazgatóinak listája az első világháború óta fennálló folyamatos nemzetközi befolyást mutatja. George A. Braga a Czarnikow-Rionda Company igazgatója, a Francisco Sugar Company alelnöke, a Manati Sugar Company elnöke és a New Tuinicui Sugar Company alelnöke is. Rokonának, Rionda B. Bragának a Francisco Sugar Company elnöke és a Manati Sugar Company alelnöke. A Schroder cég cukoripari ellenőrzése az első világháború idején, Herbert Hoover és a Kuhn, Loeb, Company-tól származó Lewis L. Strauss vezette amerikai Élelmiszerügyi Hivatal idejére nyúlik vissza. A Schroder ügyvédei a Sullivan and Cromwell cég. John Foster Dulles, a cég tagja, jelen volt a Hitler finanszírozásáról szóló történelmi megállapodás megkötésekor, és később az Eisenhower-kormány külügyminiszter -je lett. Alfred Jaretzki Jr., a Sullivan and Cromwell tagja, szintén igazgatója a Manati Sugar Company-nak és a Francisco Sugar Company-nak.

A J. Henry Schroder másik igazgatója Norris Darrell Jr., aki Németországban, Berlinben született, a Sullivan and Cromwell ügyvédi iroda partnere, valamint a Schroder Trust Company igazgatója. Bayless Manning, a Paul, Weiss, Rifkind and Wharton wall street-i ügyvédi iroda partnere, szintén a J. Henry Schroder igazgatója. 1971 és 1977 között a Külkapcsolatok Tanácsának elnöke volt, és a Yale Law Review főszerkesztője.

Paul H. Nitze, az Egyesült Államok kormányának kiemelkedő „leszerelési tárgyalója", a Schroder's Inc. igazgatója. Feleségül vette Phyllis Prattot, a Standard Oil vagyon örökösét, akinek apja a Pratt család kúriáját adományozta a Külkapcsolatok Tanácsának székhelyéül.

NYOLCADIK FEJEZET

AZ ELSŐ VILÁGHÁBORÚ

„A pénz a legrosszabb csempészáru." – William Jennings Bryan

Ma már nyilvánvaló, hogy a Federal Reserve System nélkül talán nem is lett volna világháború. Furcsa eseménysorozat játszódott le, amelynek egyetlen eleme sem volt véletlen. Theodore Roosevelt „Bull Moose" jelöltsége nélkül a népszerű Taft elnököt újraválasztották volna, és Woodrow Wilson visszatért volna a feledésbe.[97] Ha Wilsont nem választották volna meg, talán nem lett volna Federal Reserve Act, és az első világháború elkerülhető lett volna. Az európai nemzeteket arra kényszerítették, hogy nagy állandó hadseregeket tartsanak fenn, mivel a központi bankok politikája diktálta kormányzati döntéseiket. 1887 áprilisában a Quarterly Journal of Economics rámutatott:

„Európa államadósságainak részletes áttekintése azt mutatja, hogy a kamat- és törlesztési alapok kifizetései évente 5,343 milliárd dollárt (öt és egyharmad milliárd) tesznek ki. M. Neymarck következtetése nagyon hasonlít Mr. Atkinsonéhoz. Európa pénzügyei annyira összekuszálódtak, hogy a kormányok feltehetik a kérdést: vajon a háború, minden szörnyű kockázatával együtt, nem-e jobb megoldás, mint egy ilyen bizonytalan és költséges béke

97 MEGJEGYZÉS: 34. o. „House egy bizalmas pillanatban elárulta nekem: »Wilsont Teddy Roosevelt választotta meg.«" *The Strangest Friendship in History, Woodrow Wilson and Col. House,* George Sylvester Viereck, Liveright, N.Y. 1932.

fenntartása? Ha Európa katonai felkészülései nem háborúval végződnek, akkor könnyen az államok csődjével végződhetnek. Vagy ha ezek az őrültségek sem háborúhoz, sem tönkremenetelhez nem vezetnek, akkor biztosan ipari és gazdasági forradalomra utalnak."

1887 és 1914 között fennmaradt ez a bizonytalan rendszer, amelyben a nehézfegyverzett, de csődbe jutott európai nemzetek éltek, miközben az Egyesült Államok továbbra is adósságállam maradt: külföldről vett fel kölcsönt, de alig nyújtott nemzetközi hitelt, mivel nem rendelkezett központi bankkal, és nem alkalmazta a „hitelmobilizációt". A Rothschildok által kidolgozott nemzeti hitelek rendszere a 19. században az európai harcok finanszírozását szolgálta, mivel azok több országban működő Rothschild-fiókok között oszlottak meg. 1900-ra nyilvánvalóvá vált, hogy az európai országok nem engedhetik meg maguknak egy nagy háborút. Hatalmas állandó hadseregeik, általános hadkötelezettségük és modern fegyvereik voltak, de gazdaságuk nem tudta fedezni a hatalmas kiadásokat. A Federal Reserve System 1914-ben kezdte meg működését, arra kényszerítve az amerikai népet, hogy 25 milliárd dollárt kölcsönözzön a szövetségeseknek, amelyet nem fizettek vissza, bár jelentős kamatot fizettek a new yorki bankároknak. Az amerikai népet arra kényszerítették, hogy háborút indítson a német nép ellen, akivel semmiféle elképzelhető politikai vagy gazdasági vitánk nem volt. Ráadásul az Egyesült Államok a világ legnagyobb német népességű országa volt; polgárainak csaknem fele német származású volt, és szűk többséggel a német nyelvet elutasították nemzeti nyelvként.[98] A német törökországi nagykövet, Wangeheim báró megkérdezte az amerikai törökországi nagykövetet, Henry Morgenthaut, hogy miért szándékozik az Egyesült Államok háborút indítani Németország ellen. „Mi, amerikaiak" – válaszolta Morgenthau, a harlemi ingatlanüzemeltetők csoportjának nevében, amelynek ő volt a vezetője – „erkölcsi elvből vonulunk háborúba." J.P. Morgan megkapta az Első Szabadságkölcsön bevételét, hogy kifizesse azt a 400 millió dollárt, amelyet a háború kezdetén előlegezett Nagy-Britanniának. A kölcsön fedezésére 68 millió dollár értékű bankjegyet bocsátottak ki az Aldrich-Vreeland-törvény rendelkezései alapján, amely értékpapírok ellenében történő

98 1787-es alkotmányozó nemzetgyűlés.

bankjegy-kibocsátást írt elő; ez volt az egyetlen alkalom, amikor ezt a rendelkezést alkalmazták. A bankjegyeket a Federal Reserve Bankok működésének megkezdésével azonnal kivonták a forgalomból, és Federal Reserve bankjegyekkel váltották fel.

1915 és 1916 során Wilson hűséges maradt azokhoz a bankárokhoz, akik megvásárolták neki a Fehér Házat, azzal, hogy továbbra is kölcsönöket nyújtott a szövetségeseknek. Külügyminisztere, William Jennings Bryan, folyamatosan tiltakozott, kijelentve, hogy „a pénz a legrosszabb csempészáru". 1917-re a Morganok és a Kuhn, Loeb Company másfél milliárd dollárnyi kölcsönt nyújtott a szövetségeseknek. A bankárok számos „béke" szervezetet is finanszíroztak, amelyek arra törekedtek, hogy bevonjanak minket az első világháborúba. A Belga Segélyezési Bizottság (Commission for Relief in Belgium) szörnyűségekről szóló történeteket gyártott a németekről, míg egy Carnegie-szervezet, a Békeérvényesítő Liga (The League to Enforce Peace) Washingtonban agitált az országunk háborúba lépése mellett. Ez később a Carnegie Nemzetközi Békealapítvány (Carnegie Endowment for International Peace) lett, amelyet az 1940-es években Alger Hiss vezetett. Egy író,[99] azt állította, hogy még soha nem látott olyan „békemozgalmat", amely ne háborúval végződött volna.

Az Egyesült Államok brit nagykövete, Walter Hines Page, panaszkodott, hogy nem engedheti meg magának ezt a pozíciót, ezért Cleveland H. Dodge, a National City Bank elnöke évi huszonötezer dollár zsebpénzt adott neki. H.L. Mencken 1916-ban nyíltan azzal vádolta Page-et, hogy brit ügynök, ami igazságtalan volt. Page csupán a bankárok ügynöke volt.

1917. március 5-én Page bizalmas levelet küldött Wilsonnak. „Úgy gondolom, hogy a közeledő válság nyomása meghaladta a Morgan Pénzügyi Ügynökség képességeit a brit és a francia kormány számára... A legnagyobb segítség, amit a szövetségeseknek nyújthatnánk, egy hitel lenne. Hacsak nem lépünk háborúba Németországgal, kormányunk természetesen nem nyújthat ilyen közvetlen hitelt."

---

[99] MEGJEGYZÉS: Emmett Tyrell, Jr., *Richmond Times Dispatch*, 1983. február 15. „E század minden békemozgalmát háború követte."

A Rothschildok óvatosan tekintettek Németország háborús folytatására, annak ellenére, hogy ügynökeik, a Warburgok – akik a császárt finanszírozták – és Paul Warburg testvére, Max, aki a német titkosszolgálat vezetőjeként engedélyezte Lenin vonatának áthaladását a frontokon, hogy végrehajthassa a bolsevik forradalmat Oroszországban, pénzügyi káoszt okoztak. Franklin D. Roosevelt haditengerészeti alminiszter szerint az amerikai nehézipar már egy éve készült a háborúra. Mind a hadsereg, mind a haditengerészet minisztériumai 1916 eleje óta nagy mennyiségben vásároltak hadiellátmányt. Cordell Hull emlékirataiban így fogalmaz:

„A konfliktus kényszerítette ki a jövedelemadó elvének továbbfejlesztését. Mivel az egyetlen nagy, adózatlan bevételi forrást célozta meg, a jövedelemadó-törvényt éppen időben fogadták el, hogy megfeleljen a háború igényeinek. A konfliktus pedig szintén éppen időben segítette elő a Federal Reserve System (Szövetségi Tartalékrendszer) életbe lépését."[100]

Felmerülhet a kérdés: kinek pont időben? Biztosan nem az amerikai népnek, akinek nem volt szüksége „hitelmobilizációra" egy európai háborúhoz, sem jövedelemadó bevezetésére a háború finanszírozásához. Hull kijelentése ritka bepillantást enged „közszolgáink" machinációiba.

A Journal of Political Economy 1917. októberi számában a következő olvasható:

„A háború hatása a Federal Reserve Bankok üzleti tevékenységére szükségessé tette e bankok személyzetének hatalmas bővítését, ami a kiadások megfelelő növekedésével járt. Anélkül, hogy természetesen ilyen korán és ilyen kiterjedt igényt tudtak volna előre látni szolgáltatásaikra ebben a tekintetben, a Federal Reserve Act megalkotói előírták, hogy a Federal Reserve Bankok a kormány pénzügyi ügynökeiként működjenek."

A bankárok 1887 óta várták, hogy az Egyesült Államok elfogadjon egy központi banki tervet, hogy finanszírozni tudják az európai háborút azok között a nemzetek között, amelyeket már csődbe juttattak a fegyverkezési és „védelmi" programokkal. A

[100] Cordell Hull, *Memoirs*, Macmillan, New York, 1948, 1. kötet, 76. oldal.

központi banki mechanizmus legigényesebb funkciója a háborús finanszírozás.

1917. október 13-án Woodrow Wilson egy fontos beszédében kijelentette:

„Nyilvánvalóan elengedhetetlen az Egyesült Államok banki tartalékainak teljes mozgósítása. A terhet és a kiváltságot (a szövetségeseknek nyújtott kölcsönökkel kapcsolatban) az ország minden banki intézményének meg kell osztania. Úgy vélem, hogy a bankok részéről az együttműködés jelenleg hazafias kötelesség, és hogy a Federal Reserve System-ben való tagság egyértelmű és jelentős bizonyítéka a hazafiságnak."

E.W. Kemmerer így ír: „A kormány pénzügyi ügynökeiként a Federal Reserve bankok felbecsülhetetlen értékű szolgálatot tettek a nemzetnek a háborúba való belépésünk után. Nagyban segítettek aranykészleteink megőrzésében, devizapiacunk szabályozásában és pénzügyi erőforrásaink központosításában. Az ember borzong, ha belegondol, mi történhetett volna, ha a háború idején még a korábbi decentralizált és elavult bankrendszerünk lett volna."

Kemmerer úr borzongása figyelmen kívül hagyja azt a tényt, hogy ha megtartottuk volna „elavult bankrendszerünket", nem tudtuk volna finanszírozni az első világháborút, és nem tudtunk volna magunk is részt venni benne.

Woodrow Wilson maga sem hitt a demokrácia érdekében a világ megmentésére indított keresztes hadjáratában. Később azt írta, hogy „az első világháború gazdasági rivalizálás kérdése volt".

Amikor McCumber szenátor a háborúba való belépésünk körülményeiről kérdezte Wilsont, azt kérdezte tőle: „Gondolja, hogy ha Németország nem követett volna el háborús cselekményt vagy igazságtalanságot polgáraink ellen, akkor is beléptünk volna ebbe a háborúba?"

„Igen, úgy gondolom" – válaszolta Wilson.

„Úgy gondolja, hogy akkor is beléptünk volna?" – folytatta McCumber.

„Igen" – mondta Wilson.

Wilson 1917-es háborús üzenetében hihetetlenül dicsérte az orosz kommunistákat, akik éppen akkor mészárolták le a középosztályt abban a szerencsétlen országban.

„A világ jövőbeli békéjével kapcsolatos reményünket megerősítették azok a csodálatos és biztató események, amelyek az elmúlt hetekben Oroszországban történtek. Itt van egy méltó partner a Becsület Szövetségéhez."[101]

Wilson dicsőítő éneke egy vérszomjas rezsimnek, amely azóta a legbarbárabb módon hatvanhatmillió lakosát gyilkolta meg, felfedi valódi szimpátiáit és valódi támogatóit, a bankárokat, akik finanszírozták az oroszországi vérfürdőt. Amikor a kommunista forradalom sorsa kétségessé vált, Wilson személyes követét, Elihu Roott küldte Oroszországba a Különleges Háborús Sürgősségi Alapjából származó százmillió dollárral, hogy megmentse a bukó bolsevik rezsimet.

A Kuhn, Loeb Company oroszországi kommunizmus megteremtésében játszott szerepének dokumentálása túl terjedelmes ahhoz, hogy itt idézzük, de közlünk egy rövid utalást, amely jellemző a témával foglalkozó irodalomra. Arsene de Goulevitch tábornok Czarism and the Revolution című könyvében így ír:

„Bakmetiev úr, az Egyesült Államokba akkori orosz császári nagykövet, elmondja nekünk, hogy a bolsevikok a győzelem után 1918 és 1922 között 600 millió rubelt utaltak át aranyban a Kuhn, Loeb Company-nak."

Miután beléptünk az első világháborúba, Woodrow Wilson átadta az Egyesült Államok kormányzását kampánytámogatói hármasának, Paul Warburgnak, Bernard Baruchnak és Eugene Meyernek. Baruchot nevezték ki a Háborús Ipari Tanács élére, amelynek élet-halál feletti hatalma volt az Egyesült Államok minden gyárára. Eugene Meyert nevezték ki a Háborús Pénzügyi Társaság élére, amely a háborút finanszírozó hitelprogramért felelt. Paul Warburg irányította az ország bankrendszerét.[102]

---

[101] Woodrow Wilson nyilvános iratai, Dodd & Baker, 5. kötet, 12–13. o.

[102] MEGJEGYZÉS: *New York Times*, 1918. augusztus 10.; „(Paul) Warburg úr volt a War Finance Corporation szervezésére vonatkozó terv szerzője."

Tudva, hogy az amerikai nép túlnyomó többsége 1915 és 1916 során britellenes és németbarát volt, brit szövetségeseink némi aggodalommal tekintettek Paul Warburg és a Kuhn, Loeb Company kiemelkedő szerepére a háború folytatásában. Nyugtalanította őket a kormányzatban betöltött magas pozíciója, mivel testvére, Max Warburg, abban az időben a német titkosszolgálat vezetője volt. 1918. december 12-én az Egyesült Államok Haditengerészeti Titkosszolgálatának jelentése Warburg úrról a következő volt:

„WARBURG, PAUL: New York City. Német, honosított állampolgár, 1911-ben a császár kitüntette 1912-ben, a Federal Reserve Board alelnöke volt. Németország által Lenin és Trockij számára biztosított nagy összegeket kezelt a -en keresztül. Van egy testvére, aki a német kémhálózat vezetője."

Furcsa módon ez a jelentés, amelyet nyilvánvalóan sokkal korábban, még a Németországgal folytatott háború alatt állítottak össze, csak 1918. december 12-i keltezéssel szerepel. A fegyverszünet aláírása után. Ezenkívül nem tartalmazza azt az információt, hogy Paul Warburg 1918 májusában lemondott a Federal Reserve Board-ból, ami arra utal, hogy 1918 májusát megelőzően állították össze, amikor Paul Warburgot elvileg árulás vádjával lehetett volna megvádolni, mivel testvére irányította a német titkosszolgálatot.

Paul Warburg testvére, Felix New Yorkban a berlini Prussian Life Insurance Company igazgatója volt, és feltehetően nem örült volna, ha túl sok biztosítottja meghalt volna a háborúban. 1920. szeptember 26-án a *The New York Times* Jacob Schiff nekrológjában a Kuhn, Loeb and Company-ra hivatkozva a következőket írta: „Az első világháború alatt a társaság egyes tagjai tanácsadói minőségben állandó kapcsolatban álltak a kormánnyal. Részt vettek a Federal Reserve System szervezésével és létrehozásával kapcsolatos konferenciákon."

Az 1920-as Schiff-nek szentelt nekrológból derült ki először, hogy Jacob Schiffnek – akárcsak a Warburgoknak – az első világháború idején két testvére élt Németországban: a frankfurti Philip és Ludwig Schiff, akik szintén a német kormány bankáraként tevékenykedtek! Ezt a tényt nem lehetett könnyedén venni, hiszen az Atlanti-óceán mindkét oldalán ezek a bankárok nem voltak jelentéktelen személyek, akiknek semmilyen befolyásuk nem lett volna a háború menetére. Éppen ellenkezőleg, a Kuhn, Loeb társaság tagjai az első világháború alatt az Egyesült Államok legmagasabb kormányzati tisztségeit töltötték be, míg Németországban Max és Fritz Warburg, valamint Philip és Ludwig Schiff a kormány legfelsőbb tanácsainak tagjai voltak. Max Warburg emlékirataiból: „A császár hevesen az asztalra csapott, és kiáltotta: »Mindig neked kell igazadnak lennie?«, de aztán figyelmesen meghallgatta Max véleményét a pénzügyi kérdésekről."[103]

1918 júniusában Paul Warburg magánlevelet írt Woodrow Wilsonnak: „Két testvérem van Németországban, akik bankárok. Természetesen most is a legjobb tudásuk szerint szolgálják hazájukat, ahogy én is az enyémet."[104]

Sem Wilson, sem Warburg nem tartotta aggasztónak a helyzetet, és Paul Warburg kitöltötte mandátumát a Federal Reserve Board of Governors-ben, miközben az első világháború továbbra is dúlt.

A Kuhn, Loeb & Company hátterét George Conroy szerkesztette „Truth Magazine" című lap tárta fel:

„Schiff úr a Kuhn, Loeb & Co. nagy magánbankház vezetője, amely az Atlanti-óceán ezen oldalán képviseli a Rothschild-érdekeket. Pénzügyi stratégaként tartják számon, és évek óta a Standard Oil néven ismert nagy, személytelen hatalom pénzügyminisztere.

Szoros kapcsolatban állt a Harrimanokkal, a Gouldokkal és a Rockefellerrel minden vasúti vállalkozásukban, és az amerikai vasúti és pénzügyi világ meghatározó szereplőjévé vált.

Louis Brandeis-t, kiváló ügyvédi képességei miatt és más, később kiderülő okokból, Schiff választotta ki arra az eszközre, amelyen keresztül reményei szerint megvalósíthatja ambícióit New Englandben. Feladata az volt, hogy olyan agitációt folytasson, amely aláássa a közvélemény bizalmát a New Haven-rendszerben,

---

[103] Max Warburg, *Memoirs of Max Warburg*, Berlin, 1936.

[104] David Farrar, *The Warburgs*, Michael Joseph, Ltd., London, 1974.

és az értékpapírjainak árcsökkenését okozza, így kényszerítve azokat a piacra, hogy a tönkretevők megvásárolhassák őket."[105]

Itt említjük Schiff ügyvédjét, Brandeist, mert az első betölthető helyet az Egyesült Államok Legfelsőbb Bíróságán, amelyet Woodrow Wilsonnak megengedték betölteni, a Kuhn, Loeb ügyvédje, Brandeis kapta meg.

Nemcsak az amerikai Élelmiszerügyi Hivatalt irányította Hoover igazgatója, Lewis Lichtenstein Strauss, aki a Kuhn, Loeb & Company-ba házasodott be, amikor feleségül vette Alice Hanauert, Jerome Hanauer partner lányát, hanem a legkritikusabb területen, a katonai hírszerzésben is Sir William Wiseman, a brit titkosszolgálat vezetője a Kuhn, Loeb & Company partnere volt. Ő dolgozott a legszorosabban Wilson alteregójával, House ezredessel. „House és Wiseman között hamarosan alig maradtak politikai titkok, és kölcsönös megértésük nagy mértékben hozzájárult a britekkel való szoros együttműködésünkhöz."[106]

House és Wiseman együttműködésének egyik példája egy bizalmas megállapodás volt, amelyet House tárgyalt ki, és amelyben az Egyesült Államok vállalta, hogy az első világháborúba a szövetségesek oldalán lép be. Tíz hónappal azelőtt, hogy a választásokon Wilson 1916-ban visszatért a Fehér Házba „mert távol tartott minket a háborútól", House ezredes Wilson nevében titkos megállapodást kötött Angliával és Franciaországgal, amelyben az Egyesült Államok vállalta, hogy a szövetségesek oldalán beavatkozik. 1916. március 9-én Wilson hivatalosan jóváhagyta a vállalást.[107]

Semmi sem illusztrálhatja erőteljesebben Woodrow Wilson kettős természetét, mint az a országos kampánya, amelynek szlogenje az volt, hogy „ő tartott minket távol a háborútól", miközben tíz hónappal korábban már elkötelezte magát amellett, hogy Anglia és Franciaország oldalán belépjünk a háborúba. Ez

---

105 „Truth Magazine", George Conroy, szerkesztő, Boston, 1912. december 16-i szám.

106 Edward M. House, *The Intimate Papers of Col. House*, szerkesztette Charles Seymour, II. kötet, 399. o. Houghton, Mifflin Co.

107 George Sylvester Viereck, *A történelem legfurcsább barátsága, Woodrow Wilson és House ezredes*, 106. o.

magyarázza, miért nézték olyan megvetéssel azok, akik megismerték karrierjének tényeit. H. L. Mencken azt írta, hogy Wilson „a keresztény gazember tökéletes mintája”, és hogy „ki kellene ásnunk a csontjait, és kockákat készíteni belőlük”.

A The New York Times szerint Paul Warburg lemondólevelében azt állította, hogy kifogást emeltek ellene, mert volt egy testvére a svájci titkosszolgálatnál. *A The New York Times* soha nem javította ki ezt a nyilvánvaló hazugságot, talán azért, mert a Kuhn, Loeb Company többségi részesedéssel rendelkezett a lap részvényeiben. Max Warburg nem volt svájci, és bár valószínűleg kapcsolatba került a svájci titkosszolgálattal a német titkosszolgálat vezetőjeként töltött hivatali ideje alatt, *a The New York Times* egyetlen felelős szerkesztője sem lehetett tudatlan arról a tényről, hogy Max Warburg német volt, családja bankháza Hamburgban volt, és számos magas tisztséget töltött be a német kormányban. Ő képviselte Németországot a versailles-i békekonferencián, és 1939-ig békében maradt Németországban, abban az időszakban, amikor a vallásához tartozókat üldözték. Hogy elkerülje a sérüléseket a közeledő háborúban, amikor bombák hullottak Németországra, Max Warburgnak megengedték, hogy New Yorkba hajózzon, pénzeszközeit érintetlenül hagyva.

Az első világháború kezdetén a Kuhn, Loeb Company szerepet játszott a német hajózási érdekeltségek más kézbe adásában. Sir Cecil Spring-Rice, az Egyesült Államok brit nagykövete, Lord Greynek írt levelében a következőket írta:

„Egy másik kérdés a zászló átadása a Hamburg-Amerika hajókra. A társaság gyakorlatilag a német kormány ügye. A hajókat kormányzati célokra használják, maga a császár is jelentős részvényes, akárcsak a Kuhn, Loeb Company nevű nagy bankház. A ház egyik tagját (Warburgot) nagyon felelősségteljes pozícióba nevezték ki New Yorkban, bár csak nemrég naturalizálták. Üzleti kapcsolatban áll a pénzügyminiszterrel, aki az elnök veje. Ő az, aki a Hamburg Amerika Hajózási Társaság nevében tárgyal.”[108]

1914. november 13-án Spring-Rice egy Sir Valentine Chirolnak írt levelében a következőket írta (241. o., 2. kötet)

---

[108] Sir Cecil Spring-Rice levelei és barátságai, 219–220. o.

„Ma azt hallottam, hogy *a The New York Times-t* gyakorlatilag megvásárolta a Kuhn, Loeb és Schiff, a (német) császár különleges pártfogoltja. Warburg, aki közeli rokona Kuhn Loebnek és Schiffnek, a jól ismert hamburgi Warburg testvére, a Ballin (Hamburg) Amerika Line társult tagja, a Federal Reserve Board tagja, vagy inkább AZ a tag. Gyakorlatilag ő irányítja a kormány pénzügyi politikáját, és a Paish & Blackett (Anglia) főként vele kellett tárgyalnia. Természetesen ez pontosan olyan volt, mintha Németországgal tárgyaltak volna. Minden, ami elhangzott, német tulajdon volt."

Garrison ezredes a Roosevelt, Wilson and the Federal Reserve Law című művében azt írta, hogy „a Kuhn Loeb Company bankházán keresztül egy hatalmas fegyver került volna a német császár kezébe az amerikai üzleti élet és az amerikai polgárok sorsa felett."[109]

Garrison a Hamburg-Amerika-ügyre utalt.

Furcsának tűnt, hogy Woodrow Wilson szükségesnek érezte a nemzetet három olyan ember kezébe adni, akiknek személyes története a könyörtelen spekuláció és a személyes haszonszerzésről szólt, vagy hogy a Németországgal folytatott háború alatt legfőbb bizalmának egy 1911-ben honosított német bevándorlót, egy lengyel bevándorló fiát és egy francia bevándorló fiát tartotta. Bernard Baruch először 1890-ben keltette fel a figyelmet a Wall Streeten, amikor az A.A. Housman & Co.

1896-ban egyesítette az Egyesült Államok hat legnagyobb dohányipari vállalatát a Consolidated Tobacco Company-ba, rákényszerítve James Duke-ot és az American Tobacco Trustot, hogy csatlakozzanak ehhez a szövetséghez. A Baruch által létrehozott második nagy tröszt a rézipart a Guggenheim család kezébe adta, akik azóta is irányítják azt. Baruch Edward H. Harrimannel dolgozott együtt, aki Schiff fedőembere volt az amerikai vasúti rendszer irányításában a Rothschild család számára. Baruch és Harriman tehetségüket egyesítve megszerezték az irányítást a New York-i tömegközlekedési rendszer felett is, amely azóta veszélyes pénzügyi helyzetben van.

---

[109] Elisha Garrison ezredes, Roosevelt, *Wilson and the Federal Reserve Law*, Christopher Publishing House, Boston, 1931, 260. o.

1901-ben Baruch testvérével, Herman-nal együtt New Yorkban megalapította a Baruch Brothers bankot. 1917-ben, amikor Baruchot kinevezték a Háborús Ipari Tanács elnökévé, a cég nevét Hentz Brothers-re változtatták.

1937. szeptember 13-án a Nye-bizottság előtt tanúskodva Bernard Baruch kijelentette, hogy „minden háború eredete gazdasági.” Ennyit a vallási és politikai nézeteltérésekről, amelyeket kifejezetten a háborúk okaként hirdettek.[110]

A „New Yorker” magazinban megjelent profil szerint Baruch az első világháború alatt egy nap alatt 750 ezer dollár nyereséget ért el, miután Washingtonban hamis békehírt terjesztettek. A „Who's Who” című kiadványban Baruch megemlíti, hogy tagja volt annak a bizottságnak, amely az első világháború alatt az Egyesült Államok és szövetségesei összes beszerzését intézte. Valójában Baruch maga volt a bizottság. Évente tízmilliárd dollárnyi amerikai adófizetői pénzt költött el, és a Lőszérár-megállapító Bizottság meghatározó tagja is volt. Ő határozta meg azokat az árakat, amelyekért a kormány hadi anyagokat vásárolt. Naiv lenne azt feltételezni, hogy a megrendelések nem olyan cégekhez kerültek, amelyekben ő és társai több mint udvarias érdekeltséggel rendelkeztek, és amelyek diktátori hatalmat gyakoroltak az amerikai gyártók felett.[111]

Az 1935-ös Nye-bizottsági meghallgatásokon Baruch a következőket vallotta: „Wilson elnök adott nekem egy levelet, amely felhatalmazott bármely iparág vagy üzem átvételére. Ott volt Gary bíró, az United States Steel elnöke, akivel problémáink voltak, és amikor megmutattam neki azt a levelet, azt mondta: »Azt hiszem, ezt meg kell oldanunk«, és meg is oldotta.”

Néhány kongresszusi tag kíváncsi volt arra, hogy Baruch milyen képesítésekkel rendelkezik ahhoz, hogy háború idején élet-halál feletti hatalmat gyakoroljon az amerikai ipar felett. Nem volt gyártó,

[110] MEGJEGYZÉS: Baruch ebben a vallomásában azt is kijelentette: „A háború alatt három jelentős befektetést hajtottam végre: az Alaska Juneau Gold Mining Company-t (Eugene Meyer partneremmel), a Texas Gulf Sulphur-t és az Atolia Mining Company-t (volfrám).” Mason képviselő (Illinois) 1921. február 21-én a Ház előtt kijelentette, hogy Baruch a háború alatt több mint 50 millió dollárt keresett a rézzel.

[111] Baruch a Háborús Ipari Tanács alelnökének egy másik wall street-i spekulánst, Clarence Dillont (Lapowitz) választotta. Lásd az életrajzokat.

és soha nem járt gyárban. Amikor a kongresszusi bizottság elé idézték, Bernard Baruch kijelentette, hogy a szakmája „spekuláns”. Egy wall street-i szerencsejátékost tettek az amerikai ipar cárjává.

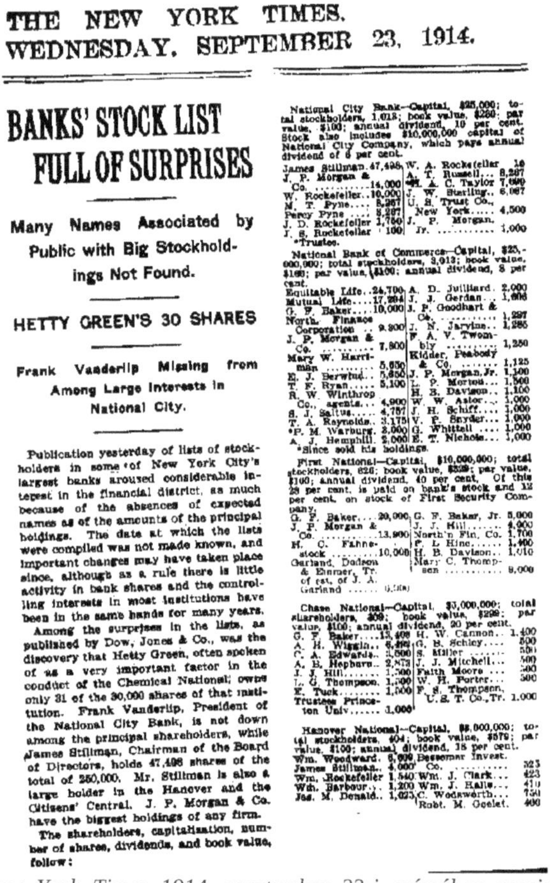

THE NEW YORK TIMES.
WEDNESDAY, SEPTEMBER 23, 1914.

BANKS' STOCK LIST FULL OF SURPRISES

Many Names Associated by Public with Big Stockholdings Not Found.

HETTY GREEN'S 30 SHARES

Frank Vanderlip Missing from Among Large Interests in National City.

Publication yesterday of lists of stockholders in some of New York City's largest banks aroused considerable interest in the financial district, as much because of the absences of expected names as of the amounts of the principal holdings. The date at which the lists were compiled was not made known, and important changes may have taken place since, although as a rule there is little activity in bank shares and the controlling interests in most institutions have been in the same hands for many years.

Among the surprises in the lists, as published by Dow, Jones & Co., was the discovery that Hetty Green, often spoken of as a very important factor in the conduct of the Chemical National, owns only 31 of the 30,000 shares of that institution. Frank Vanderlip, President of the National City Bank, is not down among the principal shareholders, while James Stillman, Chairman of the Board of Directors, holds 47,498 shares of the total of 250,000. Mr. Stillman is also a large holder in the Hanover and the Citizens' Central. J. P. Morgan & Co. have the biggest holdings of any firm.

The shareholders, capitalization, number of shares, dividends, and book value, follow:

National City Bank—Capital, $25,000; total stockholders, 1,018; book value, $280; par value, $100; annual dividend, 10 per cent. Stock also includes $10,000,000 capital of National City Company, which pays annual dividend of 6 per cent.

James Stillman	47,498	W. A. Rockefeller	10
J. P. Morgan & Co.	14,000	A. T. Russell	8,287
W. Rockefeller	10,000	*H. A. C. Taylor	7,699
M. T. Pyne	8,267	J. W. Sterling	6,067
Percy Pyne	8,267	U. S. Trust Co., New York	4,500
J. D. Rockefeller	1,750	J. P. Morgan, Jr.	1,000
J. S. Rockefeller	100		

*Trustee.

National Bank of Commerce—Capital, $25,000,000; total stockholders, 3,013; book value, $160; par value, $100; annual dividend, 8 per cent.

Equitable Life	24,700	A. D. Juilliard	2,000
Mutual Life	17,294	J. J. Gerdan	1,808
G. F. Baker	10,000	J. P. Goodhart & Co.	1,297
North. Finance Corporation	9,800	J. N. Jarvine	1,285
J. P. Morgan & Co.	7,800	F. A. V. Twombly	1,250
Mary W. Harriman	5,650	Kidder, Peabody & Co.	1,125
E. J. Berwind	5,850	J. P. Morgan, Jr.	1,100
T. F. Ryan	5,100	L. P. Morton	1,500
R. W. Winthrop Co., agents	4,900	H. B. Davison	1,100
S. J. Saltus	4,757	W. W. Astor	1,000
T. A. Reynolds	3,175	J. H. Schiff	1,000
*P. M. Warburg	3,000	V. P. Snyder	1,000
A. J. Hemphill	2,000	G. Whittell	1,000
		E. T. Nichols	1,000

*Since sold his holdings.

First National—Capital, $10,000,000; total stockholders, 826; book value, $529; par value, $100; annual dividend, 40 per cent. Of this 28 per cent. is paid on bank's stock and 12 per cent. on stock of First Security Company.

G. F. Baker	20,000	G. F. Baker, Jr.	5,000
J. P. Morgan & Co.	13,900	J. J. Hill	4,000
H. C. Fahnestock	10,000	North'n Fin. Co.	1,700
Garland, Dodson & Ehmer, Tr. of est. of J. A. Garland	[illegible]	P. L. Hine	1,400
		H. P. Davison	1,010
		Mary C. Thompson	9,000

Chase National—Capital, $5,000,000; total shareholders, 309; book value, $299; par value, $100; annual dividend, 20 per cent.

G. F. Baker	13,408	H. W. Cannon	1,400
A. H. Wiggin	6,486	G. B. Schley	500
C. A. Edwards	3,500	S. Miller	500
A. B. Hepburn	2,873	J. J. Mitchell	500
J. J. Hill	1,700	Faith Moore	500
L. G. Thompson	1,700	W. H. Porter	500
E. Tuck	1,500	F. S. Thompson, U. S. T. Co., Tr.	1,000
Trustees Princeton Univ.	1,000		

Hanover National—Capital, $3,000,000; total stockholders, 404; book value, $579; par value, $100; annual dividend, 18 per cent.

Wm. Woodward	6,000	Bessemer Invest. Co.	523
James Stillman	4,000	Wm. J. Clark	423
Wm. Rockefeller	1,540	Wm. J. Halls	410
Wm. Barbour	1,200	C. Wodsworth	750
Jas. M. Donald	1,023	Robt. M. Goelet	400

A The New York Times 1914. szeptember 23-i számában megjelent cikk másolata. A listán szerepelnek azok a fő részvényesek, akik a rendszer 1914-es létrehozásakor megvásárolták a New York-i Federal Reserve Bank 203 053 részvényének 40%-át. Így megszerezték az irányítást a Federal Reserve Bank felett, és azóta is megtartották azt.

1983. július 26-án, kedden a fennmaradt öt legnagyobb New York-i bank a New York-i Federal Reserve Bank részvényeinek 53%-ára növelte részesedését.

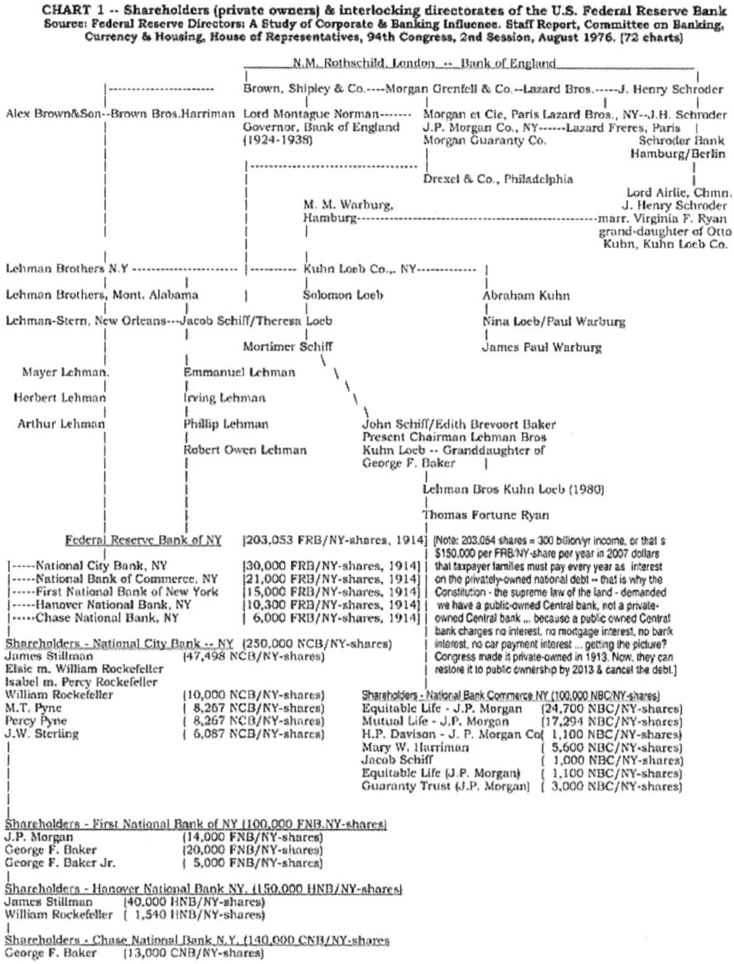

I. TÁBLÁZAT

Az I. ábra bemutatja a Rothschildok és az Angol Nemzeti Bank közötti közvetlen kapcsolatot, valamint azokat a londoni bankházakat, amelyek banki részvénytulajdonukon és New York-i leányvállalataikon keresztül végső soron a Federal Reserve Bankokat irányítják. A Rothschildok két fő képviselője New Yorkban, a J.P. Morgan Co. és a Kuhn, Loeb & Co. voltak azok a cégek, amelyek megszervezték a Jekyll Island-i konferenciát, ahol a Federal Reserve Act (Szövetségi Tartalékbanki Törvény) tervezetét kidolgozták, irányították a tervet a Kongresszus által törvénybe iktató későbbi sikeres kampányt, és 1914-ben megvásárolták a New York-i Federal Reserve Bankban a többségi részesedést biztosító részvényeket. Ezek a cégek 1914-ben kinevezték vezető tisztségviselőiket a Federal Reserve Kormányzótanácsába és a Szövetségi Tanácsadó Testületbe.

1914-ben néhány család (vérségi vagy üzleti kapcsolatok révén), amelyek irányító részesedéssel rendelkeztek a meglévő bankokban (például New York Cityben), rávette ezeket a bankokat, hogy irányító részesedést vásároljanak a Federal Reserve regionális bankjaiban.

A Képviselőház Bankbizottságának 1976. augusztusi jelentésében szereplő táblázatok és szövegek, valamint a 12 regionális Federal Reserve Bank jelenlegi részvényeseinek listája is ugyanezt a családi ellenőrzést mutatja.

Baruch egykori partnere, Eugene Meyer (Alaska-Juneau Gold Mining Co.) később azt állította, hogy Baruch egy ostoba volt, és hogy Meyer, családi banki kapcsolataival (Lazard Freres) irányította Baruch befektetési karrierjét. Ezek az állítások a The Washington Post 1983. június 4-i, ötvenedik évfordulós kiadásának szerkesztői oldalán jelentek meg, Meyer szerkesztőjének, Al Friendlynek egy búcsúszavával, miszerint „Minden washingtoni újságíró, Meyerrel együtt, tudta, hogy Bernard M. Baruch egy önmagát felfújó csaló volt."

A triumvirátus harmadik tagja, Eugene Meyer, a párizsi és new yorki Lazard Freres nemzetközi bankház egyik társtulajdonosának fia volt. A My Own Story című könyvében Baruch elmagyarázza, hogyan lett Meyer a War Finance Corporation vezetője. „Az első világháború kezdetén" – írja – „felkerestem Eugene Meyer Jr.-t... aki rendkívül becsületes ember volt, és mélyen vágyott a közszolgálatra."[112]

A nemzet sokat szenvedett azoktól, akik a közszolgálatot akarták, mert vágyaik gyakran jóval túlmutattak a tisztség iránti szenvedélyükön. Valójában Meyer és Baruch 1915-ben egy alaszkai vállalkozást, az Alaska-Juneau Gold Mining Company-t működtettek, és más pénzügyi terveken is együtt dolgoztak. Meyer családjának házát, a Lazard Freres-t a nemzetközi aranymozgásokra specializálódott.

---

[112] Bernard Baruch, *My Own Story*, Henry-Holt Company, New York, 1957, 194. o.

Eugene Meyer vezetése alatt a War Finance Corporation az egyik legcsodálatosabb pénzügyi műveletet hajtotta végre, amelyet valaha részben rögzítettek ebben az országban. Azt mondjuk, hogy „részben rögzítették", mert a későbbi kongresszusi vizsgálatok feltárták, hogy minden este módosították a könyvelést, mielőtt azokat a következő napi vizsgálatra behozták volna. Louis McFadden, a Képviselőház Banki és Pénzügyi Bizottságának elnöke két, Meyerrel kapcsolatos vizsgálatban is szerepet játszott, 1925-ben, majd ismét 1930-ban, amikor Meyert javasolták a Federal Reserve Board kormányzójának. A kormánykötvények megsemmisítését vizsgáló különbizottság 1925. március 2-án benyújtotta a „Kormánykötvények előkészítése és megsemmisítése – 68. kongresszus, 2. ülésszak, 1635. sz. jelentés: 2. o." című dokumentumot. „2314 pár duplikált kötvényt és 4698 pár duplikált kupont, 50 és 10 000 dollár közötti címletekben, váltottak be 1924. július 1-jéig. Ezek közül néhány duplikáció hiba, mások pedig csalás eredménye."

Ezek a vizsgálatok magyarázhatják, miért tudta Eugene Meyer az első világháború végén megvásárolni az Allied Chemical and Dye Corporation irányítását, majd később az ország legbefolyásosabb újságját, a The Washington Postot. A kötvények duplikálása – „egy a kormánynak, egy nekem" – egyenként 10 000 dollár névértékben jelentős összeget eredményezett.

A meghallgatások 6. oldala. „Ezeket a 1920. június 20. előtti kincstári tranzakciókat (beleértve a vételi és eladási elszámolásokat is), amelyeket a War Finance Corporation (ügyvezető igazgató: Eugene Meyer) hajtott végre, nagyrészt a War Finance Corporation ügyvezető igazgatója irányított, és a kincstárral való elszámolásokat főként ő intézte a kincstár helyettes titkárával, és a könyvekből kitűnik, hogy a kormány által a Pénzügyminisztérium által a Háborús Pénzügyi Társaságon keresztül vásárolt, több mint 1 894 millió dollár értékű kötvényért (1 894 000 000,00 dollár) fizetett ár alapja nem a piaci ár volt, és nem a kötvény költsége plusz kamat, és a levelezésből nem derülnek ki az elszámolásba beletartozó elemek. A War Finance Corporation ügyvezető igazgatója kijelentette, hogy ő és a Pénzügyminisztérium helyettes államtitkára (Jerome J. Hanauer, a Kuhn, Loeb Co. partnere, akinek a lánya Lewis L. Strauss felesége lett) állapodtak meg az árban, és ez egyszerűen csak egy önkényes szám volt, amelyet a

Pénzügyminisztérium helyettes államtitkára határozott meg a War Finance Corporation által így megvásárolt kötvényekre vonatkozóan.

Ezen tranzakciók ideje alatt és egészen a közelmúltig a War Finance Corporation ügyvezető igazgatója, Eugene Meyer, Jr. magánszemélyként irodát tartott fenn a New York-i Wall Street 14. szám alatt, és a War Finance Corporationon keresztül körülbelül 70 millió dollár értékű kötvényt adott el a kormánynak, valamint a War Finance Corporationon keresztül körülbelül 10 millió dollár értékű kötvényt vásárolt, és ezeknek a kötvényeknek a legtöbbjét, ha nem az összeset, a War Finance Corporation ügyvezető igazgatójaként, hivatalos minőségében hagyta jóvá.

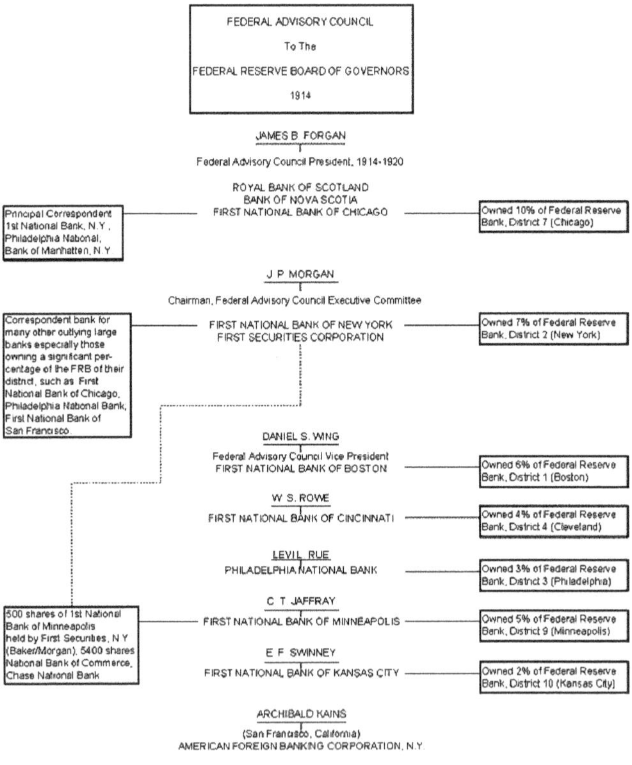

CHART II

Ez a táblázat bemutatja az egymásba fonódó banki igazgatóságokat, amelyek a Szövetségi Tanácsadó Testület 1914-es alapító tagjainak kiválasztásakor kiderültek. A vezető személyek ugyanazok a bankárok voltak, akik jelen voltak vagy képviseltették magukat a 1910-es Jekyll Island-i konferencián, valamint a Szövetségi Tartalék Törvény 1913-as kongresszusi elfogadására irányuló kampány során. Ezek a tisztviselők a legnagyobb részvényállományt képviselték a New York-i bankokban, amelyek megvásárolták a New York-i Federal Reserve Bank irányító részesedését, és egyben a többi Federal Reserve körzet bankjainak fő levelező bankjai is voltak, amelyek viszont kiválasztották tisztviselőiket, hogy képviseljék őket a Szövetségi Tanácsadó Testületben.

Amikor a fent említett ügyleteket nyílt meghallgatáson ismertették a bizottsággal, az ügyvezető igazgató megjelent a bizottság előtt, és kijelentette, hogy ezekre az ügyletekre jutalékot fizettek, amelyeket tovább fizettek az ügyvezető igazgató által kiválasztott brókereknek, akik a brókercég által kiadott megbízásokat hajtották végre, és közvetlenül a bizottság előtti nyilvánosságra hozatal után az ügyvezető igazgató felkérte az Ernst and Ernst könyvvizsgáló céget a War Finance Corporation könyveinek ellenőrzésére, akik a könyvek vizsgálatának befejezése után jelentést tettek a bizottságnak arról, hogy az ügyvezető igazgató brókercége által kapott összes pénzről elszámoltak.

Miközben a bizottság vizsgálata folyt, a korábban említett okleveles könyvvizsgálók éjszakánként folytatták vizsgálatukat, a bizottság felfedezte, hogy módosításokat és változtatásokat hajtottak végre az ezeket a tranzakciókat tartalmazó könyvekben, és amikor erre felhívták a War Finance Corporation kincstárnokának figyelmét, ő beismerte a bizottság előtt, hogy változtatásokat hajtottak végre. A bizottság nem tudta megállapítani, hogy a folyamat során milyen mértékben módosították ezeket a könyveket. 1921 júniusát követően körülbelül 10 milliárd dollár értékű értékpapírt semmisítettek meg."

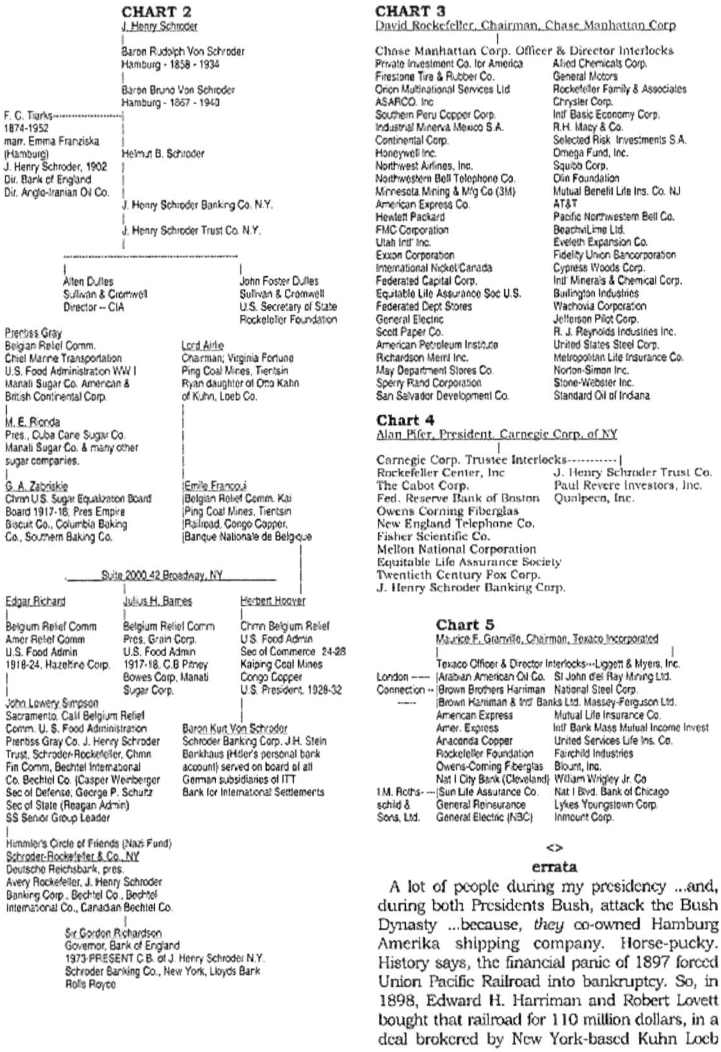

CHART 2
J. Henry Schroder
Baron Rudolph Von Schroder
Hamburg - 1858 - 1934
Baron Bruno Von Schroder
Hamburg - 1867 - 1940
F. C. Tiarks
1874-1952
marr. Emma Franziska
(Hamburg)
J. Henry Schroder, 1902
Dir. Bank of England
Dir. Anglo-Iranian Oil Co.
Helmut B. Schroder
J. Henry Schroder Banking Co. N.Y.
J. Henry Schroder Trust Co. N.Y.
Allen Dulles
Sullivan & Cromwell
Director -- CIA
John Foster Dulles
Sullivan & Cromwell
U.S. Secretary of State
Rockefeller Foundation
Prentiss Gray
Belgian Relief Comm.
Chief Marine Transportation
U.S. Food Administration WW I
Manati Sugar Co. American &
British Continental Corp.
Lord Airlie
Chairman; Virginia Fortune
Ping Coal Mines, Tientsin
Ryan daughter of Otto Kahn
of Kuhn, Loeb Co.
M. E. Rionda
Pres., Cuba Cane Sugar Co.
Manati Sugar Co. & many other
sugar companies.
G. A. Zabriskie
Chmn U.S. Sugar Equalization Board
Board 1917-18, Pres Empire
Biscuit Co., Columbia Baking
Co., Southern Baking Co.
Emile Francqui
Belgian Relief Comm. Kai
Ping Coal Mines, Tientsin
Railroad, Congo Copper,
Banque Nationale de Belgique
Suite 2000 42 Broadway, NY
Edgar Richard
Belgium Relief Comm
Amer Relief Comm
U.S. Food Admin
1918-24, Hazeltine Corp.
Julius H. Barnes
Belgium Relief Comm
Pres. Grain Corp.
U.S. Food Admin
1917-18, C.B Pitney
Bowes Corp, Manati
Sugar Corp.
Herbert Hoover
Chmn Belgium Relief
U.S. Food Admin
Sec of Commerce 24-28
Kaiping Coal Mines
Congo Copper
U.S. President, 1928-32
John Lowery Simpson
Sacramento, Calif Belgium Relief
Comm. U. S. Food Administration
Prentiss Gray Co. J. Henry Schroder
Trust, Schroder-Rockefeller, Chmn
Fin Comm, Bechtel International
Co. Bechtel Co. (Casper Weinberger
Sec of Defense; George P. Schultz
Sec of State (Reagan Admin)
SS Senior Group Leader
Baron Kurt Von Schroder
Schroder Banking Corp. J.H. Stein
Bankhaus (Hitler's personal bank
account) served on board of all
German subsidiaries of ITT
Bank for International Settlements
Himmler's Circle of Friends (Nazi Fund)
Schroder-Rockefeller & Co., NY
Deutsche Reichsbank, pres.
Avery Rockefeller, J. Henry Schroder
Banking Corp., Bechtel Co., Bechtel
International Co., Canadian Bechtel Co.
Sir Gordon Richardson
Governor, Bank of England
1973-PRESENT C.B. of J. Henry Schroder N.Y.
Schroder Banking Co., New York, Lloyds Bank
Rolls Royce

CHART 3
David Rockefeller, Chairman, Chase Manhattan Corp
Chase Manhattan Corp. Officer & Director Interlocks

Private Investment Co. for America	Allied Chemicals Corp.
Firestone Tire & Rubber Co.	General Motors
Orion Multinational Services Ltd	Rockefeller Family & Associates
ASARCO. Inc	Chrysler Corp.
Southern Peru Copper Corp.	Intl' Basic Economy Corp.
Industrial Minerva Mexico S.A.	R.H. Macy & Co.
Continental Corp.	Selected Risk Investments S.A.
Honeywell Inc.	Omega Fund, Inc.
Northwest Airlines, Inc.	Squibb Corp.
Northwestern Bell Telephone Co.	Olin Foundation
Minnesota Mining & Mfg Co (3M)	Mutual Benefit Life Ins. Co. NJ
American Express Co.	AT&T
Hewlett Packard	Pacific Northwestern Bell Co.
FMC Corporation	BeachviLime Ltd.
Utah Intl' Inc.	Eveleth Expansion Co.
Exxon Corporation	Fidelity Union Bancorporation
International Nickel/Canada	Cypress Woods Corp.
Federated Capital Corp.	Intl' Minerals & Chemical Corp.
Equitable Life Assurance Soc U.S.	Burlington Industries
Federated Dept Stores	Wachovia Corporation
General Electric	Jefferson Pilot Corp.
Scott Paper Co.	R. J. Reynolds Industries Inc.
American Petroleum Institute	United States Steel Corp.
Richardson Merril Inc.	Metropolitan Life Insurance Co.
May Department Stores Co.	Norton-Simon Inc.
Sperry Rand Corporation	Stone-Webster Inc.
San Salvador Development Co.	Standard Oil of Indiana

Chart 4
Alan Pifer, President, Carnegie Corp. of NY
Carnegie Corp. Trustee Interlocks----------

Rockefeller Center, Inc	J. Henry Schroder Trust Co.
The Cabot Corp.	Paul Revere Investors, Inc.
Fed. Reserve Bank of Boston	Qunlpeco, Inc.
Owens Corning Fiberglas	
New England Telephone Co.	
Fisher Scientific Co.	
Mellon National Corporation	
Equitable Life Assurance Society	
Twentieth Century Fox Corp.	
J. Henry Schroder Banking Corp.	

Chart 5
Maurice F. Granville, Chairman, Texaco Incorporated
Texaco Officer & Director Interlocks---Liggett & Myers, Inc.

London ----	Arabian American Oil Co.	St John del Ray Mining Ltd.
Connection --	Brown Brothers Harriman	National Steel Corp.
----	Brown Harriman & Intl' Banks Ltd.	Massey-Ferguson Ltd.
	American Express	Mutual Life Insurance Co.
	Amer. Express	Intl' Bank Mass Mutual Income Invest
	Anaconda Copper	United Services Life Ins. Co.
	Rockefeller Foundation	Fairchild Industries
	Owens-Corning Fiberglas	Blount, Inc.
	Nat l City Bank (Cleveland)	William Wrigley Jr. Co
I.M. Roths- ---	Sun Life Assurance Co.	Nat l Blvd. Bank of Chicago
schild &	General Reinsurance	Lykes Youngstown Corp.
Sons, Ltd.	General Electric (NBC)	Inmount Corp.

<>

errata

A lot of people during my presidency ...and, during both Presidents Bush, attack the Bush Dynasty ...because, *they* co-owned Hamburg Amerika shipping company. Horse-pucky. History says, the financial panic of 1897 forced Union Pacific Railroad into bankruptcy. So, in 1898, Edward H. Harriman and Robert Lovett bought that railroad for 110 million dollars, in a deal brokered by New York-based Kuhn Loeb

A J. Henry Schroder Banking Company diagramja a 20. század teljes történetét felöleli, magában foglalva azt a programot (Belgian Relief Commission), amely 1915 és 1918 között ellátta Németországot, és 1916-ban eltérítette Németországot a béke keresésétől; 1933-ban finanszírozta Hitlert, hogy lehetővé tegye a második világháborút; Herbert Hoover elnöki kampányának támogatását; sőt, jelenleg is a leányvállalata, a Bechtel Corporation két vezető tisztségviselője, a -től a Reagan-kormány védelmi minisztere és külügyminisztere.

Az 1973 óta a Bank of England élén álló Sir Gordon Richardson, a Bank of England kormányzója (amelyet a Rothschild-ház irányít), a J. Henry Schroder (New York) és a Schroder Banking Corporation (New York), valamint a londoni Lloyd's Bank és a Rolls Royce elnöke volt. New York Cityben, a Sutton Place-en tart fenn lakóhelyet, és a „The London Connection" vezetőjeként a világ legbefolyásosabb bankárjának tekinthető.

Eugene Meyer *Washington Postja* (lánya, Katherine Graham irányítása alatt) volt az, amely később egy amerikai elnököt űzött el a Fehér Házból azzal az indokkal, hogy tudott egy betörésről. Mit gondoljunk azokról a leleplezésekről, amelyek szerint Meyer a War Finance Corporation igazgatójaként több száz millió dollár értékű kötvényeket hamisított, a kongresszusi vizsgálat idején meghamisította a könyvelést, és hogy ebből a helyzetből több millió dollárral került ki, amellyel megvásárolta az Allied Chemical Corporationt, *a Washington Postot* és egyéb ingatlanokat? Mellesleg a Lazard Brothers, Meyer családi bankháza személyesen kezeli számos politikai nagyságunk vagyonát, beleértve a Kennedy-család vagyonát is.

Ezen férfiak, Warburg, Baruch és Meyer mellett a J.P. Morgan Co. és a Kuhn, Loeb Co. számos partnere, alkalmazottja és szatellitje érkezett Washingtonba 1917 után, hogy irányítsa az amerikai nép sorsát.

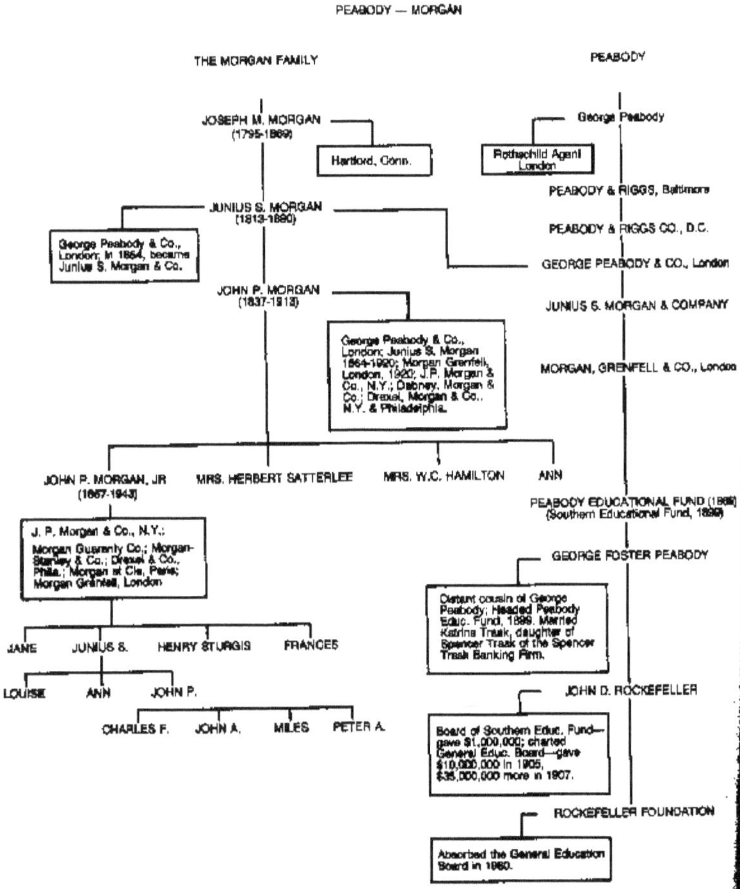

CHART IV

A Peabody-Morgan-ábra bemutatja ezeknek a kiemelkedő banki cégeknek a londoni kapcsolatait, amelyek alapításuk óta Londonban tartják székhelyüket. A Peabody-vagyon 1865-ben létrehozott egy oktatási alapot, amelyet később, 1905-ben John D. Rockefeller beolvasztott a General Educational Boardba, amelyet viszont 1960-ban a Rockefeller Alapítvány olvasztott be.

A Liberty Loans, amely kötvényeket értékesített polgárainknak, névlegesen az Egyesült Államok Pénzügyminisztériumának joghatósága alá tartozott, Wilson pénzügyminiszterének, William G. McAdoo vezetése alatt, akit a Kuhn, Loeb Co. 1902-ben a Hudson-Manhattan Railway Co. élére helyezett. Paul Warburg a háború alatt a Kuhn Loeb Co. cég nagy részét magával vitte Washingtonba. Jerome Hanauer, a Kuhn, Loeb Co. partnere, a Liberty Loansért felelős pénzügyminiszter-helyettes volt. A háború alatt a pénzügyminisztérium két alminisztere S. Parker Gilbert és Roscoe C. Leffingwell volt. Gilbert és Leffingwell egyaránt a Cravath and Henderson ügyvédi irodából került a pénzügyminisztériumba, és visszatért ahhoz az irodához, miután teljesítették a Kuhn, Loeb Co. számára a pénzügyminisztériumban betöltött küldetésüket. A Cravath and Henderson a Kuhn Loeb Co. ügyvédei voltak. Gilbert és Leffingwell később társsá váltak a J.P. Morgan Co.-ban. A Kuhn, Loeb Company, az ország és Mexikó legnagyobb vasúti ingatlan-tulajdonosa, az első világháború alatt úgy védte érdekeit, hogy Woodrow Wilsonnal létrehozatta az Egyesült Államok Vasúti Igazgatóságát. A főigazgató William McAdoo, a Pénzügyminisztérium pénzügyi ellenőre volt. Warburg 1918-ban felváltotta ezt a szervezetet egy szigorúbb szervezettel, amelyet Szövetségi Közlekedési Tanácsnak nevezett el. Mindkét szervezet célja az volt, hogy megakadályozzák a Kuhn, Loeb Company elleni sztrájkokat a háború alatt, arra az esetre, ha a vasúti munkások megpróbálnák a bérekbe beépíteni a háborús nyereségből származó több millió dollárt, amelyet a Kuhn, Loeb kapott az Egyesült Államok kormányától.

A háború alatt Washingtonban jelen lévő fontos bankárok között volt Herbert Lehman is, a gyorsan növekvő Lehman Brothers, Bankers, New York cégtől. Lehman-t azonnal bevették a hadsereg vezérkarába, és ezredesi rangot kapott.

A Lehman családnak már korábban is volt tapasztalata a „háborúból való profit kihozatalában", ami egy kettős jelentésű kifejezés és Baruch egyik kedvenc mondása volt. *A Men Who Rule America című könyvében* Arthur D. Howden Smith a polgárháború alatti Lehman családról így ír: „Gyakran voltak ügynökök, mindkét oldal számára közvetítők, bizalmas kommunikáció közvetítői, valamint a Konföderáció számára a pamut és a kábítószerek terén zajló számos illegális tranzakció kezelői, az Észak számára pedig információszolgáltatók. A Lehman család – Mayerrel Montgomeryben, a Konföderáció első fővárosában, Henryvel New Orleansban és Emanuelrel New Yorkban – ideális helyzetben volt ahhoz, hogy kihasználjon minden felmerülő nyereségszerzési lehetőséget. Úgy tűnik, alig hagytak ki egyetlen lehetőséget sem."[113]

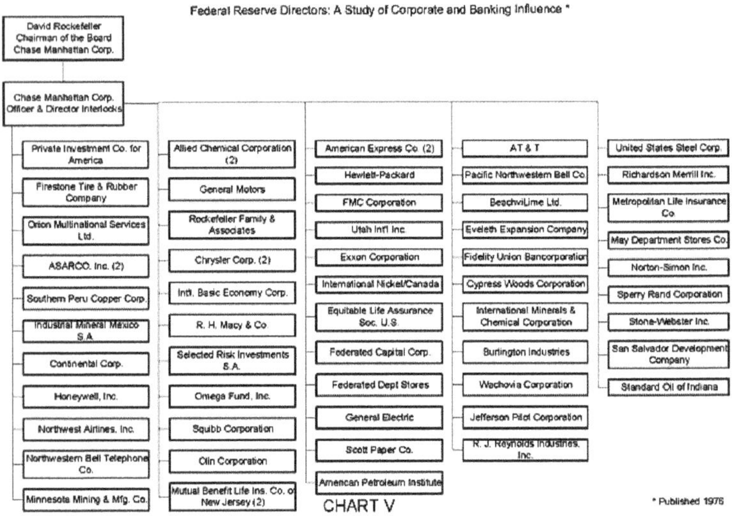

A David Rockefeller-ábra bemutatja a kapcsolatot a New York-i Federal Reserve Bank, az Indiana Standard Oil, a General Motors, az Allied Chemical Corporation (Eugene Meyer család) és az Equitable Life (J.P. Morgan) között.

Az első világháború alatt a következő kinevezések történtek:

J.W. McIntosh, az Armour húsfeldolgozó tröszt igazgatója, akit 1918-ban az Egyesült Államok hadseregének élelmezési főnökévé nevezték ki. Később Coolidge kormányzása alatt a Pénzügyminisztérium főellenőre lett, és a Federal Reserve Board hivatalból kijelölt tagja.

---

113 Arthur D. Howden Smith, *Men Who Rule America*, Bobbs Merrill, N.Y. 1935, 112. o.

A Harding-kormány idején az Egyesült Államok Hajózási Tanácsának pénzügyi igazgatójaként is kivette a részét abból, amikor a Tanács a hajókat a beszerzési ár század részéért eladta a Dollar Lines társaságnak, majd hagyta, hogy a Dollar Lines nem teljesítse fizetési kötelezettségeit. Miután távozott a közszolgálatból, J.W. McIntosh, a néven ismert üzletember a J.W. Wollman Co. new yorki tőzsdeügynökség társtulajdonosa lett.

W.P.G. Harding, a Federal Reserve Board elnöke, Eugene Meyer alatt a War Finance Corporation ügyvezető igazgatója is volt.

George R. James, a Federal Reserve Board tagja 1923-24-ben, a War Industries Board pamutágazatának vezetője volt.

Henry P. Davison, a J.P. Morgan Co. vezető partnere, 1917-ben az Amerikai Vöröskereszt élére került, hogy ellenőrzése alá vonja a amerikai néptől adományként összegyűjtött 370 millió dollár készpénzt.

Ronald Ransom, atlantai bankár, aki 1938–39-ben Roosevelt alatt a Federal Reserve Board kormányzója volt, 1918-ban az Amerikai Vöröskereszt külföldi szolgálatának személyzeti igazgatója volt.

John Skelton Williams, a Pénzügyminisztérium pénzügyi ellenőre, az Amerikai Vöröskereszt nemzeti kincstárnokává lett kinevezve.

Federal Reserve Directors: A Study of Corporate and Banking Influence *

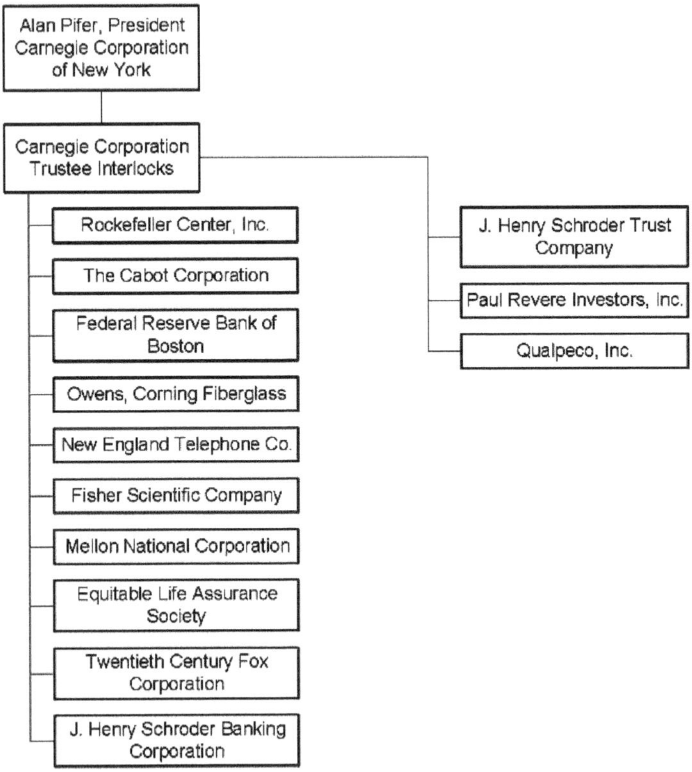

*Published 1976

CHART VI

Ez a táblázat bemutatja a New York-i Federal Reserve Bank, a J. Henry Schroder Banking Corp., a J. Henry Schroder Trust Co., a Rockefeller Center, Inc., az Equitable Life Assurance Society (J.P. Morgan) és a bostoni Federal Reserve Bank közötti összefonódásokat.

Woodrow Wilson elnök, az a nagy liberális, aki aláírta a Federal Reserve Act-et és hadat üzent Németországnak, furcsa karriert futott be ahhoz képest, hogy ma a köznép védelmezőjeként tisztelik. Mindkét elnöki kampányában fő támogatója Cleveland H. Dodge volt a Kuhn Loeb-től, aki a New York-i National City Bankot irányította. Dodge a Winchester Arms Company és a Remington Arms Company elnöke is volt. A nagy demokrata politikai karrierje során nagyon közel állt Wilson elnökhöz. Wilson 1914. február 12-én feloldotta a Mexikóba irányuló fegyverszállítás embargóját, hogy Dodge egymillió dollár értékű fegyvert és lőszert szállíthasson Carranzának, és elősegíthesse a mexikói forradalmat. A mexikói nemzeti vasúti hálózatot birtokló Kuhn, Loeb Co. elégedetlen lett Huerta kormányzásával, és eltávolíttatta őt.

Amikor 1915-ben elsüllyesztették a brit haditengerészeti segédhajót, a Lusitaniát, az Dodge gyáraiból származó lőszerrel volt megrakodva. Dodge a „Lusitania-áldozatok túlélőinek alapja" elnöke lett, amely sokat tett azért, hogy a közvéleményt Németország ellen hangolja. Dodge arról is hírhedt volt, hogy profi gengsztereket vetett be a gyáraiban sztrájkolók ellen, ám a liberális Wilson-t ez láthatóan soha nem zavarta.

Wilson sajátos liberális szemléletének egy másik nyomát Chaplin Wobbly című könyvében találjuk, amelyben leírja, hogyan firkálta Wilson a „ELUTASÍTVA" szót az idős és betegeskedő Eugene Debs által neki küldött kegyelmi kérelemre, akit „a háború ellen való beszéd és írás" miatt az atlantai börtönbe zártak. Debs-t „a háború szóbeli és írásbeli elítélése" vádjával ítélték el. Ez árulásnak számított a Wilson-diktatúra szemében, ezért Debs-t börtönbe zárták. A Szocialista Párt vezetőjeként Debs az atlantai börtönből indult az elnöki választáson – ő volt az egyetlen, aki valaha is megkísérelte ezt –, és több mint egymillió szavazatot kapott. Ironikus volt, hogy a Szocialista Párt vezetése, amely akkoriban sok amerikai vágyát képviselte egy becsületes kormány iránt, Norman Thomas, Woodrow Wilson egykori princeton-i hallgatója és csodálója beteges kezei közé került. Thomas vezetése alatt a Szocialista Párt már nem állt semmi mellett, és befolyása és tekintélye folyamatosan hanyatlott.

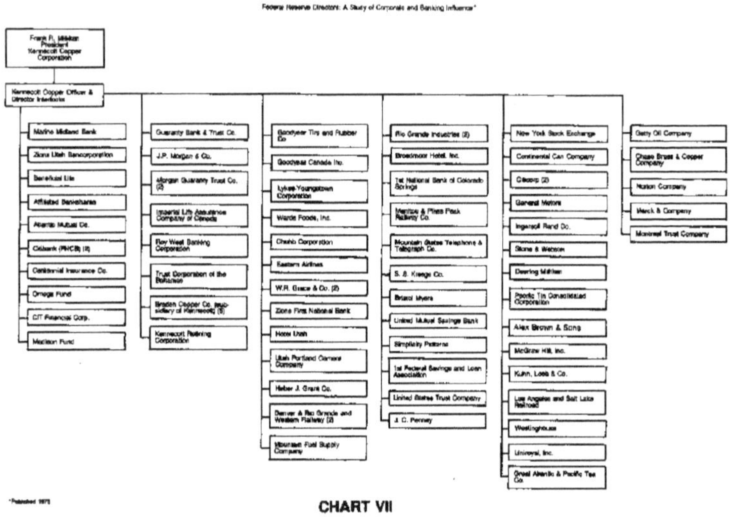

CHART VII

Ez a táblázat a New York-i Federal Reserve Bank és a Citibank, a Guaranty Bank and Trust Co. (J.P. Morgan), a J.P. Morgan Co., a Morgan Guaranty Trust Co., az Alex Brown & Sons (Brown Brothers Harriman), a Kuhn Loeb & Co., a Los Angeles és a Salt Lake RR (a Kuhn Loeb Co. irányítása alatt), valamint a Westinghouse (a Kuhn Loeb Co. irányítása alatt) közötti kapcsolatokat.

Wilson továbbra is mélyen részt vett a bolsevik forradalomban, akárcsak House és Wiseman. A House Intimate Papers 3. kötetének 421. oldalán szerepel egy 1918. május 1-jén Londonból Sir William Wiseman által House-nak küldött távirat, amely a bolsevikok meghívására a szövetségesek beavatkozását javasolja a bolsevik erők szervezésének segítésére.

Norman Thwaites alezredes Velvet and Vinegar című emlékirataiban így ír: „Az 1917–1920 közötti években, amikor kényes döntéseket kellett hozni, gyakran konzultáltam (Otto) Kahn úrral, akinek nyugodt ítélőképessége és szinte ijesztő előrelátása a politikai és gazdasági tendenciák tekintetében rendkívül hasznosnak bizonyult. Egy másik figyelemre méltó személy, akivel szoros kapcsolatban álltam, Sir William Wiseman volt, aki a békekonferencián a brit delegáció amerikai ügyekért felelős tanácsadója volt, és a háború alatt az amerikai és a brit kormány közötti összekötő tiszt volt a londoni Downing Street-en. Kapcsolatai a Downing Street-tel tekintve ő inkább az ország House ezredese volt."[114]

1917 nyarán Woodrow Wilson kinevezte Col. House-t az amerikai háborús küldöttség vezetőjévé a Szövetségesek Háborús Konferenciájára, amely a történelem első amerikai küldöttsége volt egy európai tanácsban. House-t bírálat érte amiatt, hogy vejét, Gordon Auchincloss-t nevezte ki asszisztensének ebben a küldetésben. Paul Cravath, a Kuhn, Loeb Company ügyvédje volt az amerikai háborús küldöttség harmadik vezetője. Sir William Wiseman vezette az amerikai háborús küldöttséget a konferenciákon. A The Strangest Friendship in History című könyvében Viereck így ír:

„Miután Amerika belépett a háborúba, Wiseman – Northcliffe szerint – volt az egyetlen ember, aki bármikor hozzáférhetett az ezredeshez és a Fehér Házhoz. Wiseman lakást bérelt abban a házban, ahol az ezredes lakott. David Lawrence tréfásan az amerikai Downing Street 10. számnak nevezte a 53. utcai házat (New York City)...

114 Norman Thwaites alezredes, Velvet and Vinegar, Grayson Co., London, 1932.

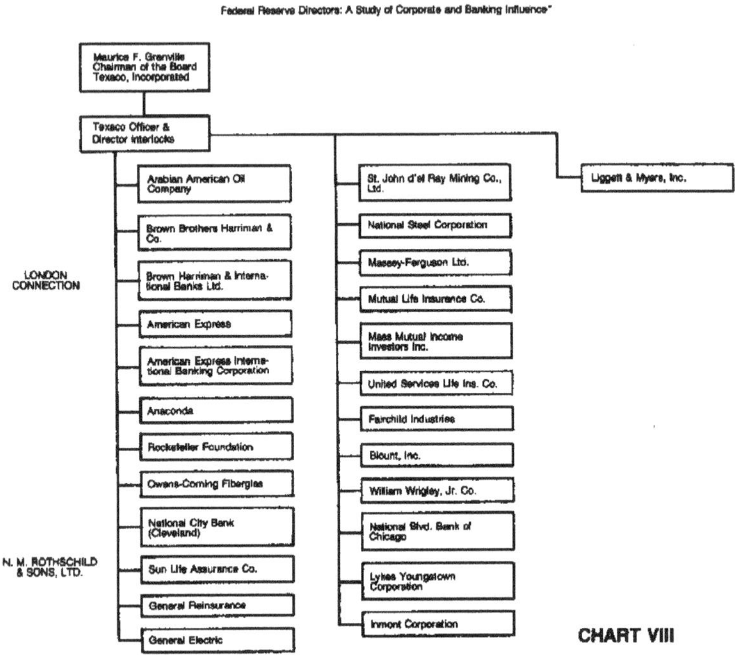

CHART VIII

Ez a táblázat a New York-i Federal Reserve Bank, a Brown Brothers Harriman, a Sun Life Assurance Co. (N.M. Rothschild and Sons) és a Rockefeller Alapítvány közötti kapcsolatot mutatja.

House ezredesnek volt egy speciális kódja, amelyet csak Sir William Wiseman-nel használt. House ezredes volt Bush, a Morganok voltak Haslam, Trockij pedig Keble.[115]

Így a brit és az amerikai kormány két „nem hivatalos" tanácsadójának kizárólag egymás számára érthető kódja volt, amelyet senki más nem tudott megfejteni. Még furcsább volt az a tény, hogy a nemzetközi kommunista kémhálózat hosszú éveken át House ezredes Philip Dru, Administrator című könyvét használta hivatalos kódkönyvként. François Coty így ír:

---

[115] George Sylvester Viereck, The Strangest Friendship in History, Woodrow Wilson and Col. House, Liveright, N.Y. 1932, 172. o.

„Gorodin, Lenin kínai ügynöke állítólag magánál tartott egy példányt House ezredes által kiadott Philip Dru, Administrator című könyvből, és egy Kínában élő kódszakértő elmondta a szerzőnek, hogy Gorodin azért tartotta magánál ezt a könyvet, hogy üzenetek kódolására és dekódolására használhassa."[116]

A fegyverszünet után Woodrow Wilson összehívta az amerikai delegációt a békekonferenciára, és Párizsba indult. Összességében ez egy rendkívül harmonikus csoport volt, amelynek tagjai azok a bankárok voltak, akik mindig is irányították Wilson politikáját. Kíséretében volt Bernard Baruch, Thomas W. Lamont a J.P. Morgan Co.-tól, Albert Strauss a J & W Seligman bankárok közül, akit Wilson választott ki Paul Warburg helyére a Federal Reserve Board of Governors-be, J.P. Morgan, valamint Morgan ügyvédei, Frank Polk és John W. Davis. Velük tartott Walter Lippmann, Felix Frankfurter, Brandeis bíró és más érdekelt felek. Mason Brandeis-életrajzában azt írja, hogy „1919 júniusában Párizsban Brandeis olyan barátaival találkozott, mint Paul Warburg, House ezredes, Lord Balfour, Louis Marshall és Edmond de Rothschild báró."

Valóban, Edmond de Rothschild báró az amerikai delegáció vezető tagjainak kedves házigazdája volt, sőt, párizsi kastélyát is átadta nekik, bár a rangban alacsonyabb tagoknak be kellett érniük az elegáns Hotel Crillon szállodával, ahol House ezredes és 201 fős személyi szolgálata tartózkodott.

[116] Francois Coty, Tearing Away the Veil, Párizs, 1940.

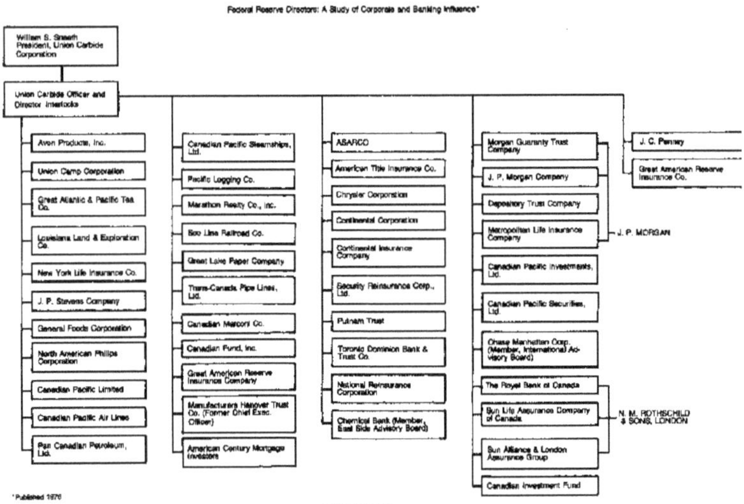

CHART IX

Ez a táblázat bemutatja a New York-i Federal Reserve Bank és a J.P. Morgan Co., a Morgan Guaranty Trust Co., valamint a Royal Bank of Canada, a Sun Life Assurance Co. of Canada, a Sun Alliance és a London Assurance Group Rothschild-leányvállalatai közötti kapcsolódásokat.

Baruch később a Szenátus Külügyi Bizottságának Graham-bizottsága előtt tanúskodott: „Gazdasági tanácsadóként vettem részt a békemisszióban.

GRAHAM: Gyakran tanácsot adott az elnöknek, amíg ott volt?

BARUCH: Amikor tanácsot kért tőlem, megadtam neki. Volt némi közöm a háborús kártérítési záradékokhoz. Én voltam az amerikai biztos, aki az úgynevezett Gazdasági Szakosztályt vezette. Tagja voltam a Fő Gazdasági Tanácsnak, amely a nyersfémekért felelt.

GRAHAM: Együtt ült a tanácsban azokkal az urakkal, akik a szerződésről tárgyaltak?

BARUCH: Igen, uram, néha.

GRAHAM: Kivéve azokat a találkozókat, amelyeken az Ötök vettek részt? (Az Ötök az öt szövetséges nemzet vezetőit jelentik).

BARUCH: És gyakran azokon is.

Paul Warburg fő pénzügyi tanácsadóként kísérte Wilsont az amerikai béketárgyaló bizottságban. Kellemes meglepetésként érte, hogy a német delegáció élén testvére, Max Warburg állt, aki magával hozta Carl Melchior-t, szintén az M.M. Warburg Company-tól, William Georg von Strauss-t, Franz Urbig-ot és Mathias Erzberger-t.

Thomas W. Lamont magánkiadásban megjelent emlékirataiban, az Across World Frontiers-ben így ír: „A német delegációban ott volt két német bankár a Warburg cégtől, akiket véletlenül kicsit ismertem, és akikkel örömmel beszélgettem informálisan, mert úgy tűnt, komolyan törekednek arra, hogy olyan jóvátételi megállapodást kínáljanak, amely elfogadható lehet a szövetségesek számára."[117] Lamont örült annak is, hogy találkozott Sir William Wiseman-nel, a brit delegáció főtanácsadójával.

A konferencián részt vevő bankárok meggyőzték Wilsont arról, hogy nemzetközi kormányra van szükségük a nemzetközi monetáris műveleteik elősegítéséhez. Az Intimate Papers of Col. House IV. kötetének 52. oldalán idéznek egy 1918. augusztus 16-i üzenetet Sir William Wiseman-től Lord Readingnek: „Az elnöknek két fő elve van: létre kell jönnie a Nemzetek Szövetségének, és annak erőteljesnek kell lennie."

Wilson, aki úgy tűnik, egy fantáziavilágban élt, megdöbbent, amikor az amerikai polgárok kifütyülték őt kampánya során, amelynek célja az volt, hogy átadják nehezen kivívott függetlenségüket annak, ami sokak számára nemzetközi diktatúrának tűnt. Azonnal depresszióba esett, és visszavonult hálószobájába. Felesége azonnal bezárta a Fehér Ház ajtaját Col. House előtt, és 1919. szeptember 25-től 1920. április 13-ig egy közeli barátja, „katonai segédje", Col. Rixey Smith segítségével irányította az Egyesült Államokat. Mivel mindenkit kizártak a

---

[117] Thomas W. Lamont, Across World Frontiers, (magánkiadás) 1950, 138. o.

tanácskozásaikból, senki sem tudta, hogy a párosból ki töltötte be az elnöki, és ki az alelnöki szerepet.

Woodrow Wilson csodálóit évtizedeken át Bernard Baruch vezette, aki kijelentette, hogy Woodrow Wilson a legnagyobb ember, akit valaha ismert. Wilson kinevezései a Federal Reserve-be és az első világháború finanszírozásáért felelős testületbe, valamint az, hogy Wilson a háború alatt átadta az Egyesült Államokat a bevándorlók triumvirátusának, az amerikai történelem legfontosabb egyéni rombolójának tüntették fel őt.

Nem csoda, hogy sikertelen európai útja után, ahol a francia nép az utcákon kifütyülte és kigúnyolta, Versailles-ban pedig Orlando és Clemenceau kinevette, Woodrow Wilson hazatért, hogy ágyba feküdjön. Az európai pusztítás és halál látványa, amelyért közvetlenül ő volt a felelős, talán nagyobb sokk volt, mint amit el tudott viselni. Pentaleoni olasz miniszter az európai népek érzéseit fejezte ki, amikor azt írta:

„Woodrow Wilson egyfajta Pecksniff, aki most az általános megvetés közepette eltűnt."

Amerika szerencsétlensége, hogy támogatott sajtónk és oktatási rendszerünk egy olyan ember dicsőítésének szentelte magát, aki közreműködött a világszerte annyi halál és szenvedés okozásában.

A pénzügyi kartell ezekben a döntő jelentőségű években csupán kisebb kudarcokat szenvedett el. 1917. február 12-én *a The New York Times* arról számolt be, hogy „a Federal Reserve Board öt tagját Charles A. Lindbergh képviselő, a Képviselőház Banki és Pénzügyi Bizottságának republikánus tagja vád alá helyezte a Képviselőház plenáris ülésén". Lindbergh úr szerint »az összeesküvés 1906-ban kezdődött«, amikor a néhai J.P. Morgan, Paul M. Warburg, a Federal Reserve Board jelenlegi tagja, a National City Bank és más banki cégek »összeesküdtek« annak érdekében, hogy a nagyvállalatok érdekében pénzügyi törvényeket hozzanak létre, és kinevezzenek egy külön bizottságot az ilyen törvények végrehajtására, hogy a tömegekből ipari rabszolgákat teremtsenek, az említett összeesküvők valóban összeesküdtek, és jelenleg is összeesküsznek annak érdekében, hogy a Federal Reserve Board-ot úgy irányítsák, hogy az összeesküvők mindenféle nagyvállalatot koordinálhassanak, és megtarthassák a nagyvállalatok feletti ellenőrzést, hogy az összes trösztöt egyetlen nagy trösztbe egyesítsék a kereskedelem és a gazdaság korlátozása és ellenőrzése érdekében." A képviselőház nem foglalkozott a vádemelési indítvánnyal.

A New York Times 1918. augusztus 10-én így számolt be: „Warburg úr mandátumának lejárta után önként visszavonult a Federal Reserve Boardból." Így az a korábbi sejtés, miszerint Warburg úr azért távozott a Federal Reserve Boardból, mert testvére a titkosszolgálatnál dolgozott egy idegen országban, nevezetesen Németországban, amellyel háborúban álltunk, nem volt a visszavonulásának oka. Mindenesetre nem távozott a Federal Reserve Administrationből, mivel azonnal átvette J.P. Morgan helyét a Federal Advisory Councilban, ahonnan a következő tíz évben továbbra is irányította a Federal Reserve Systemet.

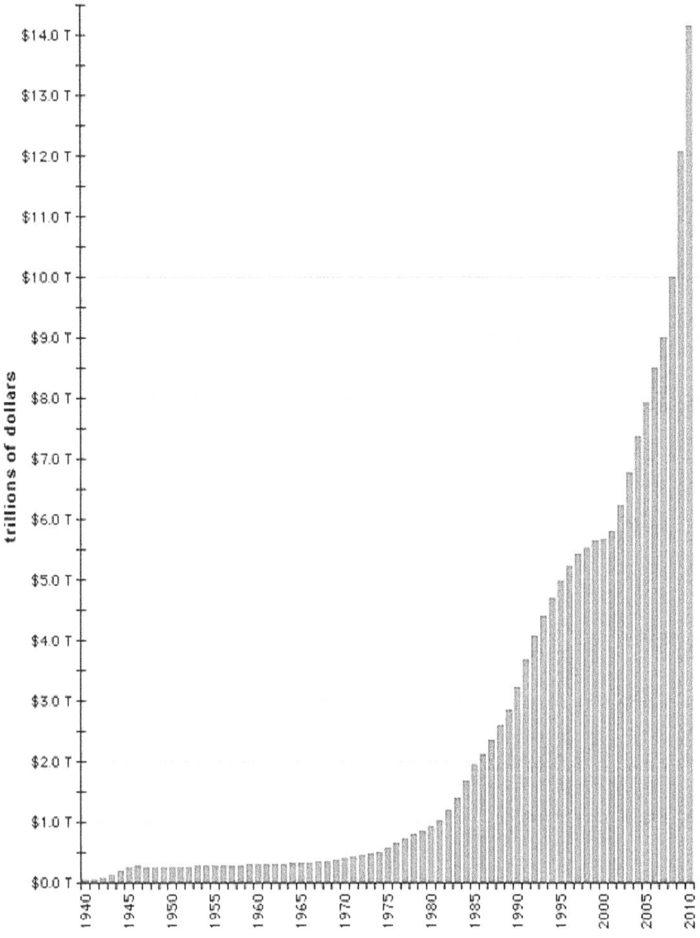

National Debt from 1940 to Present

Source: U.S. National Debt Clock
http://www.brillig.com/debt_clock/

KILENCEDIK FEJEZET

A MEGYEZŐS VÁLSÁG

Amikor Paul Warburg 1918-ban lemondott a Federal Reserve Kormányzótanácsában betöltött tisztségéről, helyét Albert Strauss vette át, a J & W Seligman nemzetközi bankház partnere. Ez a bankház jelentős érdekeltségekkel rendelkezett Kubában és Dél-Amerikában, és kiemelkedő szerepet játszott az ezekben az országokban zajló számos forradalom finanszírozásában. Leghírhedtebb nyilvánosságra kerülése a Szenátus Pénzügyi Bizottságának 1933-as vizsgálata során történt, amikor kiderült, hogy a J & W Seligman 415 000 dolláros kenőpénzt adott Juan Leguia-nak, Peru elnökének fiának, annak érdekében, hogy az ország elfogadjon egy kölcsönt.

A „Who's Who" szerint Albert Strauss igazgatósági tagságainak részleges listája azt mutatja, hogy ő volt: a Cuba Cane Sugar Corporation igazgatótanácsának elnöke; igazgatója a Brooklyn Manhattan Transit Co.-nak, a Coney Island Brooklyn RR-nek, a New York Rapid Transit-nek, a Pierce-Arrow-nak, a Cuba Tobacco Corporation-nek és az Eastern Cuba Sugar Corporation-nek.

Delano kormányzó 1918 augusztusában lemondott, hogy ezredessé nevezzék ki a hadseregben. A háború 1918. november 11-én ért véget.

William McAdoo-t 1918-ban Carter Glass váltotta fel a pénzügyminiszteri poszton. Strauss és Glass egyaránt jelen volt a Federal Reserve Board 1920. május 18-i titkos ülésén, amelyen eldöntötték a 1920–21-es mezőgazdasági válságot.

Az egyik fő hazugság a Federal Reserve Act-tel kapcsolatban, amikor azt 1913-ban nagy hűhóval hirdették, az volt, hogy gondoskodni fog a parasztokról. Valójában soha nem gondoskodott senkiről, csak néhány nagy bankárról. O.M.W. Sprague professzor, a Harvard közgazdásza a Quarterly Journal of Economics 1914. februári számában így írt:

„A Federal Reserve Act elsődleges célja annak biztosítása, hogy ebben az országban mindig rendelkezésre álljon pénz és hitel a szokatlan banki igények kielégítésére."

Ebben a megfogalmazásban semmi sem utal a gazdák megsegítésére.

Az első világháború általános jólétet hozott az országba, amint azt a nehézipari részvények alakulása a New York-i tőzsdén 1917–1918-ban, a forgalomban lévő pénzmennyiség növekedése és a hatalmas banki elszámolások az egész 1918-as év során is mutatták. A Federal Reserve System feladata volt visszaszerezni azt a hatalmas pénz- és hitelmennyiséget, amely a jólét idején kicsúszott az ellenőrzésük alól. Ez az 1920–21-es mezőgazdasági válság révén történt.

A Federal Reserve Nyíltpiaci Bizottságának 1917–18-as működése, amikor Paul Warburg még elnök volt, a banki és kereskedelmi váltók vásárlásának hatalmas növekedését mutatja. Az Egyesült Államok kormányzati értékpapírjainak vásárlása is jelentősen megnőtt a tehetséges Eugene Meyer, Jr. vezetése alatt. A háború végén, 1919-ben, amikor a piac nagyon bizonytalan volt, a tőzsdei spekulációk nagy részét a Federal Reserve Bankoktól kölcsönzött pénzeszközökből finanszírozták, kormányzati értékpapírokat biztosítékként felhasználva. Így a Federal Reserve System előidézte a válságot, először inflációt okozva, majd a diszkontrátát emelve és a pénzt drágítva.

1914-ben a Federal Reserve Bank kamatai 6 százalékról 4 százalékra estek, 1916-ban tovább csökkentek 3 százalékra, és 1920-ig ezen a szinten maradtak. Az alacsony kamatláb oka a milliárd dolláros Liberty Loans kibocsátásának szükségessége volt. Minden Liberty Loan-kampány kezdetén a Federal Reserve Board nyílt piaci műveletei révén százmillió dollárt juttatott a New York-i pénzpiacra, hogy pénzügyi lendületet adjon a kampánynak. A Liberty Bonds legfontosabb szerepe az volt, hogy felszívja a háború alatt kibocsátott nagy mennyiségű pénz és hitel által okozott csereeszköz (számlázási egység) forgalmának növekedését. A munkások magas bért kaptak, a gazdák pedig termékeikért a valaha volt legmagasabb árakat kapták. Ez a két csoport több millió dollár készpénzt halmozott fel, amelyet nem fektetett Liberty Bonds-ba. Ez a pénz gyakorlatilag kikerült a Wall Street-i csoport kezéből, amely az Egyesült Államok pénzét és hitelét irányította. Vissza akarták kapni, és ezért volt a 1920–21-es mezőgazdasági válság.

A pénz nagy részét a Középnyugat és a Nyugat kis vidéki bankjaiba helyezték el, amelyek nem voltak hajlandók részt venni a Federal Reserve System-ben, mivel az ottani gazdák és farmerek nem látták értelmét annak, hogy egy nemzetközi pénzügyi csoportnak adják át pénzük feletti ellenőrzését. A Federal Reserve System fő feladata az volt, hogy tönkretegye ezeket a kis vidéki bankokat, és visszaszerezze a háború alatt a farmereknek kifizetett pénzt, vagyis gyakorlatilag tönkretegye őket, és ezt is tette.

Először is létrehozták a Szövetségi Mezőgazdasági Hitelbizottságot, amely arra ösztönözte a gazdákat, hogy felhalmozott pénzüket hosszú lejáratú hitelek formájában fektessék be földbe, amit a gazdák szívesen meg is tettek. Ezt követően 1919-ben és 1920-ban hagyták, hogy az infláció szabadon terjedjen ebben az országban és Európában. Az infláció célja Európában az volt, hogy törölje a szövetségesek amerikai népnek tartozó háborús adósságainak nagy részét, míg ebben az országban az volt a célja, hogy visszaszívja a felesleges pénzt, amelyet magasabb bérek és termelési bónuszok formájában osztottak szét a dolgozó emberek között. Ahogy az árak egyre magasabbra szöktek, a munkások által felhalmozott pénz egyre kevesebbet ért, ami igazságtalan terhet rótt rájuk, míg a vagyonos osztályok az infláció révén meggazdagodtak a földek és a gyártott áruk értékének hatalmas emelkedése miatt. A munkások így gyakorlatilag elszegényedtek, de a gazdákkal, akik osztályként takarékosabbak és önellátóbbak voltak, szigorúbban kellett bánni.

G.W. Norris a „Collier's Magazine" 1920. március 20-i számában a következőket írta: „A pletykák szerint a Federal Reserve Board két tagja 1919 decemberében nyílt beszélgetést folytatott néhány new yorki bankárral és pénzügyi szakemberrel. Közvetlenül ezután jelentősen visszaesett a tőzsdei forgalom, és leálltak a vállalati promóciók. Úgy tűnik, hogy más országrészekben is hasonló intézkedéseket hoztak, miután bizonyítékok merültek fel arra, hogy a Federal Reserve rendszert visszaélésszerűen használják fel a föld- és árucikk-spekuláció ösztönzésére."

Robert L. Owen szenátor, a Szenátus Banki és Pénzügyi Bizottságának elnöke a 1939-es szenátusi ezüstmeghallgatásokon a következőket vallotta:

„1920 elején a gazdák rendkívül jól jártak. A kormány ösztönzésére törlesztették jelzálogaikat és sok új földet vásároltak – ehhez kölcsönt vettek fel –, majd a 1920-ban bekövetkezett hirtelen hitel- és pénzkínálat-csökkenés miatt csődbe mentek. Ami 1920-ban történt, pontosan az ellenkezője volt annak, ami történnie kellett volna. Ahelyett, hogy a háború által létrehozott hitel-többletet több éven át felszámolták volna, a Federal Reserve Board egy nyilvánosság elől elzárt ülésen gyűlt össze. 1920. május 18-án tartották a titkos ülést. Egész nap tanácskoztak; a jegyzőkönyv hatvan nyomtatott oldalt tett ki, és az 1923. február 19-i 310. számú szenátusi dokumentumban jelent meg. Az A osztályú igazgatók, a Federal Reserve Tanácsadó Testület tagjai jelen voltak, de a B osztályú igazgatók, akik az üzleti életet, a kereskedelmet és a mezőgazdaságot képviselték, nem voltak jelen. A C osztályú igazgatók, akik az Egyesült Államok népét képviselték, szintén nem voltak jelen, és nem is hívták meg őket.

Csak a nagy bankárok voltak ott, és aznap végzett munkájuk hitelcsökkenéshez vezetett, ami a következő évben 15 milliárd dollárral csökkentette a nemzeti jövedelmet, milliókat tett munkanélkülivé, és 20 milliárd dollárral csökkentette a földek és a tanyák értékét."

Carter Glass, aki 1920-ban pénzügyminiszterként a testület tagja volt, 1928-ban megjelent önéletrajzi könyvében, az Adventure in Constructive Finance-ben így írt: „Természetesen újságírók nem voltak jelen, ahogyan nem is kellett volna, és ahogyan a világon egyetlen banki igazgatósági ülésen sem szoktak."[118]

Carter Glass volt az, aki panaszkodott, hogy ha LaFollette szenátor javaslatát elfogadják az 1913-as Federal Reserve Act-hez, miszerint a Federal Reserve Board egyetlen tagja sem lehet bank, trösztcég vagy biztosítótársaság tisztviselője, igazgatója vagy részvényese, akkor a végén szerelők és mezőgazdasági munkások kerülnek a testületbe. -i szerelők és mezőgazdasági munkások

[118] Carter Glass, Adventure in Constructive Finance, Doubleday, N.Y. 1928.

biztosan nem okozhattak volna nagyobb kárt az országnak, mint Glass, Strauss és Warburg a Federal Reserve Board titkos ülésén.

Brookhart iowai szenátor tanúvallomása szerint azon a titkos ülésen Paul Warburg, aki egyben a Szövetségi Tanácsadó Testület elnöke is volt, elfogadtatott egy határozatot, amely szerint egy ötfős bizottságot küldenek az Államközi Kereskedelmi Bizottsághoz, hogy kérjék a vasúti díjak emelését. A Kuhn, Loeb Co. vezetőjeként, amely az Egyesült Államok vasúti hálózatának nagy részét birtokolta, máris hiányolta azokat a hatalmas nyereségeket, amelyeket az Egyesült Államok kormánya fizetett a háború alatt, és új áremeléseket akart rákényszeríteni az amerikai népre.

Brookhart szenátor azt is tanúsította, hogy:

„Bementem Myron T. Herrick párizsi irodájába, és elmondtam neki, hogy azért jöttem, hogy tanulmányozzam a szövetkezeti banki rendszert. Azt mondta nekem: »Ha bejárja Európa országait, rájön, hogy az Egyesült Államok az egyetlen civilizált ország a világon, amely törvényileg tiltja polgárainak, hogy szövetkezeti rendszert szervezzenek.« Felmentem New Yorkba, és körülbelül kétszáz emberrel beszéltem. Miután a kooperációról beszéltem, és ott álltam, várva a vonatomat – nem említettem kifejezetten a szövetkezeti banki rendszert, hanem általában a kooperációt –, egy férfi félrehívott, és azt mondta: »Úgy gondolom, Paul Warburg a legnagyobb pénzügyi szakember, akit valaha is adott a hazánk. Sokkal jobban hisz a szövetkezeti elképzeléseiben, mint gondolná, és ha bárkivel is tanácsot szeretne kérni a szövetkezeti ügyekben, ő az a személy, akit fel kell keresnie, mert hisz önben, és bízhat benne." Néhány perccel később magam is szembe találkoztam Mr. Warburggal, aki így szólt hozzám: „Teljesen igaza van ebben a szövetkezeti elképzelésben. Szeretném, ha tudná, hogy a nagy bankárok ön mellett állnak. Most szeretném ezt elmondani önnek, hogy ne kezdjen el semmit a szövetkezeti banki ügyekben, és ne fordítsa őket ön ellen." Azt mondtam: „Warburg úr, már előkészítettem, és holnap módosító javaslatot fogok benyújtani a Lant-törvényhez, amely engedélyezi a nemzeti szövetkezeti bankok létrehozását." Ez volt az a közbenső hitelről szóló törvény, amely akkor függőben volt, és amely engedélyezte volna a nemzeti szövetkezeti bankok létrehozását. Ennyire terjedt ki a beszélgetésem Warburg úrral, és azóta nem volt több."

Wingo úr tanúvallomása szerint 1920 áprilisában, májusában, júniusában és júliusában a gyártók és kereskedők hitelkereteit jelentősen megnövelték. Ezzel akarták átsegíteni őket a hitelpiaci szűkülésen, amelynek célja az amerikai gazdák tönkretétele volt, akiknek ebben az időszakban minden hitelt megtagadtak.

Az 1923-as szenátusi meghallgatásokon Eugene Meyer Jr. rávilágított a Federal Reserve Board azon intézkedésének egyik fő okára, amelynek eredményeként a mezőgazdasági és állattenyésztési papírok kamatlábát 7%-ra emelték:

„Úgy vélem" – mondta –, „hogy sok baj elkerülhető lett volna, ha a jogosult nem tag bankok közül többet felvettek volna a Federal Reserve System tagjai közé."

Meyernek igaza volt, amikor erre rámutatott. A Tanács intézkedésének célja az volt, hogy tönkretegye azokat az állami és közös földbankokat, amelyek határozottan megtagadták, hogy feladják szabadságukat a rendszer által létrehozott bankári diktatúra javára. Kemmerer az ABC of the Federal Reserve System című művében 1919-ben így írt:

„A tendencia az egységesítés és az egyszerűsítés felé fog haladni, amit az okoz, hogy egyre több állami intézmény válik a tartalékbankok részvényesévé és betétesévé."

Az állami bankok azonban nem reagáltak erre.

Az 1920–21-es mezőgazdasági válság okait vizsgáló 1923-as szenátusi meghallgatásokat az amerikai nép kezdeményezte. A Federal Reserve Board 1920. május 18-i zárt ülésének teljes jegyzőkönyvét a marylandi Baltimore-ban megjelenő „Manufacturers' Record" című folyóiratban tették közzé, amely a déli kisiparosok érdekeit szolgálta.

Benjamin Strong, a New York-i Federal Reserve Bank elnöke és Montagu Norman, az Angol Nemzeti Bank elnöke közeli barátja a meghallgatásokon a következőket állította:

„A Federal Reserve System többet tett a gazdákért, mint amennyit azok eddig felismertek."

Emmanuel Goldenweiser, a Kormányzótanács kutatási igazgatója azt állította, hogy a diszkontrátát kizárólag inflációellenes intézkedésként emelték meg, de nem tudta megmagyarázni, miért volt ez a emelés kizárólag a gazdákra és a munkásokra irányuló, miközben a Federal Reserve-rendszer a gyártókat és a kereskedőket védte azáltal, hogy megnövelt hiteleket biztosított számukra.

A Federal Reserve Board által okozott 1920–21-es mezőgazdasági válságról szóló végső nyilatkozatot William Jennings Bryan tette. A „Hearst's Magazine" 1923. novemberi számában a következőket írta:

„A Federal Reserve Bank, amelynek a gazdák legnagyobb védelmezőjének kellett volna lennie, a legnagyobb ellenségükké vált. A gazdák deflációja szándékosan elkövetett bűncselekmény volt."

TIZEDIK FEJEZET

A PÉNZTEREMTŐK

A The New York Times 1920. január 18-i szerkesztői oldalán érdekes megjegyzés jelent meg a Federal Reserve rendszerről. A névtelen szerző, talán Paul Warburg, kijelentette: „A Federal Reserve a hitelek forrása, nem a tőkéé." Ez az egyik legárulkodóbb kijelentés, amit valaha is tettek a Federal Reserve rendszerről. Azt mondja ki, hogy a Federal Reserve rendszer soha nem fog hozzáadni semmit a tőkeszerkezetünkhöz vagy a tőke képződéséhez, mert úgy van szervezve, hogy hitelt állítson elő, pénzt teremtsen hitelpénz és spekulációk számára, ahelyett, hogy tőkealapokat biztosítana a kereskedelem és az ipar fejlesztéséhez. Egyszerűen fogalmazva: a tőkésítés azt jelentené, hogy nemesfémmel vagy más áruval fedezett bankjegyeket bocsátanának ki. A tartalékbankjegyek fedezet nélküli papírok, amelyeket kamatra kölcsönöznek.

1921. július 25-én Owen szenátor *a The New York Times* szerkesztői oldalán kijelentette: „A Federal Reserve Board a világ leghatalmasabb pénzügyi hatalma. Ahelyett, hogy ezt a hatalmas erőt a Federal Reserve Act szándékának megfelelően használná, a testület... ezt a hatalmat a bankokra ruházta át, és befolyásának súlyát a német inflációs politika támogatására fordította." A törvény névadója, a szenátor látta, hogy a törvény nem úgy működik, ahogy ígérték.

Az 1920–21-es mezőgazdasági válságot követően a Federal Reserve Kormányzótanácsa nyolc éven át a New York-i bankárok gyors hitelbővítését támogatta, egy olyan politikát, amely az 1929–31-es nagy gazdasági világválságban csúcsosodott ki, és hozzájárult a világ gazdasági szerkezetének megbénításához. Paul Warburg 1918 májusában mondott le, miután az Egyesült Államok monetáris rendszere a kötvényekkel fedezett valutáról a kereskedelmi papírokon és a Federal Reserve Bankok részvényein alapuló valutára váltott át. Warburg visszatért a Kuhn, Loeb Company-nál betöltött, évi ötszázezer dolláros pozíciójába, de a Szövetségi Tanácsadó Testület elnökeként és az Amerikai Akceptációs Tanács Végrehajtó Bizottságának elnökeként továbbra is ő határozta meg a Federal Reserve System politikáját.

1921 és 1929 között Paul Warburg megszervezte az Egyesült Államok három legnagyobb trösztjét: az International Acceptance Bankot, a világ legnagyobb akceptbankját, az Agfa Ansco Film Corporationt, amelynek székhelye Belgiumban volt, és az I.G. Farben Corporationt, amelynek amerikai fiókját Warburg I.G. Chemical Corporation néven alapította. A Westinghouse Corporation szintén az ő alkotása.

Az 1920-as évek elején a Federal Reserve System döntő szerepet játszott Oroszország visszatérésében a nemzetközi pénzügyi struktúrába. Winthrop és Stimson továbbra is az orosz és az amerikai bankárok közötti kapcsolattartók maradtak, és Henry L. Stimson vezette azokat a tárgyalásokat, amelyek 1932-ben, Roosevelt megválasztása után a Szovjetunió elismeréséhez vezettek. Ez anticlimax volt, mert már jóval korábban újra felvettük a kapcsolatot az orosz pénzemberekkel.

A Federal Reserve System 1920-ban kezdte meg az orosz arany vásárlását, és az orosz valutát elfogadták a tőzsdéken. Ely Garrison ezredes önéletrajzában, valamint az Egyesült Államok Haditengerészeti Titkosszolgálatának Paul Warburgról szóló jelentése szerint az orosz forradalmat a Rothschildok és a Warburgok finanszírozták, és a Warburg család egyik tagja vitte el a tényleges pénzeszközöket, amelyeket Lenin és Trockij 1918-ban Stockholmban használtak fel.

Az angol havi lap, a „Fortnightly" 1922. júliusi számában megjelent cikkben ez áll:

„Az elmúlt évben gyakorlatilag minden egyes kapitalista intézményt helyreállítottak. Ez vonatkozik az Állami Bankra, a magánbankokra, a tőzsdére, a korlátlan pénzbirtoklás jogára, az öröklési jogra, a váltórendszerre, valamint a magánipar és a kereskedelem működéséhez kapcsolódó egyéb intézményekre és gyakorlatokra. A korábban államosított iparágak nagy része ma már félig független trösztökben működik."

A kommunizmus leple alatt Oroszországban létrehozott hatalmas trösztök lehetővé tették, hogy az Egyesült Államoktól nagy összegű pénzügyi és technikai segítséget kapjanak. Az orosz arisztokráciát kiirtották, mert túl hatástalan volt ahhoz, hogy egy modern ipari államot irányítson. A nemzetközi pénzemberek biztosítottak forrásokat Leninnek és Trockijnak a cári rezsim megdöntéséhez és Oroszország első világháborús részvételének fenntartásához. Peter Drucker, az amerikai oligarchia szószólója, 1948-ban a Saturday Evening Postban megjelent cikkében kijelentette, hogy:

„OROSZORSZÁG AZ A KIRÁNYOS GAZDASÁG IDEÁLJA, AMELY FELÉ HALADUNK."

Oroszországban csak azután bocsátottak ki elegendő mennyiségű pénzt a gazdaság igényeinek kielégítésére, hogy hatalomra került egy olyan kormány, amely abszolút ellenőrzést gyakorolt a nép felett. Az 1920-as években Oroszország nagy mennyiségű úgynevezett „inflációs pénzt", azaz irányított valutát bocsátott ki. Ugyanez a „Fortnightly" cikk (1922. július) a következőket jegyezte meg:

„Ahogyan a gazdasági nyomás létrehozta a pénznem „csillagászati méretű rendszerét", úgy soha nem is tudja azt megsemmisíteni. Önmagában véve ez a rendszer önálló, logikailag kiforrott, sőt intelligens is. És csak az általa díszített politikai építmény összeomlása vagy megsemmisülése révén pusztulhat el."

A „Fortnightly" 1929-ben azt is megjegyezte, hogy:

„1921 óta a szovjet polgár mindennapi élete nem különbözik az amerikai polgárétól, és a szovjet kormányzati rendszer gazdaságosabb."

Kolcsak admirális, a fehérorosz hadsereg vezetőjét a nemzetközi bankárok támogatták, akik brit és amerikai csapatokat küldtek Szibériába, hogy ürügyet teremtsenek a kolcsaki rubel nyomtatására. 1920-ban egy időben a bankárok a londoni tőzsdén manipulálták a régi cári rubelt, a Kerenszkij-rubelt és a Kolcsak-rubelt, mindhárom értéke a Kolcsakot segítő szövetséges csapatok mozgásának függvényében ingadozott. Kolcsak jelentős mennyiségű arany birtokában is volt, amelyet hadseregei foglaltak le. Veresége után egy vonatnyi arany eltűnt Szibériában. A Federal

Reserve Systemről szóló 1921-es szenátusi meghallgatáson kiderült, hogy a rendszer kapta ezt az aranyat. Dunbar kongresszusi képviselő a következőképpen kérdezte W.P.G. Hardingot, a Federal Reserve Board kormányzóját:

> DUNBAR: „Más szavakkal, Oroszország nagy mennyiségű aranyat küld az európai országokba, amelyek viszont továbbküldik nekünk?”
>
> HARDING: „Ez azért történik, hogy kifizessék az ebben az országban vásárolt árukat, és dollárárfolyamot teremtsenek.”
>
> DUNBAR: „Ugyanakkor ez az arany Oroszországból érkezett Európán keresztül?”
>
> HARDING: „Egy részét Kolcsak aranyának tartják, amely Szibérián keresztül érkezik, de ez nem a Federal Reserve Bankok dolga. A pénzügyminiszter utasítást adott a vizsgálóirodának, hogy ne fogadjon el olyan aranyat, amelyen nincs egy baráti nemzet pénzverőjének jele.”

Nem világos, hogy Harding kormányzó pontosan mit értett „baráti nemzet” alatt. 1921-ben nem álltunk háborúban egyetlen országgal sem, de a Kongresszus már elkezdte megkérdőjelezni a Federal Reserve System nemzetközi aranyügyleteit. Harding kormányzó nyugodtan vállat vonhatott volna, és azt mondhatta volna, hogy a Federal Reserve Bankoknak semmi közük ahhoz, honnan származik az arany. Az arany nem ismer nemzetiséget vagy fajt. Az Egyesült Államok törvényileg 1906-ban már nem érdekelte, honnan származik az aranya, amikor Shaw pénzügyminiszter megállapodást kötött több nagyobb new yorki bankkal (amelyekben érdekeltsége volt) arról, hogy az Egyesült Államok Pénzügyminisztériumától kapott készpénz-előlegekkel aranyat vásárolnak, amelyet a Pénzügyminisztérium később megvásárol ezekből a bankokból. A Pénzügyminisztérium azt állíthatta, hogy nem tudja, honnan származik az aranya, mivel hivataluk csak azt a bankot jegyzi be, amelytől a vásárlást végrehajtotta. 1906 óta a Pénzügyminisztérium nem tudja, melyik nemzetközi aranykereskedőtől vásárolja az aranyát.193

A Federal Reserve System nemzetközi aranyügyleteit, valamint azt, hogy aktívan támogatta a Nemzetek Szövetségét abban, hogy az európai és dél-amerikai nemzeteket visszakényszerítse az aranyalapú valutárendszerre olyan nemzetközi aranykereskedők javára, mint Eugene Meyer, Jr. és Albert Strauss, legjobban egy klasszikus eset, az 1925-ös sterling-hitel példázza.

J.E. Darling 1925. január 10-én a „Spectator" című angol folyóiratban a következőket írta:

„Nyilvánvaló, hogy az Egyesült Államok számára elsőrendű fontosságú, hogy Angliát a lehető leghamarabb rábírja az aranystandard visszaállítására. Egy amerikai irányítású aranystandard, amely elkerülhetetlenül az Egyesült Államok világszintű pénzügyi hatalmához vezet, Angliát függővé és szatellitté, New Yorkot pedig a világ pénzügyi központjává teszi."

Darling úr nem említi meg, hogy az amerikai népnek ehhez éppúgy nincs köze, mint a brit népnek, és hogy az aranystandard visszaállítása Nagy-Britanniában csak annak a kis nemzetközi aranykereskedői csoportnak lenne előnyös, amely a világ aranykészleteinek tulajdonosa. Nem csoda, hogy a „Banker's Magazine" 1925 júliusában örömmel jegyezte meg:

„Az elmúlt fél év legkiemelkedőbb eseménye a bankvilágban az aranystandard visszaállítása volt."

Az első világháború megváltoztatta az Egyesült Államok státuszát: az adós nemzetből a világ legnagyobb hitelező nemzetévé vált, egy cím, amelyet korábban Anglia viselt. Mivel az adósság pénz, a Federal Reserve Board elnöke, Marriner Eccles szerint ez egyben a világ leggazdagabb nemzetévé is tett minket. A háború miatt a világ akceptpiacának központja Londonból New Yorkba költözött, és Paul Warburg lett a világ legbefolyásosabb akceptbankára. A nemzetközi pénzemberek támasza azonban változatlan maradt. Az aranystandard továbbra is a devizakereskedelem alapja volt, és az aranyat birtokló kis nemzetközi csoport irányította a nyugati nemzetek monetáris rendszerét.

Gustav Cassel professzor 1928-ban így írt:

„Az amerikai dollár, nem pedig az aranystandard a világ monetáris standardja. Az amerikai Federal Reserve Boardnak hatalma van a dollár vásárlóerejének meghatározására a diszkontráta megváltoztatásával, és így ellenőrzi a világ monetáris standardját."

Ha ez igaz lenne, a Federal Reserve Board tagjai lennének a világ leghatalmasabb pénzemberei. Néha olyan befolyásos személyiségek is tagjai, mint Paul Warburg vagy Eugene Meyer, Jr., de általában csak a Federal Advisory Council és a londoni bankárok bábjaiként működnek.

1925 májusában a brit parlament elfogadta az aranystandard-törvényt, amellyel Nagy-Britannia visszatért az aranystandardhoz. A Federal Reserve Systemnek ebben a folyamatban betöltött kulcsfontosságú szerepe 1926. március 16-án derült ki, amikor George Seay, a Richmondi Federal Reserve Bank elnöke a Képviselőház Banki és Pénzügyi Bizottsága előtt a következőket vallotta:

„Egy levelezéssel megerősített szóbeli megállapodás keretében Nagy-Britanniának 200 millió dolláros aranykölcsönt vagy hitelt nyújtottak. Az összes tárgyalást Benjamin Strong, a New York-i Federal Reserve Bank elnöke és Montagu Norman, az Angol Nemzeti Bank elnöke folytatta le. A kölcsön célja az volt, hogy segítse Angliát visszatérni az aranyalapú valutárendszerhez, és a kölcsönt a Federal Reserve alapjainak váltókba és külföldi értékpapírokba történő befektetésével kellett fedezni."

A Federal Reserve Bulletin 1925. júniusi száma a következőket írta:

„Az Angol Nemzeti Bankkal kötött megállapodás értelmében a New York-i Federal Reserve Bank vállalja, hogy a következő két év során időről időre hitelre aranyat ad el az Angol Nemzeti Banknak, de az egy időpontban fennálló tartozás nem haladhatja meg a 200 000 000 dollárt."

A 200 millió dolláros aranyhitelről a nemzetközi bankárok, Benjamin Strong és Montagu Norman közötti szóbeli megállapodás keretében állapodtak meg. Ekkorra már nyilvánvalóvá vált, hogy a Federal Reserve Systemnek más érdekei is voltak, mint az amerikai üzleti és ipari szféra pénzügyi igényeinek kielégítése. Nagy-Britannia visszatérését az aranyalapú valutárendszerhez tovább segítette a J.P. Morgan Company által nyújtott további 100 millió dolláros aranykölcsön. Winston Churchill, a brit pénzügyminiszter később panaszkodott, hogy ez a kölcsön az első évben 1 125 000 dollárba került a brit kormánynak, ami pontosan a J.P. Morgan Company akkori nyereségét jelentette.

A diszkontráta megváltoztatásának kérdését például soha nem magyarázták meg kielégítően. A washingtoni Federal Reserve Boardnál tett érdeklődésre azt a választ kapták, hogy „a pénzpiac állapota a kamatláb-változások mögötti elsődleges szempont". Mivel a pénzpiac New Yorkban van, nem kell nagy fantázia ahhoz, hogy arra következtessünk, hogy a new yorki bankárok érdekeltek lehetnek a kamatláb változásaiban, és gyakran megpróbálják befolyásolni azokat.

Norman Lombard a „World's Work" című folyóiratban a következőket írja:

„A javasolt politikai változtatások mérlegelése és elbírálása során a Federal Reserve Boardnak követnie kellene a bíróságaink által alkalmazott eljárást és etikai szabályokat. A kamatláb megváltoztatására vagy arra vonatkozó javaslatok, hogy a tartalékbankok értékpapírokat vásároljanak vagy adjanak el, bárkitől származhatnak, bármilyen formális eljárás vagy írásbeli indoklás nélkül. A javaslatot telefonon vagy egy klubban az ebédasztalnál tehetik a Federal Reserve System kormányzójának vagy igazgatójának, vagy a Federal Reserve Board egyik tagjának tett alkalmi látogatás során. A változást javasló személy érdekeit nem kell felfedni, és nevét, valamint javaslatait általában titokban tartják. Ha a nyílt piaci műveletekről van szó, a nyilvánosságnak fogalma sincs a döntésről, amíg meg nem jelenik a szokásos heti közlemény, amely bemutatja a Federal Reserve Bankok állományában bekövetkezett változásokat. Eközben nincs nyilvános vita, nincs indoklás a döntésről, sem azoknak a nevei, akik ellenezték vagy támogatták azt."

Az átlagpolgárnak szintén csekély esélye van arra, hogy klubjában találkozzon a Federal Reserve System kormányzójával.

Az 1928-as, a dollár vásárlóerejének stabilizálásáról szóló képviselőházi meghallgatások egyértelműen bebizonyították, hogy a Federal Reserve Board szorosan együttműködött az európai központi bankok vezetőivel, és hogy az 1929–31-es gazdasági válságot egy 1927-es titkos ebéd keretében tervezték meg a Federal Reserve Board és az európai központi bankok vezetői. A testület soha nem volt felelős a nyilvánosság előtt döntéseiért vagy cselekedeteiért. Úgy tűnik, hogy a pénzügyek terén nem működnek az alkotmányos fékek és ellensúlyok.

A Federal Reserve Board tagjainak valódi hűsége mindig is a központi bankárok felé irányult. A központi bank három jellemzője – azaz az, hogy magántulajdonosok birtokolják, akik bérleti díjat és nyereséget kapnak a nemzet hitelének felhasználásáért, a nemzet pénzügyi forrásainak abszolút ellenőrzése, valamint a nemzet hitelének mozgósítása külföldiek finanszírozására – mind megnyilvánult a Federal Reserve System működésének első tizenöt évében.

Az 1913-as Federal Reserve Act nemzetközi céljait tovább bizonyítja az 1919. december 24-i „Edge-módosítás", amely kifejezetten engedélyezi olyan társaságok alapítását, amelyek „nemzetközi külföldi banki és egyéb nemzetközi vagy külföldi pénzügyi tevékenységet folytatnak, beleértve az arany- vagy nemesfém-kereskedelmet, valamint részvények birtoklását külföldi társaságokban". Ezt a módosítást kommentálva E.W. Kemmerer, a Princetoni Egyetem közgazdásza a következőket jegyezte meg:

„A Federal Reserve System nagy hatással van az amerikai kereskedelem és az amerikai pénzügyek nemzetköziesítésére."

Az a tény, hogy az amerikai kereskedelem és pénzügyek nemzetköziesedése közvetlen ok volt arra, hogy két világháborúba keveredjünk, nem zavarja Kemmerer urat. Rengeteg bizonyíték van arra, hogy Paul Warburg hogyan használta a Federal Reserve rendszert eszközként arra, hogy az amerikai üzletemberek széles körben elfogadják a kereskedelmi akceptet.

1915 előtt az Egyesült Államokban a bankárok és vállalatok gyakorlatilag nem használták a kereskedelmi akceptusokat (amelyek a nemzetközi kereskedelem pénznemei). A Federal Reserve System felemelkedése pontosan párhuzamos az akceptusok használatának növekedésével ebben az országban, és ez nem véletlen. Azok az emberek, akik a Federal Reserve Systemet akarták, azok voltak, akik akceptusbankokat hoztak létre és profitáltak az akceptusok használatából.

Már 1910-ben a Nemzeti Monetáris Bizottság brosúrákat és egyéb propagandaanyagokat kezdett kiadni, amelyekben arra buzdította az ország bankárait és üzletembereit, hogy ügyleteik során alkalmazzák a kereskedelmi akceptusokat. A Bizottság három éven át folytatta ezt a kampányt, és az Aldrich-terv tartalmazott egy átfogó rendelkezést, amely engedélyezte a banki akceptusok bevezetését és használatát az amerikai kereskedelmi papírok rendszerében.

Az 1913-as, a Kongresszus által elfogadott Federal Reserve-törvény nem engedélyezte kifejezetten az akceptusok használatát, de a Federal Reserve Tanács 1915-ben és 1916-ban meghatározta a „kereskedelmi akceptus" fogalmát, amelyet az 1920-as A sorozatú rendelet, majd az 1924-es sorozat tovább pontosított. A Kormányzótanács egyik első hivatalos intézkedése 1914-ben az volt, hogy az akceptusokra kedvezményes, alacsony diszkontrátát biztosított a Federal Reserve Bankoknál. Mivel az akceptusokat akkoriban ebben az országban még nem használták, ezt a lépést nem lehetett üzleti szükségszerűséggel indokolni. Nyilvánvaló volt, hogy a Kormányzótanács valamelyik hatalmassága az akceptusok bevezetését akarta.

Az 1864-es Nemzeti Banki Törvény, amely 1914 novemberéig az Egyesült Államok meghatározó pénzügyi hatósága volt, nem engedélyezte a bankoknak, hogy hitelt nyújtsanak. Következésképpen a bankok pénzteremtő ereje jelentősen korlátozott volt. Nem volt kibocsátó bankunk, azaz központi bankunk, amely pénzt teremthetett volna. A központi bank létrehozása érdekében a bankárok pénzpánikot váltottak ki az Egyesült Államok üzletembereiben, aranyat szállítottak ki az országból, pénzhiányt teremtettek, majd visszahozatták azt. Miután megkaptuk a központi bankunkat, a Federal Reserve Systemet, már nem volt szükség pénzpánikra, mert a bankok pénzt teremthettek. A pánikot azonban, mint a gazdasági és pénzügyi közösség feletti hatalom eszközét, két fontos alkalommal újra felhasználták: 1920-ban, ami az agrárválságot okozta, mert az állami bankok és a trösztcégek nem voltak hajlandók csatlakozni a Federal Reserve Systemhez, és 1929-ben, ami a Nagy Válságot okozta, amely az ország szinte teljes hatalmát néhány nagy tröszt kezében összpontosította.

A kereskedelmi váltó az áruk eladója által a vevőre kiállított és a vevő által elfogadott váltó, amelyen a lejárati idő is szerepel. A kereskedelmi akceptusok használata a nagykereskedelmi piacon rövid távú, biztos hitelt nyújt az áruk gyártási, raktározási, szállítási és forgalmazási folyamatához. Ez megkönnyíti a belföldi és külföldi kereskedelmet. Úgy tűnik tehát, hogy azok a bankárok, akik a nyílt könyvelési rendszert a kereskedelmi akceptusrendszerrel akarták felváltani, haladó gondolkodású emberek voltak, akik segíteni akarták az amerikai import-export kereskedelmet. Erre vonatkozóan sok propaganda jelent meg, de a valóságban nem ez volt a helyzet.

A nyílt könyvelési rendszer, amelyet eddig kizárólag az amerikai üzletemberek használtak, készpénzes fizetés esetén kedvezményt biztosított. Az akceptációs rendszer viszont visszatartja a készpénz használatától, mivel hitel esetén biztosít kedvezményt. A nyílt könyvelési rendszer emellett sokkal kedvezőbb fizetési feltételeket biztosított, a tartozás határidejének nagyvonalú meghosszabbításával. Az akceptáció ezt nem teszi lehetővé, mivel rövid lejáratú hitelről van szó, amelyre a lejárati dátumot rányomtatják. Ez már nem az eladó kezében van, hanem egy banké, általában egy akceptáló banké, amely nem engedélyez semmilyen határidő-hosszabbítást. Így az akceptálások bevezetése az amerikai üzletemberek körében az 1920-as években nagyban megkönnyítette a kisvállalkozások felvásárlását és beolvasztását hatalmas trösztökbe, ami felgyorsította az 1929-es összeomlást.

A kereskedelmi akceptusokat az Egyesült Államokban a polgárháború előtt bizonyos mértékben már használták. A háború alatt a kereskedelem szükségletei tönkretették az akceptust, mint hitelközvetítő eszközt, és az nem nyert vissza népszerűséget ebben az országban, mivel népünk a nyílt könyvelési rendszer egyszerűségét és nagylelkűségét részesítette előnyben. A nyílt könyvelési számlák egyneves kereskedelmi papírok, amelyek csak az adós nevét viselik. Az akceptusok kétnévű papírok, amelyek az adós és a hitelező nevét viselik. Így a bankok által vásárolható és eladható árucikkekké váltak. A hitelező számára a nyílt könyvelési rendszerben az adósság kötelezettség. Az akceptációt birtokló akceptációs bank számára az adósság eszköz. Azok az emberek, akik Paul Warburg vezetésével akceptációs bankokat alapítottak ebben az országban, biztosították maguknak az irányítást az amerikai üzletemberek könyveiben nyitott számlákként szereplő több milliárd dollárnyi hitel felett.

Marriner Eccles, a Federal Reserve Board elnöke a Képviselőház Banki és Pénzügyi Bizottsága előtt kijelentette: „Az adósság a pénzteremtés alapja."

A kereskedelmi akceptusok nagy birtokosai az akceptusra felszámított kamat mellett több milliárd dollár értékű hitelpénzhez jutottak. Nyilvánvaló, miért szentelt Paul Warburg ennyi időt, pénzt és energiát annak, hogy az akceptusokat bevezessék az ország bankrendszerébe.

1914. szeptember 4-én a National City Bank elfogadta az első, egy nemzeti bankra kiállított határidős váltót az 1913-as Federal Reserve Act rendelkezései alapján. Ez volt a nyitott számlák rendszerének végének kezdete, amely a nagykereskedelemben fontos tényező volt. Beverly Harris, a New York-i National City Bank alelnöke 1915-ben kiadott egy brosúrát, amelyben kijelentette:

„A nyitott számla rendszert alkalmazó kereskedők bitorolják a bankárok funkcióit."

1920. június 14-én *a The New York Times*-ban Paul Warburg, az American Acceptance Council elnöke a következőket mondta:

„Ha a Federal Reserve Board nem áll teljes szívvel és lélekkel az akceptusok korlátlan fejlesztése mögé, mint a Federal Reserve Bankok elsődleges befektetése, akkor a rendszer jövőbeli biztonságos és egészséges fejlődése veszélybe kerül."

Ez volt Warburg és társai célkitűzésének kinyilvánítása, akik „monetáris reformot" akartak ebben az országban. Az volt a céljuk, hogy az Egyesült Államok összes hitelét az irányításuk alá vonják, és ezt el is érték a Federal Reserve System, az akceptációs rendszer és a polgárok érdektelensége segítségével.

Az első világháború kedvező hatással volt a kereskedelmi akceptusok bevezetésére, és a volumen 1917-ben 400 millió dollárra ugrott, az 1920-as években pedig évi több mint egymilliárd dollárra nőtt, ami az 1929–31-es nagy gazdasági világválságot megelőzően érte el csúcspontját. A New York-i Federal Reserve Bank grafikonjai azt mutatják, hogy az akceptusok használata 1929 novemberében, a tőzsdei összeomlás hónapjában érte el csúcspontját, majd ezt követően meredeken visszaesett. Az akceptusok emberei addigra elérték, amit akartak, azaz az amerikai üzleti élet és ipar irányítását. A „Fortune Magazine" 1950 februárjában rámutatott, hogy:

„Az akceptusok volumene 1929-es 1,732 milliárd dollárról 1940-re 209 millió dollárra csökkent, mivel az akceptusbanki tevékenység néhány kézben összpontosult, és a Pénzügyminisztérium alacsony kamatpolitikája miatt a közvetlen hitelek olcsóbbak lettek, mint az akceptusok. A háború óta enyhe fellendülés tapasztalható, de a nagyvállalatok számára gyakran olcsóbb a saját pénztárcájukból finanszírozni az importot."

Más szavakkal, a „nagyvállalatok" – pontosabban a nagy trösztök – ma már ellenőrzésük alatt tartják a hiteleket, és nincs szükségük akceptusokra. A Federal Reserve System által kiadott propagandaáradat mellett a National Association of Credit Men, az American Bankers' Association és a New York-i bankárok egyéb testvérszervezetei is sok időt és pénzt fordítottak az akceptációs propaganda terjesztésére. Még a rengeteg előadás és brosúra sem bizonyult elegendőnek, ezért 1919-ben Paul Warburg megalapította az American Acceptance Council-t, amely kizárólag az akceptációs propagandával foglalkozott.

Az egyesület első közgyűlése 1919. június 9-én, Michigan állambeli Detroitban került megrendezésre, egybeesve a Nemzeti Hitelügyi Szakemberek Szövetségének (National Association of Credit Men) éves közgyűlésével, amelyet ugyanazon a napon tartottak ott, így – az Amerikai Akceptációs Tanács (American Acceptance Council) által kiadott brosúra szerint – „az érdeklődő megfigyelők könnyedén részt vehettek mindkét csoport előadásain és ülésein".

Paul Warburgot választották meg a szervezet elnökének, aki később az American Acceptance Council végrehajtó bizottságának elnöke lett, ezt a tisztséget 1932-ben bekövetkezett haláláig töltötte be. A tanács közzétette azoknak a vállalatoknak a listáját, amelyek kereskedelmi akkreditíveket (trade) használtak, és ezek mind olyan vállalkozások voltak, amelyekben a Kuhn, Loeb Co. vagy leányvállalatai többségi részesedéssel rendelkeztek. A Tanács előtt vagy a Tanács tagjai által tartott előadásokat a New York-i National City Bank vonzó kötésben adta ki, és ingyenesen terjesztette az ország üzletemberei körében.

Louis T. McFadden, a Képviselőház Banki és Pénzügyi Bizottságának elnöke 1922-ben azzal vádolta az American Acceptance Councilt, hogy indokolatlan befolyást gyakorol a Federal Reserve Boardra, és kongresszusi vizsgálatot követelt, de a Kongresszus nem érdeklődött az ügy iránt.

Az American Acceptance Council 1920. december 2-án New Yorkban tartott második éves közgyűlésén Paul Warburg elnök kijelentette:

„Nagy örömmel jelenthetem be, hogy a tárgyév során az American Acceptance Council tovább tudta fejleszteni és megerősíteni kapcsolatait a Federal Reserve Boarddal."

Az 1920-as években Paul Warburg, aki háborús időkben egy évig kormányzóként dolgozott a Federal Reserve Boardnál, majd lemondott tisztségéről, továbbra is közvetlen személyes befolyást gyakorolt a Federal Reserve Boardra, mivel a Federal Advisory Council elnökeként és az American Acceptance Council elnökeként találkozott a testülettel. 1920-as alapításától 1932-ben bekövetkezett haláláig a világ legnagyobb akceptbankja, a New York-i International Acceptance Bank igazgatótanácsának elnöke volt. Testvére, Felix M. Warburg, aki szintén a Kuhn, Loeb Co. társult tagja volt, az International Acceptance Bank igazgatója volt, Paul fia, James Paul Warburg pedig alelnöke. Paul Warburg más fontos amerikai akceptbankok igazgatója is volt, például a Westinghouse Acceptance Banké, amelyeket közvetlenül az első világháború után alapítottak az Egyesült Államokban, amikor a nemzetközi akceptpiac központja Londonból New Yorkba költözött, és Paul Warburg a világ legbefolyásosabb akceptbankára vált.

Paul Warburg még legendásabb figurává vált, amikor a „Little Orphan Annie" című képregényben „Daddy Warbucks" néven örökítették meg. A képregény egy hajléktalan kislányról és kutyájáról szólt, akiket „a világ leggazdagabb embere", Daddy Warbucks fogadott örökbe, aki a „Warburg" név paródiája, szinte varázserővel rendelkezik, és korlátlan vagyonának erejével bármit képes véghezvinni. A hozzáértők kuncogtak, amikor a történet musical-komédia változatát, az „Annie"-t több éven át nagy sikerrel játszották a Broadway-n, mert a közönség túlnyomó többsége nem tudta, hogy ez csupán egy újabb Warburg-akció volt.

Az elfogadási piac Angliából az Egyesült Államokba való áthelyeződése ihlette Thomas Lamont 1917-es, a Politikai Tudományok Akadémiája előtt elhangzott lelkes beszédét, amelyben kijelentette:

„Most már a dollár, nem a font az alapja a nemzetközi kereskedelemnek."

Az amerikaiak büszkék voltak erre, de nem fogták fel, milyen áron.

Az Amerikai Akceptációs Tanácsnak a Federal Reserve Boardra gyakorolt indokolatlan befolyásának látható bizonyítéka – amelyről McFadden kongresszusi képviselő panaszkodott – az a diagram, amely a New York-i Federal Reserve Bank kamatláb-alakulását mutatja az 1920-as években. A bank hivatalos diszkontrátája kilenc éven át pontosan követi a 90 napos banki akceptációs kamatlábat, és a New York-i Federal Reserve Bank határozza meg a diszkontrátát a többi tartalékbank számára.

Az 1920-as évek során a Kormányzótanács megtartotta két első tagját, C.S. Hamlint és Adolph C. Millert. Ezek az emberek a nemzet monetáris politikájának döntőbíráiként építették karrierjüket. Hamlin 1914-től 1936-ig volt a Kormányzótanács tagja, amikor a Kormányzótanács különleges tanácsadójává nevezték ki, míg Miller 1914-től 1931-ig szolgált.

Ez a két férfi azért maradhatott ennyi éven át a Kormányzótanácsban, mert mindketten rendkívül tekintélyes személyiségek voltak, akik a nyilvánosság szemében bizonyos presztízst kölcsönöztek a testületnek. Ezekben az években egymást követték a fontos bankárok a Kormányzótanácsban, egy ideig szolgáltak, majd továbbálltak jobb pozíciókba. Sem Miller, sem Hamlin soha nem emelt kifogást a New York-i bankárok kívánságai ellen. Változtatták a diszkontrátát, és nyílt piaci műveleteket hajtottak végre állampapírokkal, amikor csak a Wall Street azt akarta. Mögöttük Paul Warburg állt, aki a Szövetségi Tanácsadó Testület elnökeként folyamatos és meghatározó befolyást gyakorolt, amelyben olyan, vele közös érdekeltségű emberek voltak, mint Winthrop Aldrich és J.P. Morgan. Warburg soha nem volt túl elfoglalt a nagy nemzetközi trösztök szervezésével ahhoz, hogy felügyelje az ország pénzügyi struktúráit. 1902-től, amikor Németországból bevándorlóként érkezett az országba, egészen 1932-ig, halálának évéig, befolyása a bankkartellel kötött európai szövetségén alapult. Warburg fia, James Paul Warburg, továbbra is gyakorolta ezt a befolyást: Franklin D. Roosevelt kinevezte költségvetési igazgatónak, amikor az a nagy ember 1933-ban hivatalba lépett, és létrehozta a Háborús Információs Hivatalt, a második világháború alatti hivatalos propagandaügynökségünket.

A The Fight for Financial Supremacy (A pénzügyi fölényért folytatott küzdelem) című művében Paul Einzig, a londoni Economist szerkesztője a következőket írta:

„Az első világháború után szinte azonnal szoros együttműködés alakult ki az Angol Nemzeti Bank és a Federal Reserve hatóságai között, különösen a New York-i Federal Reserve Bankkal.[119] Ez az együttműködés nagyrészt a Bank of England-i Montagu Norman úr és Benjamin Strong úr, a New York-i Federal Reserve Bank 1928-ig tartó kormányzója közötti szívélyes kapcsolatoknak volt köszönhető. Több alkalommal is a New York-i Federal Reserve Bank diszkontráta-politikáját az a szándék vezérelte, hogy segítsen a Bank of England-nek.

„A diszkontráták megállapításában szoros együttműködés alakult ki London és New York között."[120]

[119] William Boyce Thompson (Wall Street-i bróker) 1920. november 27-én a következőket mondta Clarence Barronnak: „Miért kell a Federal Reserve Banknak országszerte saját távíróvonalai legyenek, és miért kell naponta táviratot váltania az Angol Nemzeti Bankkal?" 327. o., „They Told Barron".

[120] Paul Einzig, The Fight For Financial Supremacy, Macmillan, 1931.

TIZENEGYEDIK FEJEZET

LORD MONTAGU NORMAN

Benjamin Strong és Lord Montagu Norman közötti együttműködés a 20. század egyik legnagyobb titka. Benjamin Strong feleségül vette a New York-i Bankers Trust elnökének lányát, majd később átvette a bank elnöki posztját. Carroll Quigley a Tragedy and Hope című művében így ír: „Strong 1914-ben a Morgan és a Kuhn, Loeb Company közös jelöltjeként lett a New York-i Federal Reserve Bank elnöke."[121]

Lord Montagu Norman az egyetlen ember a történelemben, akinek mind az anyai, mind az apai nagyapja a Bank of England elnöke volt. Apja a Brown, Shipley Company-nál dolgozott, a Brown Brothers (ma Brown Brothers Harriman) londoni fiókjában. Montagu Norman (1871–1950) 1894-ben New Yorkba jött, hogy a Brown Brothersnél dolgozzon, ahol barátságot kötött a Delano családdal és James Markoe-val, a Brown Brothers alkalmazottjával. Visszatért Angliába, és 1907-ben kinevezték az Angol Nemzeti Bank tanácsának tagjává. 1912-ben idegösszeroppanást kapott, és Svájcba utazott, hogy Jung kezelje, ahogyan az a hatalmas körökben, amelyeket ő képviselt, divatos volt.[122]

Lord Montagu Norman 1916 és 1944 között az Angol Nemzeti Bank elnöke volt. Ebben az időszakban részt vett a központi banki

---

[121] Carroll Quigley, *Tragedy and Hope,* Macmillan, New York, 326. o.

[122] Amikor az ilyen osztályba tartozó embereket bűntudat gyötri, miközben világháborúkat és gazdasági válságokat terveznek, amelyek nyomorúságot, szenvedést és halált hoznak a világ lakosságának milliói számára, néha lelkiismeret-furdalásuk támad. Ezeket a lelkiismeret-furdalásokat társaik „idegességnek" gúnyolják. Pszichiátereikkel való találkozás után újult lelkesedéssel térnek vissza munkájukhoz, anélkül, hogy továbbra is elkalandoznának a „kisemberek" iránti sajnálat miatt, akik áldozataik lesznek.

konferenciákon, amelyek előkészítették az 1929-es összeomlást és a világméretű gazdasági válságot. Brian Johnson A pénz politikája című könyvében így ír: „Strong és Norman, akik közeli barátok voltak, együtt töltötték nyaralásaikat Bar Harbourben és Dél-Franciaországban." Johnson szerint „Norman így Strong alteregójává vált.... Strong 1925 és 1928 közötti laza monetáris politikája a New York-i pénzpiacon annak a megállapodásnak a betartását jelentette, amelyet Norman-nal kötött, hogy a New York-i kamatlábakat a londoniak alatt tartsák. A nemzetközi együttműködés érdekében Strong visszatartotta a magas kamatlábak stabilizáló hatását New York-tól, amíg már túl késő nem lett. A laza monetáris politika New York-ban ösztönözte az 1920-as évek végének amerikai fellendülését, a spekuláció fantasztikus magasságait."[123]

Benjamin Strong 1928-ban hirtelen elhunyt. *A New York Times* 1928. október 17-i nekrológja így ír az 1927 júliusában tartott, Európa három nagy központi bankjának igazgatói közötti konferenciáról: „Norman úr, az Angol Nemzeti Banktól, Strong, a New York-i Federal Reserve Banktól, és Dr. Hjalmar Schacht, a Reichsbanktól – találkozójukat akkoriban a »világ legexkluzívabb klubjának« ülésének nevezték. A külföldi konferenciákról, amelyek teljesen informálisak voltak, de számos fontos kérdést érintettek az aranymozgásokkal, a világkereskedelem stabilitásával és a világgazdasággal kapcsolatban, soha nem készült nyilvános jelentés."

Azokról a találkozókról, amelyeken a világgazdaság jövőjéről döntenek, mindig úgy számolnak be, hogy „teljesen informálisak", nem hivatalosak, a nyilvánosság számára nem készül róluk jelentés, és azokon a ritka alkalmakon, amikor felháborodott kongresszusi képviselők idézik be ezeket a titokzatos személyiségeket, hogy tanúskodjanak tevékenységükről, azok csupán felvázolják a megtett lépések körvonalait, és nem adnak tájékoztatást arról, hogy valójában mit mondtak vagy döntöttek.

A Federal Reserve Systemről szóló 1931-es szenátusi meghallgatáson H. Parker Willis, a Federal Reserve Board egyik alapítója és 1914-től 1920-ig első titkára, élesen megkérdezte

---

[123] Brian Johnson, *The Politics of Money*, McGraw Hill, New York, 1970, 63. o.

George Harrison kormányzót, Strong utódját a New York-i Federal Reserve Bank kormányzói posztján:

„Mi a kapcsolat a New York-i Federal Reserve Bank és a tőzsde pénzügyi bizottsága között?"

„Nincs semmilyen kapcsolat" – válaszolta Harrison kormányzó.

„Nincs semmiféle segítségnyújtás vagy együttműködés a kamatláb megállapításában?" – kérdezte Willis.

„Nincs" – mondta Harrison kormányzó –, „bár különböző alkalmakkor tájékoztatnak minket a pénzügyi helyzetről, és arról, hogy szerintük milyennek kellene lennie az árfolyamnak." Ez teljes ellentmondásban állt azzal a kijelentésével, hogy „nincs kapcsolat". A New York-i Federal Reserve Bank, amely meghatározza a többi tartalékbank diszkontrátáját, valójában szoros kapcsolatot tartott fenn a tőzsde pénzügyi bizottságával.

Az 1928-as képviselőházi stabilizációs meghallgatások egyértelműen bebizonyították, hogy a Federal Reserve System kormányzói tárgyalásokat folytattak a nagy európai központi bankok vezetőivel. Még ha a kongresszusi képviselők ismertek volna is a 1929–31-es nagy gazdasági világválsághoz vezető összeesküvés részleteit, semmit sem tehettek volna annak megakadályozására. Az aranymozgásokat ellenőrző nemzetközi bankárok bármely országra rá tudták kényszeríteni akaratukat, és az Egyesült Államok ugyanolyan tehetetlen volt, mint bármelyik másik ország.

Az alábbiakban közöljük a képviselőházi meghallgatások jegyzetét:

> BEEDY ÚR: „Észrevettem a táblázatán, hogy a leghevesebb ingadozásokat mutató görbék a »New York-i pénzpiaci kamatok« rovat alatt találhatók. Ahogy a nagyvárosokban a kamatok emelkednek és csökkennek, úgy tűnik, hogy a befektetésekre nyújtott hitelek jelenleg kihasználják ezeket a meglehetősen heves változásokat, míg az ipar általában nem látszik élni ezekkel a heves ingadozásokkal, és az ő görbéjük meglehetősen egyenletes, nincsenek nagy emelkedések vagy csökkenések.

ADOLPH MILLER KÖRZETI GOVERNOR: Ez többé-kevésbé a nemzetközi helyzet érdekeit szolgálta. New Yorkban aranykrediteket adtak el londoni font egyenlegekért.

STRONG KÉPVISELŐ: (Nincs rokonsága Benjamin-nel): Van-e a Federal Reserve Board-nak hatalma arra, hogy aranyat vonzzon az országba?

E.A. GOLDENWEISER, a Tanács kutatási igazgatója: A Federal Reserve Board azáltal vonzhatna aranyat az országba, hogy emelné a kamatlábakat.

ADOLPH MILLER KÖZPONTI BANK ELNÖK: Úgy gondolom, nagyon közel vagyunk ahhoz a ponthoz, ahol megváltozhat a mi részünkről az európai monetáris ügyek iránti további aggodalom. A Federal Reserve Board 1927 nyarán nyílt piaci vásárlásokra irányuló politikát indított, amelyet a tartalékbankok diszkontrátájának csökkentése követett, hogy enyhítse a hitelhelyzetet és olcsóbbá tegye a pénz költségét. A hitelpolitika ezen eltérésének hivatalos indokai az voltak, hogy ez hozzájárulna a nemzetközi árfolyamok stabilizálásához és ösztönözné az aranyexportot.

MCFADDEN ELNÖK: Elmondaná röviden, hogyan került ez a kérdés a Federal Reserve Board elé, és milyen tényezők befolyásolták a végső döntést?

ADOLPH MILLER KÖZPONTI BANKELNÖK: Olyan kérdést tesz fel, amelyre nem tudok válaszolni.

MCFADDEN ELNÖK: Talán pontosíthatom a kérdést: honnan származott az a javaslat, amely a tavaly nyári kamatváltoztatásra vonatkozó döntéshez vezetett?

ADOLPH MILLER KÖZPONTI BANKELNÖK: Európa három legnagyobb központi bankja küldött képviselőket az országba. Ott volt az Angol Nemzeti Bank elnöke, Hjalmar Schacht úr, és Rist professzor, a Francia Nemzeti Bank alelnöke. Ezek az urak tárgyalásokat folytattak a New York-i Federal Reserve Bank tisztviselőivel. Egy-két hét múlva megjelentek Washingtonban, ahol a nap nagy részét töltötték. Egyik nap este érkeztek, másnap a Federal Reserve Board elnökeinek vendégei voltak, és délután indultak vissza New Yorkba.

MCFADDEN ELNÖK: Jelen voltak a Testület tagjai ezen az ebéden?

ADOLPH MILLER KÖZPONKBANK-ELNÖK: Ó, igen, a Tanács elnökei szervezték azzal a céllal, hogy mindannyian együtt lehessünk.

MCFADDEN ELNÖK: Társasági esemény volt, vagy fontos ügyeket is megvitattak?

MILLER KÖZPONTI BANK ELNÖK: Azt mondanám, hogy főként társasági esemény volt. Személy szerint én az ebéd előtt hosszú beszélgetést folytattam Dr. Schachttal és Dr -szel négyszemközt, valamint egy igen hosszú beszélgetést Rist professzorral is. Az ebéd után beszélgetésbe elegyedtem Norman úrral, amelyhez csatlakozott Strong, a New York-i központi bank elnöke is.

MCFADDEN ELNÖK: Ez a testület hivatalos ülése volt?

ADOLPH MILLER KÖRNYÉK: Nem.

MCFADDEN ELNÖK: Csak egy informális megbeszélés volt azokról a kérdésekről, amelyeket New Yorkban tárgyaltak?

MILLER KÖRZETI GOVERNOR: Úgy gondolom. Főként társasági esemény volt. Amit mondtam, az főként általános jellegű volt. Ezeknek a központi bankoknak a vezetői is általánosságokban beszéltek.

KING ÚR: Mit akartak?

MILLER KÖZGAZDASÁGI MINISZTER: Nagyon őszintén válaszoltak a kérdésekre. Beszélni akartam Norman úrral, ezért mindketten ott maradtunk az ebéd után, és csatlakoztak hozzánk a többi külföldi képviselő és a New York-i Tartalékbank tisztviselői is. Ezek az urak mind nagyon aggódtak az aranystandard működése miatt. Ezért szívesen látták volna, ha New Yorkban laza pénzpiac alakul ki és csökkennek a kamatok, ami visszatartaná az aranytól, hogy Európából ide áramoljon. Ez nagyon is a akkor fennálló nemzetközi pénzügyi helyzet érdekeit szolgálta volna.

BEEDY ÚR: Született valamilyen megegyezés a külföldi bankok képviselői és a Federal Reserve Board vagy a New York-i Federal Reserve Bank között?

MILLER KÖZPONGBANK-ELNÖK: Igen.

BEEDY ÚR: Nem jelentették be hivatalosan?

MILLER KÖZPONGBANK-ELNÖK: Nem. Később összeült a Nyíltpiaci Politikai Bizottság, a Federal Reserve System befektetési politikai bizottsága, amelynek keretében és amelynek címére bizonyos ajánlásokat tettek. Emlékeim szerint augusztusban körülbelül nyolcvanmillió dollár értékű értékpapírt vásároltak ennek a tervnek megfelelően.

MCFADDEN ELNÖK: Volt-e bármilyen megbeszélés a Nyíltpiaci Bizottság tagjai és a külföldi bankárok között?

MILLER KÖZPONKBANK-ELNÖK: Lehet, hogy egyénileg találkoztak velük, de bizottságként nem.

KING ÚR: Honnan szerez az Open-Market Bizottság az ötleteit?

MILLER KÖZPONGBANK-ELNÖK: Összeülnek, és megbeszélik. Nem tudom, kinek az ötlete volt ez. Egyértelműen olyan időszak volt, amikor a együttműködés szelleme uralkodott.

MCFADDEN ELNÖK: Ön itt nagyon fontos tárgyalásokról beszélt.

MILLER KÖZGAZDÁSI MINISZTER: Inkább beszélgetésekről lenne szó.

MCFADDEN ELNÖK: Valami nagyon konkrét dolog történt?

MILLER KÖZGAZDÁSI MINISZTER: Igen.

MCFADDEN ELNÖK: Az egész pénzügyi rendszerünk politikájának megváltozása, amely az ország pénzügyi történelmének egyik legszokatlanabb helyzetét eredményezte (az 1927–1929-es tőzsdei spekulációs boom). Úgy vélem, hogy egy ilyen fontosságú ügyet Washingtonban jegyzőkönyvbe kellett volna venni.

MILLER KÖRZETI GOVERNOR: Egyetértek önnel.

STRONG KÉPVISELŐ: Nem lett volna jó, ha utasítást adtak volna arra, hogy a Federal Reserve Systemnek adott hatásköröket az amerikai dollár vásárlóerejének folyamatos stabilizálására használják fel, ahelyett, hogy az európai érdekek befolyásolják őket?

MILLER KÖRZETI GOVERNOR: Kifogásom van az „befolyás" kifejezés ellen. Ráadásul nem létezik olyan dolog, hogy az amerikai dollárt stabilizálják anélkül, hogy minden más aranyalapú valutát is stabilizálnának. Ezeket az aranystandard köti össze. Más jeles személyiségek, akik idejönnek, nagyon ügyesen tudják, hogyan kell megközelíteni azokat az embereket, akik a Federal Reserve Board személyzetét alkotják.

STEAGALL ÚR: Ezeknek a külföldi bankároknak a látogatása azt eredményezte, hogy New Yorkban olcsóbb lett a pénz?

MILLER KÖRZETI ELNÖK: Igen, pontosan.

MCFADDEN ELNÖK: Szeretném jegyzőkönyvbe venni mindazokat, akik részt vettek azon a washingtoni ebéden.

MILLER KÖRZETI ELNÖK: Az általam már említett neveken kívül jelen volt még a Francia Nemzeti Bank egyik fiatalabb munkatársa is. Úgy gondolom, a Federal Reserve Board összes tagja ott volt. Ott volt Ogden Mills pénzügyminiszter-helyettes, valamint Schuneman pénzügyminiszter-helyettes, továbbá két-három ember a Külügyminisztériumból és Warren úr a New York-i Federal Reserve Bank külügyi osztályáról. Ó, igen, Strong kormányzó is jelen volt.

MCFADDEN ELNÖK: Ez a konferencia, amelyen természetesen mindezek a külföldi bankárok részt vettek, nem csak úgy véletlenül jött létre. Kinek a javaslatára érkeztek ide a német, francia és angol bankárok?

MILLER KÖZPONGBANK-ELNÖK: Olyan helyzet alakult ki, amely London számára egyértelműen kínos volt, mivel Franciaország visszavonta egy bizonyos mennyiségű aranyat, amelyet eredetileg a francia kormány szállított és helyezett letétbe az Angol Nemzeti Bankban háborús hitelként. Európában kezdett kialakulni egyfajta feszültség, mert Franciaország elkezdte rendbe tenni a dolgait az aranystandardhoz való visszatérés érdekében. Ez a helyzet olyan volt, amely némi mérséklő hatást igényelt.

KING ÚR: Ki volt az a mozgatórugó, aki összehozta ezeket az embereket?

MILLER KÖZPONGBANK-ELNÖK: Ez egy olyan részlet, amellyel nem vagyok tisztában.

STRONG KÉPVISELŐ: Nem lenne helyes azt mondani, hogy azok a fickók, akik az aranyra pályáztak, kezdeményezték a találkozót?

MILLER KÖRZETI GOVERNOR: Idejöttek.

STRONG KÉPVISELŐ: A tény az, hogy idejöttek, találkozót tartottak, bankettet rendeztek, tárgyaltak, rávették a Federal Reserve Boardot, hogy csökkentse a diszkontrátát, és vásároljon a nyílt piacon, és megszerezték az aranyat.

STEAGALL ÚR: Igaz, hogy ez a lépés stabilizálta az európai valutákat, de felborította a miénket?

MILLER KÖZPONGBANK-ELNÖK: Igen, ez volt a célja.

MCFADDEN ELNÖK: Hadd hívjam fel a figyelmüket a közelmúltban Párizsban tartott konferenciára, amelyen Goldenweiser úr, a Federal Reserve Board kutatási igazgatója, és Burgess doktor, a New York-i Federal Reserve Bank helyettes képviselője tárgyaltak a többi központi bank képviselőivel. Ki hívta össze a konferenciát?

MILLER KÖZPONGBANK-ELNÖK: Emlékeim szerint a Francia Nemzeti Bank hívta össze.

YOUNG KÖZPONTI BANK ELNÖK: Nem, a Nemzetek Szövetsége hívta össze őket.

A Federal Reserve Board kormányzói és az európai központi bankok vezetői közötti titkos találkozót nem azért hívták össze, hogy bármit is stabilizáljanak. Azért tartották, hogy megvitassák, hogyan lehetne a legjobban visszajuttatni Európába az Egyesült Államokban a rendszer által tartott aranyat, hogy az európai országokat visszakényszerítsék az aranyalapú valutárendszerre. A Nemzetek Szövetségének még nem sikerült ezt elérnie, ami pedig az a cél volt, amiért ezt a szervezetet eredetileg létrehozták, mert az Egyesült Államok Szenátusa nem engedte, hogy Woodrow Wilson eladjon minket egy nemzetközi monetáris hatóságnak. Ehhez a második világháborúra és Franklin D. Rooseveltre volt szükség. Eközben Európának szüksége volt az aranyunkra, és a Federal Reserve System odaadta nekik, ötszázmillió dollár értékben. Az aranynak az Egyesült Államokból való kivitelét a tőzsdei boom deflációja, az 1920-as évek gazdasági virágzásának vége és az 1929–31-es nagy gazdasági világválság követte, amely a legrosszabb csapás volt, ami valaha is sújtotta ezt a nemzetet. Teljesen logikus azt mondani, hogy az amerikai nép azért szenvedte el azt a válságot, mert nem csatlakozott a Nemzetek Szövetségéhez. A bankárok tudták, mi fog történni, amikor azt az ötszázmillió dollár értékű aranyat Európába küldik. Ők akarták a válságot, mert az az Egyesült Államok üzleti és pénzügyi életét a kezükbe adta.

A meghallgatások folytatódnak:

BEEDY ÚR: „Ebersole úr a Pénzügyminisztériumból a tegnap esti vacsorán tartott beszédét azzal zárta, hogy a Federal Reserve System nem akar stabilizációt, és az amerikai üzletemberek sem akarják azt. Ők akarják ezeket az áringadozásokat, nemcsak az értékpapírok, hanem az áruk és általában a kereskedelem terén is, mert azok, akik most irányítanak, éppen ebből a bizonytalanságból szereznek profitot. Ha ezeknek az embereknek az ellenőrzése nem törvényes úton valósul meg, akkor kísérletet tehetnek arra, hogy általános felfordulásokkal érjék el, amilyenek a társadalmat a múltban jellemezték. A forradalmakat a meglévő viszonyokkal való elégedetlenség ösztönözte, mivel az irányítás kevesek kezében volt, a számlát pedig a többség fizette.

MCFADDEN ELNÖK: Itt van egy levél a Federal Reserve Board egyik tagjától, akit ide idéztek. Szeretném, ha ezt jegyzőkönyvbe vennék. Cunningham kormányzótól származik:

Tisztelt Elnök Úr!

Az elmúlt néhány hétben betegség miatt otthonra voltam szorítva, és most arra készülök, hogy néhány hetet Washingtonon kívül töltsön el a gyógyulásom felgyorsítása érdekében.

Edward H. Cunningham

Ez a válasz a bizottságunk elé való megjelenésre szóló meghívásra. Van itt egy levél George Harrison-tól is, a New York-i Federal Reserve Bank alelnökétől.

Tisztelt képviselő úr!

Strong kormányzó a múlt héten Európába utazott. Az év eleje óta egyáltalán nem volt jól, és bár márciusban megjelent a bizottságuk előtt, nem sokkal azután nagyon súlyos övsömörrohamot kapott, ami rendkívül megviselte az idegeit.

George L. Harrison, 1928. május 19.

Szeretném továbbá jegyzőkönyvbe venni a New York Journal of Commerce 1928. május 22-i, Washingtonból származó cikkét:

„A jól értesült körökben itt azt állítják, hogy Strong, a New York-i Federal Reserve Bank elnöke jelenlegi párizsi látogatása során főként a Franciaország, Románia és Jugoszlávia számára nyújtandó stabilizációs hitelekről tárgyal. A második fontos kérdés, amellyel Strong úr foglalkozni fog, az az aranymennyiség, amelyet Franciaország ebből az országból fel fog venni."

McFadden elnök további kérdései Benjamin Strong furcsa betegségéről a következő tanúvallomást hozták ki Charles S. Hamlin kormányzótól, a Federal Reserve Board tagjától 1928. május 23-án:

„Annyit tudok, hogy Strong kormányzó nagyon beteg volt, és elsősorban egészségügyi okokból utazott Európába.

megértésem szerint, egészségügyi okokból. Természetesen jól ismeri az európai központi bankok különböző hivatalait, és kétségtelenül felkeresi őket."

Benjamin Strong kormányzó néhány héttel az Európából való visszatérése után meghalt, anélkül, hogy megjelent volna a bizottság előtt.

Az 1928-as, a Képviselőház Banki és Pénzügyi Bizottsága előtt tartott meghallgatások célja az volt, hogy kivizsgálják a Strong-törvényjavaslat elfogadásának szükségességét, amelyet Strong képviselő (aki nem állt rokonságban Benjamin Strong nemzetközi bankárral) terjesztett elő, és amely felhatalmazta volna a Federal Reserve rendszert a dollár vásárlóerejének stabilizálására. Ez volt az egyik ígéret, amelyet Carter Glass és Woodrow Wilson tett, amikor 1912-ben a Kongresszus elé terjesztették a Federal Reserve Act-et, és egy ilyen rendelkezést Robert L. Owen szenátor valóban be is épített a törvénybe, de Carter Glass Képviselőházi Banki és

Pénzügyi Bizottsága törölte azt. A kereskedők és a spekulánsok nem akarták, hogy a dollár stabil legyen, mert akkor már nem tudtak volna profitot termelni. Az ország polgárait az 1920-as években a tőzsdén való spekulációra késztették, mert a kereskedők országos szinten instabil helyzetet teremtettek.

Az 1928-as Strong-törvényt a Kongresszus elutasította.

Az 1920-as évekbeli pénzügyi helyzetet az Egyesült Államokban kizárólag a spekulatív értékek inflációja jellemezte. Ez a kereskedők által teremtett helyzet volt. Az áruk ára alacsony maradt, annak ellenére, hogy a tőzsdén a értékpapírok túlértékelték.

A vásárlók nem számítottak arra, hogy értékpapírjaik osztalékot hoznak. Az elképzelés az volt, hogy egy ideig megtartják őket, majd nyereséggel eladják. Ennek valahol véget kellett vetni, ahogy Paul Warburg 1929 márciusában megjegyezte. A Wall Street nem hagyta, hogy véget érjen, amíg az emberek meg nem fektették megtakarításaikat ezekbe a túlértékelt értékpapírokba. Láthattuk, ahogy az Egyesült Államok elnöke, Calvin Coolidge, a tőzsdeügynökök szószólójaként viselkedett, amikor 1927-ben azt ajánlotta az amerikai népnek, hogy folytassák a vásárlást a piacon. Nyugtalanság uralkodott a piac felfújt állapota miatt, és a bankárok megmutatták hatalmukat azzal, hogy rávették az Egyesült Államok elnökét, a pénzügyminisztert és a Federal Reserve System kormányzótanácsának elnökét, hogy nyilatkozatokat adjanak ki arról, hogy a brókerek hitelei nem túl magasak, és hogy a tőzsde állapota stabil.

Irving Fisher 1927-ben figyelmeztetett bennünket, hogy a világszerte az árak stabilizálásának terhe hamarosan az Egyesült Államokra hárul majd. A második világháború egyik eredménye éppen ennek érdekében a Nemzetközi Valutaalap létrehozása volt. Gustav Cassel professzor ugyanebben az évben megjegyezte:

„Az árak csökkenése nem a mi ellenőrzésünkön kívüli erők spontán eredménye. Ez egy olyan politika eredménye, amelyet szándékosan alakítottak ki az árak leszorítása és a pénzegység értékének növelése érdekében."

A Demokrata Párt, miután elfogadta a Federal Reserve-törvényt és belevitt minket az első világháborúba, az 1920-as években ellenzéki párt szerepét vette fel. A politikai élet peremén álltak, és életrajza szerint azokban a szűkös években Bernard Baruch liberális adományai tartották el őket. Hogy mennyire kívül álltak a politikai életben, és milyen csekély esélyeik voltak 1928-ban, azt jól mutatja a Demokrata Párt hivatalos programjának egyik pontja, amelyet 1928. június 28-án fogadtak el Houstonban:

„A Federal Reserve Systemnek a tőzsdei spekulánsok javát szolgáló irányítását be kell szüntetni. A rendszert a gazdák, a bérmunkások, a kereskedők, a gyártók és más, konstruktív üzleti tevékenységet folytatók javát szolgáló módon kell irányítani."

Ez az idealizmus biztosította a vereséget főszereplőjének, Al Smithnek, akit Franklin D. Roosevelt jelölt. Az Al Smith elleni kampányt a vallási intolerancia felkeltése is jellemezte, mivel ő katolikus volt. A bankárok az egész országban felkeltették az antikatolikus érzelmeket, hogy elérjék az első világháborúban pártfogoltjuk, Herbert Hoover megválasztását.

Ahelyett, hogy a törvény elfogadásakor Woodrow Wilson által ígért módon az ország pénzügyi stabilitásának előmozdítására használták volna, a Federal Reserve Board folyamatosan elősegítette a pénzügyi instabilitást. A testület 1939. március 13-án kiadott hivatalos memorandumában a következőket állapította meg:

„A Federal Reserve System Kormányzótanácsa ellenzi minden olyan törvényjavaslatot, amely stabil árszintet javasol."

Politikai szempontból a Federal Reserve Boardot az 1920-as években a bankárok jelöltjeinek megválasztásának elősegítésére használták. A „Literary Digest" 1928. augusztus 4-i száma a Federal Reserve Board elnöki választási évben történt kamatemelésének alkalmával így írt:

„Ez megfordítja a politikailag kívánatos, 1927-es olcsó pénzpolitikát, és kedvező feltételeket teremt a tőzsdén. A washingtoni Népi Lobbicsoport támadta, mondván: »Ez a kamatemelés egy olyan időszakban, amikor a gazdáknak olcsó pénzre volt szükségük a termés betakarításának finanszírozásához, közvetlen csapást jelentett a gazdákra, akik éppen kezdtek talpra állni a 1920–21-es mezőgazdasági válság után.«

A „The New York World" akkoriban így fogalmazott:

„Sok befektető kritikája a Federal Reserve Board politikájával szemben nem azon alapul, hogy az megpróbálja lecsökkenteni a tőzsde árfolyamát, hanem azon a vádon, hogy a Board maga, a tavalyi politikájával, teljes mértékben felelős a jelenlegi tőzsdei inflációért."

A Federal Reserve System első tizenöt évéről szóló lesújtó áttekintés jelent meg a „North American Review" 1929. májusi számában, H. Parker Willis tollából, aki hivatásos közgazdász volt, a törvény egyik szerzője, valamint a Tanács első titkára 1914-től 1920-ig. Teljes kiábrándultságát fejezi ki.

„Első beszélgetésem Wilson elnökjelölttel 1912-ben volt. Beszélgetésünk teljes egészében a banki reformról szólt. Megkérdeztem tőle, bízik-e abban, hogy biztosítani tudjuk egy megfelelő törvény alkalmazását, és hogyan kellene azt bevezetni és végrehajtani. Ő így válaszolt: »Az amerikai üzleti idealizmusra kell támaszkodnunk.« Olyasmit keresett, amiben bízhatott, és ami lehetőséget nyújt az amerikai idealizmusnak. Ez valóban szolgált a világháború finanszírozására és az amerikai banki gyakorlatok felülvizsgálatára. Az idealizmus eleme, amelyet az elnök előírt, és amelyben hitt, hogy az amerikai bankárok és üzletemberek nemesi kötelességtudatából fakadóan megkaphatunk, nem volt jelen.

A Federal Reserve Act (Szövetségi Tartalék Törvény) életbe lépése óta az egyik legsúlyosabb pénzügyi válságot és forradalmat éltük át történelmünk során, az 1920–21-es válságot. Láttuk, ahogy mezőgazdaságunk hosszú szenvedésen, sőt forradalmon ment keresztül, amelynek során egymillió gazda hagyta el gazdaságát a földárakkal kapcsolatos nehézségek és a hitelfeltételek furcsa helyzete miatt. Átéltük a bankcsődök legkiterjedtebb korszakát, amit ez az ország valaha is ismert. A Federal Reserve System működésének kezdete óta 4500 bank zárta be kapuit. Néhány nyugati városban voltak olyan időszakok, amikor az adott közösség összes bankja csődbe ment, és egyes bankok újra és újra csődbe mentek. A Federal Reserve System tagjai és nem tagjai között alig volt különbség a csőd kockázatát illetően.

„Wilson nem volt különösebben szerencsés a Federal Reserve Board első tagjainak kiválasztásában.

Egy vegyes csoportot képviseltek, akiket kifejezetten azzal a céllal választottak ki, hogy ezt vagy azt a nagy érdekcsoportot megnyugtassák. Nem volt meglepő, hogy a kinevezettek pozíciójukat adósságaik rendezésére használták fel. Amikor a Tanács egy olyan határozatot fontolgatott, amely szerint a jövőben a tartalékrendszer tagjait kizárólag érdem alapján kell kinevezni, mivel néhányuk nyilvánvalóan alkalmatlan volt a feladatra.

John Skelton Williams pénzügyi ellenőr javasolta a „kizárólag" szó törlését, és ebben a Tanács támogatta. Bizonyos személyek (Warburg, Strauss stb.) felvétele a Tanácsba lehetőséget adott különleges érdekek kiszolgálására, ami később katasztrofálisnak bizonyult.

„Wilson elnök – ahogyan gyakran tette – tévedett abban a feltételezésében, hogy egy fontos tisztség betöltése megváltoztatja a hivatalnokot, és újjáéleszti hazafiságát. A Tartalékbanki Tanács a Wilson-korszak mélypontjára süllyedt azzal, hogy olyan tagot neveztek ki, akit azért választottak ki, mert képes volt szavazókat szerezni egy demokrata elnökjelölt számára. Ez a szint azonban még nem volt a mélypont, amelyet Harding elnök alatt értek el. Ő egy régi barátját, D.R. Crissingert nevezte ki a Testület elnökévé, és több más rendkívül hasznos politikust is kinevezett más pozíciókba. Halála előtt mindent megtett, hogy tönkretegye az egész vállalkozást. A rendszer azóta folyamatosan hanyatlik.

„A tartalékbankok alig vették fel végleges formájukat, amikor nyilvánvalóvá vált, hogy a helyi bankárok arra törekedtek, hogy azokat a „kedvenc fiaik" gondozásának eszközeként használják, vagyis olyan személyeké, akik közmegegyezés szerint a banki közösség egyfajta általános terhévé váltak, vagy különféle értelemben véve alkalmatlanok voltak. Amikor a tartalékbankok igazgatóit kellett megválasztani, a vidéki bankárok gyakran megtagadták a szavazást, vagy ha szavaztak is, a városi levelező bankok utasításai szerint adták le szavazataikat. Ilyen körülmények között a tartalékbankok népi vagy demokratikus ellenőrzése szóba sem jöhetett. Ésszerű hatékonyságot lehetett volna biztosítani, ha becsületes emberek, felismerve közfeladatukat, átvették volna a hatalmat. Ha léteztek is ilyen emberek, nem kerültek be a Federal Reserve Boardba. Ma az egyik tartalékbank vezetése egy olyan ember kezében van, aki életében soha nem végzett tényleges banki tevékenységet, míg egy másik tartalékintézményben mind a kormányzó, mind az elnök már megszűnt bankok korábbi vezetője. Természetesen magas a kudarcok aránya a körzetükben. A körzetek többségében a jó banki szabványok szerint ítélt teljesítmény szintje szégyenletesen alacsony a tartalékbankok vezetői körében. A Philadelphiai Federal Reserve Bank politikáját a rendszerben „Barátok és rokonok bankjaként" ismerik.

"Miközben jelentős összegű háborús nyereséget termeltek, valakinek az az ötlete támadt, hogy a nyereséget felhasználva rendkívül drága épületeket szerezzenek maguknak. Ma a tartalékbankoknak folyamatosan egymilliárd dollárt kell forgalomban tartaniuk pusztán azért, hogy normális időkben fedezni tudják saját kiadásaikat.

"A rendszer tetteit és mulasztásait legjobban az a tapasztalat illusztrálja, amelyet az ország 1929 májusában a spekulációval kapcsolatban szerzett. Három évvel azelőtt a jelenlegi bull -piac éppen csak beindult. 1926 őszén egy bankárokból álló csoport, köztük egy világhírű névvel rendelkező személy, egy washingtoni szálloda asztalánál ült. Egyikük felvetette a kérdést, hogy a rendszer alacsony diszkontrátái nem ösztönzik-e a spekulációt.

„Igen", válaszolta a híres bankár, „ösztönözni fogják, de ez elkerülhetetlen. Ez az ára annak, hogy segítünk Európának."

"Kétséges, hogy a spekuláció ösztönzése a Testület részéről az Európának nyújtott segítség ára volt-e, vagy az a bizonyos pénzügyi körök rábeszélésének ára, hogy segítsenek Európának, de mindkét esetben az európai viszonyoknak semmi közük nem lett volna a Testület diszkontpolitikájához. A helyzet az, hogy a Federal Reserve Bankok nem kerülnek kapcsolatba a közösséggel.

A Maine-től Texasig terjedő „kisembert" fokozatosan arra késztették, hogy megtakarításait a tőzsdén fektesse be, aminek eredményeként a spekuláció egyre gyorsuló hulláma elsöpörte az ország törvényes üzleti életét.

1928 márciusában Roy A. Youngot, a Testület elnökét, meghallgatták egy szenátusi bizottság előtt.

„Úgy gondolja, hogy a brókerek hitelei túl magasak?" – kérdezték tőle.

„Nem vagyok felkészülve arra, hogy eldöntsem, a brókerek hitelei túl magasak-e vagy túl alacsonyak" – válaszolta –, „de biztos vagyok benne, hogy azokat biztonságosan és konzervatívan nyújtják."

Mellon pénzügyminiszter egy hivatalos nyilatkozatban biztosította az országot, hogy nem túl magasak, és Coolidge, a Federal Reserve Board által rendelkezésére bocsátott anyagok alapján, egyértelműen kijelentette az országnak, hogy nem túl magasak. A Federal Reserve Board, amelynek feladata az átlagember érdekeinek védelme, így mindent megtett annak érdekében, hogy az átlagembert megnyugtassa, és ne aggódjon a megtakarításai miatt. A Federal Reserve Board azonban 1929. február 2-án levelet adott ki a tartalékbankok igazgatóinak, amelyben figyelmeztette őket a további spekulációk súlyos veszélyeire.

„Mit is várhatnánk egy olyan férfiakból álló csoporttól, mint amilyen az igazgatóság volt – olyan emberektől, akiket kizárólag az érdekelt, hogy bármilyen konfliktusveszély esetén a háttérbe húzódjanak, és akik szinte állatias étvággyal hajtottak a dicsőségre és elismerésre, miközben csak arra törekedtek, hogy jó viszonyban legyenek azokkal a »nagyágyúkkal«, akiket az amerikai pénzügyi és banki világ urainak tartottak?"

H. Parker Willis elhallgatta Lord Montague Normanra és a Bank of England machinációira való utalást, amelyek hamarosan az 1929-es tőzsdekrachhoz és a Nagy Világválsághoz vezettek.

TIZENKÉT. FEJEZET

A NAGY VÁLSÁG

R.G. Hawtrey, az angol közgazdász, az 1926. márciusi American Economic Review-ban így fogalmazott:

„Amikor a külföldi befektetések meghaladják az általános megtakarítások kínálatát, a befektetési piacnak a bankoktól felvett pénzből kell fedeznie a többletet. A megoldás a hitelek szabályozása a banki kamatláb emelésével."

A Federal Reserve Board alkalmazta ezt a hitelellenőrzést, de nem 1926-ban, és nem is javító intézkedésként. Csak 1929-ben alkalmazták, és akkor a kamatlábat büntető intézkedésként emelték meg, hogy mindenki kivételével a nagy trösztöket kizárják.

Cassel professzor a Quarterly Journal of Economics 1928. augusztusi számában a következőket írta: „Az a tény, hogy a központi bank nem emeli a banki kamatlábat a tőkepiac tényleges helyzetének megfelelően, jelentősen növeli a kereskedelem ciklikus mozgásának erősségét, annak minden társadalmi gazdaságra gyakorolt káros hatásával együtt. A bankkamat ésszerű szabályozása a mi kezünkben van, és csak akkor valósulhat meg, ha felismerjük annak fontosságát, és elhatározzuk, hogy ilyen politikát folytatunk.

Ha a bankkamatot ezeknek a szempontoknak megfelelően szabályoznák, a kereskedelmi ciklusok kialakulásának feltételei gyökeresen megváltoznának, és a jól ismert kereskedelmi ciklusok valóban a múlté lennének."

Ez a leghitelesebb feltevés, amelyet eddig megfogalmaztak azzal kapcsolatban, hogy gazdasági válságainkat mesterségesen idézik elő. Az 1907-es pánik, az 1920-as mezőgazdasági válság és az 1929-es nagy válság bekövetkezése – mindhárom jó termésű években és a nemzeti prosperitás időszakában – arra utal, hogy ez a feltevés nem puszta találgatás. Lord Maynard Keynes rámutatott, hogy a konjunktúraciklusra vonatkozó elméletek többsége nem tudta elemzését megfelelően összekapcsolni a monetáris mechanizmussal. Bármely olyan válságról szóló felmérés vagy tanulmány, amely nem veszi figyelembe az aranymozgásokat és a devizapiaci nyomást, értéktelen lenne, mégis az amerikai közgazdászok mindig elkerülték ezt a kérdést.

A Nemzetek Szövetsége 1928-ra elérte célját, hogy az európai nemzeteket visszavezesse az aranyalapú valutárendszerhez, de a világ aranykészletének háromnegyede Franciaországban és az Egyesült Államokban volt. A probléma az volt, hogyan juttassák el azt az aranyat azokba az országokba, amelyeknek pénz- és hitelalapként szükségük volt rá. A megoldást a Federal Reserve System intézkedései jelentették.

A Federal Reserve Board és a külföldi központi bankok vezetői közötti 1927-es titkos találkozót követően a Federal Reserve Bankok néhány hónap alatt megduplázták állampapír- és akceptállományukat, ami abban az évben ötszázmillió dollárnyi arany kivitelét eredményezte. A rendszer piaci tevékenységei lefelé nyomták a tőzsdei napilék kamatlábakat, és kényszerítették az aranyat az országból. A külföldiek is kihasználták ezt a lehetőséget, és az alacsony napilék kamatlábak miatt nagy mennyiségben vásároltak állampapírokat.

„Az Angol Nemzeti Bank és a washingtoni Federal Reserve hatóságok között hónapokkal ezelőtt létrejött megállapodás szerint az itteni banki kamatlábak csökkentésével 725 millió dollárnyi arany kivitelét kényszerítjük ki, ezzel segítve Franciaország és Európa stabilizálását, és Franciaországot aranyalapú rendszerre állítva."[124] (1928. április 20.)

1929. február 6-án Montagu Norman, az Angol Nemzeti Bank elnöke Washingtonba látogatott, és tárgyalást folytatott Andrew Mellon pénzügyminiszterrel. Ezt a rejtélyes látogatást követően a Federal Reserve Board hirtelen megváltoztatta politikáját, és magas diszkontrátás politikát folytatott, felhagyva az olcsó pénz politikájával, amelyet 1927-ben, Norman úr előző látogatása után

124 Clarence W. Barron: *They Told Barron*, Harpers, New York, 1930, 353. o.

vezetett be. A tőzsdei összeomlás és az amerikai nép pénzügyi struktúrájának deflációja márciusra volt tervezve. Hogy elindítsa a folyamatot, Paul Warburg hivatalos figyelmeztetést adott a kereskedőknek, hogy szálljanak ki a piacról. 1929 márciusában az International Acceptance Bank részvényeseinek szóló éves jelentésében Warburg úr a következőket mondta:

„Ha hagyjuk, hogy a féktelen spekuláció orgia továbbterjedjen, a végső összeomlás biztosan nem csak a spekulánsokat fogja érinteni, hanem az egész országot érintő általános válságot fog okozni."

A „féktelen spekuláció" három éve alatt Warburg úr nem tartotta szükségesnek, hogy bármilyen megjegyzést tegyen a tőzsde helyzetéről. A barátságos lap, *a The New York Times* nemcsak két oszlopot szentelt a jelentésnek a szerkesztői oldalon, hanem szerkesztői kommentárban is méltatta Warburg úr észrevételeinek bölcsességét és mélységét. Warburg úr aggodalma őszinte volt, mert a tőzsdei buborék sokkal messzebb ment, mint ahogyan azt szánták, és a bankárok attól tartottak, hogy milyen következményekkel járhat, ha az emberek rájönnek, mi folyik itt. Amikor ez a cikk *a The New York Times-ban* hirtelen eladási hullámot indított el a tőzsdén, a bankárok pánikba estek, és úgy döntöttek, hogy kissé megnyugtatják a piacot. Ennek megfelelően Warburg National City Bankja 25 millió dollár készpénzt pumpált a call money piacra, és elhalasztotta a összeomlás napját.

A Federal Reserve Board végleges döntésének nyilvánosságra hozatala, amely az 1929-es tőzsdekrachot váltotta ki, meglepő módon éppen *a The New York Times*-ban jelent meg. 1929. április 20-án *a The Times* a következő címmel jelent meg: „A Szövetségi Tanácsadó Testület titkos ülése Washingtonban. A testület határozatokat fogadott el és továbbította azokat a tanácsnak, de azok célját szigorúan titokban tartották. Mind a tanács, mind a testület mély titokzatosságba burkolta az ülést. Minden erőfeszítést megtettek, hogy titokban tartsák ennek a rendkívüli ülésnek a menetét. A sajtó képviselőinek kitérő válaszokat adtak."

Csak a „The London Connection" legbelsőbb körének tagjai tudták, hogy ezen a „titkos ülésen" döntöttek arról, hogy lezárják az amerikai történelem legnagyobb spekulatív fellendülését. A beavatottak elkezdték eladni az összes spekulatív részvényt, és pénzüket állampapírokba fektették. Azok, akik nem voltak beavatva ebbe a titkos információba – és köztük voltak Amerika leggazdagabb emberei is –, továbbra is megtartották spekulatív részvényeiket, és elvesztették mindenüket.

A FDR, My Exploited Father-in-Law (FDR, a kizsákmányolt apósom) című könyvében Curtis B. Dall ezredes, aki akkoriban bróker volt a Wall Streeten, így ír a tőzsdekrachról: „Valójában ez a világ pénzhatalmai által a nyilvánosság ellen elkövetett, kiszámított »nyírás« volt, amelyet a New York-i pénzpiacon a Federal Reserve System által biztosított call money hirtelen hiányának tervezett kiváltása indított el."[125] Egyik napról a másikra a Federal Reserve System (az amerikai jegybankrendszer) 20 százalékra emelte a call kamatlábat. Mivel nem tudták ezt a kamatlábat teljesíteni, a spekulánsoknak egyetlen alternatívájuk maradt: kiugrani az ablakon.

A New York-i Federal Reserve Bank kamatlába, amely meghatározta az országos kamatlábat, 1929. november 1-jén 6 százalékra emelkedett. Miután a befektetők csődbe mentek, 1931. május 8-án 1,5 százalékra esett vissza. Wright Patman kongresszusi képviselő „A Primer On Money" című művében azt írja, hogy a pénzmennyiség 1929 és 1933 között nyolcmilliárd dollárral csökkent, ami miatt az Egyesült Államokban a 26 401 bankból 11 630 csődbe ment és bezárta kapuit.

A Federal Reserve Board már 1929. február 6-án figyelmeztette a Federal Reserve Bankok részvényeseit, hogy szálljanak ki a piacról, de nem vette a fáradtságot, hogy a többi embernek is szóljon. Senki sem tudta, mi folyik, kivéve a Wall Street-i bankárokat, akik irányították a dolgokat. Az aranymozgások teljesen megbízhatatlanok voltak. A Quarterly Journal of Economics megjegyezte, hogy:

„Nemcsak ebben az országban, hanem több európai országban is felmerült a kérdés, hogy a vámstatisztikák pontosan rögzítik-e a nemesfémek mozgását, és a vizsgálatok elvégzése után a bizalom ezekben az adatokban inkább gyengült, mint erősödött. Például a Franciaország és Anglia közötti bármilyen mozgást mindkét

---

[125] Curtis B. Dall ezredes, *F.D.R., My Exploited Father-in-Law*, Liberty Lobby, Washington, D.C. 1970.

országban nyilvántartásba kellene venni, de az összehasonlítás azt mutatja, hogy az éves eltérés átlagosan 50 millió frank Franciaországban és 85 millió frank Angliában. Ezeket a hatalmas eltéréseket nem magyarázzák."

Reginald McKenna úr kijelentette, hogy:

„Az aranykészletek változásai és az árszintek mozgása közötti összefüggések vizsgálata azt mutatja, ami nagyon nyilvánvalónak kellene lennie, de egyáltalán nem ismerik el, hogy az aranystandard működése semmilyen értelemben nem automatikus. Az aranystandardot hasznosan lehet irányítani és ellenőrizni egy kis nemzetközi kereskedői csoport javára, és ezt meg is teszik."

1929 augusztusában a Federal Reserve Board hat százalékra emelte a kamatlábat. A Bank of England a következő hónapban öt és fél százalékról hat és fél százalékra emelte a kamatlábat. Dr. Friday a Review of Reviews 1929. szeptemberi számában nem talált magyarázatot a Federal Reserve Board lépésére:

„A Federal Reserve 1929. augusztus 7-i nyilatkozata szerint nincsenek jelei annak, hogy az őszi igényeket nem lenne lehetőség kielégíteni. Az aranykészletek jelentősen meghaladják az előző évi szintet, és az arany továbbra is beáramlik, ami pénzügyi nehézségeket okoz Németországnak és Angliának. A Tanács lépésének okait máshol kell keresni. A nyilvánosságnak csupán annyit árultak el, hogy »ez a probléma bizonyos sajátos körülmények miatt okozott nehézségeket«. Minden ok, amelyet Young kormányzó tavaly a banki kamatláb csökkentése mellett felhozott, ma is fennáll. A kamatláb emelése azt jelenti, hogy nemcsak fennáll a veszélye annak, hogy aranyat vonnak ki külföldről, hanem az elmúlt négy hónapban már folyik is a sárga fém behozatala. Bármit tenni, ami ezt még fokozza, azt jelenti, hogy vállaljuk a felelősséget egy világméretű hiteldefláció előidézéséért."

Így tehát azt látjuk, hogy a Federal Reserve System nemcsak az első világháborúért volt felelős – amelyet azáltal tett lehetővé, hogy az Egyesült Államok finanszírozhassa a szövetségeseket –, hanem politikája okozta az 1929–31-es világméretű gazdasági válságot is. Adolph C. Miller kormányzó 1931-ben a Federal Reserve Board szenátusi vizsgálata során kijelentette:

„Ha nem lett volna Federal Reserve System, nem hiszem, hogy eleve ilyen súlyos spekulációs helyzetbe kerültünk volna."

Carter Glass így válaszolt: „Egyértelművé tette, hogy a Federal Reserve Board ezekkel a nyílt piaci tranzakciókkal hatalmas hitelbővülést eredményezett."

Emmanuel Goldenweiser így fogalmazott: „1928–1929-ben a Federal Reserve Board arra törekedett, hogy megfékezze az értékpapír-kölcsönök és a tőzsdei spekulációk gyors növekedését. Ezen korlátozó politika folytonosságát azonban megszakította a váltókamatok csökkenése 1928 őszén és 1929 nyarán."

Mind a J.P. Morgan, mind a Kuhn, Loeb Co. rendelkezett olyan „kiemelt listákkal", amelyeken azok a személyek szerepeltek, akiknek előzetesen értesítést küldtek a nyereséges részvényekről. A kiemelt listákon szereplő személyek ezeket a részvényeket beszerzési áron vásárolhatták meg, vagyis részvényenként 2 15 ponttal olcsóbban, mint amennyiért a nagyközönségnek értékesítették őket. Ezen listákon szereplő férfiak bankár kollégák, prominens iparmágnások, befolyásos városi politikusok, a Republikánus és a Demokrata Párt országos bizottsági tagjai, valamint külföldi országok uralkodói voltak. A listákon szereplő férfiakat értesítették a közelgő összeomlásról, és eladták az úgynevezett „gilt-edged" részvények, a General Motors, a Dupont stb. kivételével az összes részvényüket. Ezen részvények ára szintén rekordmélységbe süllyedt, de nem sokkal később emelkedni kezdett. Hogyan működtek a nagy bankárok 1929-ben, azt egy 1936. május 30-i Newsweek-cikk tárja fel, amikor egy Roosevelt által kinevezett személy, Ralph W. Morrison, lemondott a Federal Reserve Board-ból:

„Az általános vélemény szerint a Federal Reserve Board egy tehetséges embert veszített el. Eladta texasi közüzemi részvényeit Insullnak tíz millió dollárért, és 1929-ben összehívott egy értekezletet, és utasította bankjait, hogy szeptember 1-jéig zárják le az összes értékpapír-kölcsönt. Ennek eredményeként kiválóan vészelték át a válságot."

Előre látható módon az összes nagy bankár „kiválóan" vészelte át a válságot. Azok szenvedtek, akik a munkások és a parasztok voltak, akik befektették a pénzüket a meggazdagodást ígérő részvényekbe, miután az Egyesült Államok elnöke, Calvin

Coolidge, és a pénzügyminiszter, Andrew Mellon, rábeszélte őket erre.

Angliában voltak figyelmeztetések a közeledő összeomlásra, amelyek az amerikai újságokba soha nem kerültek be. A London Statist 1929. május 25-i száma így írt:

„Az Egyesült Államok banki hatóságai nyilvánvalóan üzleti pánikot akarnak, hogy megfékezzék a spekulációt."

A londoni Economist 1929. május 11-i számában így írt:

„Az elmúlt év eseményei egy új technika kezdeteit hozták el, amely, ha fenntartják és továbbfejlesztik, sikeresen „korlátozhatja a spekulánsokat anélkül, hogy kárt okozna a kereskedőknek."

Charles S. Hamlin kormányzó idézte ezt a kijelentést az 1931-es szenátusi meghallgatáson, és alátámasztásképpen a következőket mondta:

„Ez volt a testület egyes tagjainak véleménye: a spekulánsoktól el kell venni a Federal Reserve hitelét anélkül, hogy a kereskedőket károsítanák."

Hamlin kormányzó nem vette a fáradtságot, hogy rámutasson: azok a „spekulánsok", akiket meg akart törni, azok a tanárok és kisvárosi kereskedők voltak, akik megtakarításaikat a tőzsdére fektették, vagy hogy azok a „kereskedők", akiket megpróbált védeni, a nagy Wall Street-i szereplők, Bernard Baruch és Paul Warburg voltak.

Amikor a New York-i Federal Reserve Bank 1929. augusztus 9-én 6 százalékra emelte a kamatlábat, olyan piaci körülmények alakultak ki, amelyek október 24-től novemberig hatalmas eladási megbízásokhoz vezettek, amelyek 160 milliárd dollár értékű értékpapírt semmisítettek meg. Ez 160 milliárd dollár volt, ami az amerikai polgároknak egy hónapban még megvolt, a következőben pedig már nem. Képet kaphatunk a katasztrófa mértékéről, ha eszünkbe jut, hogy a második világháborúban felhasznált hatalmas pénz- és árukiadásunk alig haladta meg a 200 milliárd dollárt, és ennek nagy része forgatható értékpapírként maradt meg az államadósságban. A tőzsdekrach az Egyesült Államok történelmének legnagyobb csapása.

A Columbia Egyetem Politikai Tudományok Akadémiája 1930 januárjában tartott éves ülésén elemzést készített az 1929-es összeomlásról. Paul Warburg alelnöknek kellett volna elnökölnie, Ogden Mills igazgatónak pedig fontos szerepet kellett volna játszania a vitában. Ez a két úr azonban nem jelent meg. Oliver M.W. Sprague, a Harvard Egyetem professzora így nyilatkozott az összeomlásról:

„Itt egy gyönyörű laboratóriumi esetet látunk, amikor a tőzsde látszólag saját súlya alatt omlik össze."

Rámutattak, hogy nem volt hitelkimerülés, mint 1893-ban, sem pénzhiány, mint az 1907-es pánik idején, amikor a klíringház-igazolásokhoz folyamodtak, sem az árucikkek árainak összeomlása, mint 1920-ban. Mi okozta tehát a tőzsdekrachot? Az emberek magas áron vásároltak részvényeket, és azt várták, hogy az árak tovább emelkednek. Az áraknak le kellett esniük, és le is estek. Az Astor Hotelben brandy és szivar mellett összegyűlt közgazdászok és bankárok számára nyilvánvaló volt, hogy az emberek a hibásak. Az emberek bizonyosan hibát követtek el azzal, hogy túlértékelt értékpapírokat vásároltak, de erre az Egyesült Államok elnöke kezdve minden vezető polgár rábeszélte őket. Minden országos terjesztésű magazin, minden nagy újság, valamint minden prominens bankár, közgazdász és politikus csatlakozott ahhoz a nagy bizalmi játékhoz, amelynek célja az volt, hogy rábeszélje az embereket a túlértékelt értékpapírok megvásárlására. Amikor a New York-i Federal Reserve Bank 1929 augusztusában 6 százalékra emelte a kamatlábat, az emberek elkezdtek kiszállni a piacról, és ez pánikká fajult, ami az értékpapírok árát jóval a természetes szintjük alá szorította. A korábbi pánikokhoz hasonlóan ez lehetővé tette mind a Wall Street, mind a jól értesült külföldi szereplők számára, hogy a „blue-chip" és „gilt-edged" értékpapírokat a valódi értékük töredékéért szerezhessék meg.

Az 1929-es összeomlás során óriási holdingtársaságok is alakultak, amelyek felvásárolták ezeket az olcsó kötvényeket és értékpapírokat, mint például a Marine Midland Corporation, a Lehman Corporation és az Equity Corporation. 1929-ben a J.P. Morgan Company megalapította a Standard Brands nevű óriási élelmiszeripari trösztöt. A trösztüzemeltetők számára páratlan lehetőség nyílt arra, hogy bővítsék és konszolidálják részesedéseiket.

Emmanuel Goldenweiser, a Federal Reserve System kutatási igazgatója 1947-ben így nyilatkozott:

„Visszatekintve egyértelmű, hogy a Testületnek figyelmen kívül kellett volna hagynia a spekulatív terjeszkedést, és hagyni kellett volna, hogy az saját súlya alatt összeomoljon."

Ez a hibabeismerés tizennyolc évvel az esemény után csekély vigaszt jelentett azoknak, akik a tőzsdekrachban elvesztették megtakarításaikat.

Az 1929-es wall street-i tőzsdekrach egy világméretű hiteldefláció kezdetét jelentette, amely 1932-ig tartott, és amelyből a nyugati demokráciák csak akkor tudtak kilábalni, amikor megkezdték a második világháborúra való felkészülést. Ezen gazdasági válság idején a trösztvezetők három nemzetközi csaló – a Van Sweringen fivérek, Samuel Insull és Ivar Kreuger – támogatásával további hatalmat szereztek maguknak. Ezek az emberek több milliárd dollár értékű értékpapírt halmoztak fel elképesztő magasságokba. A bankárok, akik támogatták őket és forgalomba hozták részvényeiket, bármikor megállíthatták volna őket azzal, hogy behívták volna a kevesebb mint egymillió dolláros kölcsönöket, de hagyták, hogy ezek az emberek folytassák tevékenységüket, amíg számos ipari és pénzügyi vagyont be nem építettek holdingtársaságokba, amelyeket a bankok aztán ingyen vettek át. Insull közüzemi vállalatokat halmozott fel az egész Középnyugaton, amelyeket a bankok értékük töredékéért szereztek meg. Ivar Kreuger mögött a Lee Higginson Company állt, amely állítólag az ország egyik legnevesebb bankháza volt. A Saturday Evening Post „több mint pénzügyi titánnak" nevezte, az angol Fortnightly magazin pedig egy 1931 decemberében írt, „A konstruktív pénzügyek fejezete" című cikkében így fogalmazott: „Kreuger pénzügyi öntözőként vált ilyen létfontosságúvá Európában."[126]

---

[126] MEGJEGYZÉS: Ivar Kreuger, mint emlékezhetünk, alkalmanként régi barátja, Herbert Hoover elnök személyes vendége volt a Fehér Házban. Úgy tűnik, Hoover szívélyes kapcsolatot ápolt a 20. század számos legjelentősebb csalójával, köztük partnerével, Emile Francqui-val. A milliárd dolláros Kreuger-csalás csődgondnokságát Samuel Untermeyer, a Pujo-bizottság meghallgatásainak egykori tanácsadója látta el.

Emlékezzünk csak vissza, hogy a „pénzügyi öntöző" címet a Newsweek magazin adta Jacob Schiffnek, amikor leírta, hogyan vásárolta fel Schiff Rothschild pénzéből az amerikai vasutakat.

A New Republic 1933. január 25-én így kommentálta azt a tényt, hogy a Lee Higginson Company kezelte a Kreuger és Toll értékpapírokat az amerikai piacon:

„Háromnegyed milliárd dollár tűnt el. Ki tudta rávenni a francia rendőrséget, hogy néhány órára titokban tartsa ezt a rendkívül fontos öngyilkosságot, amelynek ideje alatt valaki nagy mennyiségben eladta a Kreuger-értékpapírokat, így kiszállva a piacról a összeomlás előtt?"

A Federal Reserve Board megakadályozhatta volna Insull és Kreuger hatalmas hitelbővítését, ha kivizsgálta volna a kölcsönök fedezetét, de a kormányzók soha nem vizsgálták meg ezeknek az embereknek a tevékenységét.

A modern bankok a hitelkonstrukcióikkal olyan lehetőséget kínálnak, amely korábban nem létezett, és amelynek köszönhetően a Kreuger-féle szereplők kölcsönzött tőke segítségével bőséges tőkével rendelkezőnek tűnhetnek. Ez lehetővé teszi a spekulánsok számára, hogy értékpapírokat vásároljanak értékpapírokkal. Az egyetlen korlát, ami megakadályozhatja abban, hogy felhalmozzon egy bizonyos mennyiséget, az az összeg, amellyel a bankok támogatják őt, és ha egy spekulánst egy jó hírű bankház támogat, ahogy Kreugert a Lee Higginson Company támogatta, az egyetlen módja annak, hogy megállítsák, az lenne, ha kivizsgálnák tényleges pénzügyi forrásait, amelyek Kreuger esetében nullának bizonyultak volna.

Az amerikai nép vezetője az 1929-es tőzsdekrach és az azt követő gazdasági válság idején Herbert Hoover volt. A piac első összeomlása után (amikor 1929. október 24-én 5 milliárd dollárnyi értékű értékpapír tűnt el) Hoover elnök a következőket mondta:

„Az ország alapvető gazdasági tevékenysége, azaz az áruk termelése és forgalmazása, szilárd és virágzó alapokon áll."

Pénzügyminisztere, Andrew Mellon 1929. december 25-én kijelentette, hogy:

„A kormány gazdasági helyzete stabil."

Saját vállalkozása, az Aluminum Company of America nyilvánvalóan nem járt olyan jól, mivel minden alkalmazottjának tíz százalékkal csökkentette a bérét.

A New York Times 1931. április 7-én így számolt be: „Montagu Norman, az Angol Nemzeti Bank elnöke ma itt tárgyalt a Federal Reserve Boarddal. Jelen voltak Mellon, Meyer és George L. Harrison, a New York-i Federal Reserve Bank elnöke."

A londoni kapcsolatok ezúttal Norman-t küldték, hogy biztosítsa, a nagy gazdasági világválság a terv szerint haladjon. Louis McFadden kongresszusi képviselő panaszkodott, amint arról *a The New York Times* 1930. július 4-i száma beszámolt: „Az árucikkek árait 1913-as szintre csökkentik. A béreket a négy millió munkanélküli által okozott munkaerő-többlet csökkenti. A Morgan-család a Federal Reserve Bank of New York feletti ellenőrzésén, valamint a washingtoni Federal Reserve Board középszerű képviseletén és beletörődésén keresztül gyakorolja a Federal Reserve System feletti ellenőrzését." Ahogy a válság mélyült, a tröszt szorítása az amerikai gazdaságon erősödött, de senki sem mutogatott ujjával azokra a felekre, akik a rendszert irányították.

TIZENHARMADIK FEJEZET

AZ 1930-AS ÉVEK

1930-ban Herbert Hoover kinevezte a Federal Reserve Boardba egy régi barátját az első világháború idejéből, Eugene Meyer, Jr.-t, aki 1915 óta, amikor Bernard Baruch-csal társult az Alaska-Juneau Gold Mining Company-ban, hosszú közszolgálati pályafutással rendelkezett. Meyer a War Industries Board nemvasfémekkel (arany, ezüst stb.) foglalkozó részlegének különleges tanácsadója volt; a hadügyminiszter különleges asszisztense a repülőgépgyártás területén; 1917-ben kinevezték a Nemzeti Háborús Megtakarítási Bizottságba, majd 1918 és 1926 között a Háborús Pénzügyi Társaság elnöke lett. Ezt követően 1927 és 1929 között a Szövetségi Mezőgazdasági Hitelbizottság elnökévé nevezték ki. Hoover 1930-ban kinevezte a Federal Reserve Board tagjává, Franklin D. Roosevelt pedig 1946-ban létrehozta a Reconstruction Bank for Reconstruction and Development-et. Meyernek rendkívüli képességekkel kellett rendelkeznie ahhoz, hogy ennyi fontos tisztséget betöltse. Voltak azonban olyan szenátorok, akik nem tartották helyesnek, hogy kormányzati tisztséget töltsön be, mivel családja nemzetközi aranykereskedelemmel foglalkozott, és ő maga is rejtélyes ügyleteket bonyolított le több milliárd dollár értékű állampapírral az első világháború alatt. Ennek következtében a szenátus meghallgatásokat tartott annak eldöntésére, hogy Meyernek helye van-e a Federal Reserve Boardban.

Ezen a meghallgatáson Louis T. McFadden képviselő, a Képviselőház Banki és Pénzügyi Bizottságának elnöke a következőket mondta:

„Eugene Meyer Jr. 1917-es kinevezése óta saját körét hozta magával a kormányba.

„A Háborús Pénzügyi Társaság alkalmazottai átvették az irányítást a Szövetségi Mezőgazdasági Hitelrendszer felett, és szinte azonnal ezután a Kansas City-i Részvénytársasági Földbank és az Ohioi Részvénytársasági Földbank csődbe ment."

RAINEY KÉPVISELŐ: Meyer úr, amikor névlegesen lemondott a Szövetségi Mezőgazdasági Hitelbizottság éléről, valójában nem szüntette be ottani tevékenységét. Hátrahagyott egy tehetséges rombolócsapatot. Ők folytatják politikáját és konzultálnak vele. Kinevezése előtt gyakran konzultált Dewey pénzügyminiszter-helyettessel. Kinevezése előtt a Chicago Joint Land Stock Bank, a Dallas Joint Stock Land Bank, a Kansas City Joint Land Stock Bank és a Des Moines Land Bank mind működtek. Kötvényeiket névértéken adták el. Az akkori mezőgazdasági biztos megállapodott Dewey miniszterrel, hogy a Szövetségi Mezőgazdasági Hitelbizottság beleegyezése és jóváhagyása nélkül semmit sem tesznek. Néhány nappal később az Egyesült Államok marsalljai, pisztolyokkal az oldalukon, néha előhúzott pisztolyokkal, beléptek ebbe az öt bankba, és követelték, hogy adják át nekik a bankokat. Az újságokon keresztül az egész Egyesült Államokban elterjedt a hír arról, hogy mi történt, és ezek a bankok tönkrementek. Ez a régi Szövetségi Mezőgazdasági Hitelbizottsággal való szakításhoz, három tagjának lemondásához, valamint Meyer úr kinevezéséhez vezetett a bizottság élére.

CAREY SÉNÁTOR: Ki engedélyezte a rendőrbíróknak a bankok átvételét?

RAINEY KÉPVISELŐ: Dewey pénzügyminiszter-helyettes. Ez indította el ezeknek a vidéki bankoknak a tönkremenetelét, és a Gianninik nagy számban vásárolták fel őket.

A World's Work 1931. februári száma így írt:

„Amikor 1917-ben számunkra is elkezdődött az első világháború, Eugene Meyer Jr. úr az elsők között volt, akiket Washingtonba hívtak. 1918 áprilisában Wilson elnök kinevezte őt a War Finance Corporation igazgatójává. Ez a társaság 700 millió dollárt kölcsönzött banki és pénzügyi intézményeknek."

Az Eugene Meyer Jr.-ról szóló szenátusi meghallgatások így folytatódtak:

MCFADDEN KÉPVISELŐ: „A Lazard Frères, a New York-i és párizsi nemzetközi bankház, a Meyer család bankháza volt. Gyakran szerepel az arany importjában és exportjában, és a Federal Reserve System egyik fontos funkciója az aranymozgásokkal kapcsolatos, a saját működésének fenntartása érdekében. A múlt csütörtöki meghallgatás jegyzőkönyvét átnézve látható, hogy Fletcher szenátor azt kérdezte Meyer úrtól: „Van-e bármilyen kapcsolata a nemzetközi banki szférával?" Meyer úr így válaszolt: „Nekem? Személyesen nincs." Ez az utolsó kérdés és válasz nem szerepel a gyorsírói jegyzőkönyvben. Fletcher szenátor emlékszik a kérdésre és a válaszra. Furcsa kihagyás ez.

BROOKHART SÉNÁTOR: Úgy tudom, hogy Meyer úr átnézte a jegyzőkönyvet, hogy kijavítsa az esetleges hibákat.

MCFADDEN KÉPVISELŐ: Meyer úr George Blumenthal sógora, aki a J.P. Morgan Company cég tagja, amely a Rothschild-érdekeket képviseli. Ő egyben a francia kormány és a J.P. Morgan közötti kapcsolattartó tisztviselő is. Edmund Platt, akinek még nyolc éve volt hátra a Federal Reserve Board kormányzói tisztségének tízéves mandátumából, lemondott, hogy helyet adjon Meyer úrnak. Platt a Marine Midland Corporation alelnöki posztját kapta meg Meyer sógorától, Alfred A. Cooktól. Eugene Meyer Jr., a War Finance Corporation vezetőjeként, aki kétmilliárd dollárnyi állampapír eladásával foglalkozott, ezeknek a megrendeléseknek a nagy részét először a jelenleg a Wall Street 14. szám alatt található bankházban adta le Eugene Meyer Jr. nevében. Meyer úr jelenleg az Allied Chemical Corporation nagy részvényese. Felhívom figyelmüket a 68. kongresszus 2. ülésszakának 1635. számú házjelentésére, amelyből kiderül, hogy legalább huszonnégy millió dollár értékű kötvényt duplikáltak. Tízmilliárd dollár értékű kötvényt titokban megsemmisítettek. Banki és Pénzügyi Bizottságunk rendkívül hibásnak találta a Eugene Meyer Jr. vezetése alatt álló War Finance Corporation nyilvántartásait. Miközben a könyveket azok a személyek hozták be a bizottságunk elé, akik azok őrzői voltak, és éjszaka visszavitték a Pénzügyminisztériumba, a bizottság felfedezte, hogy a végleges nyilvántartásokban módosításokat hajtottak végre."

A közszolgálati múlt nem akadályozta meg Eugene Meyer Jr.-t abban, hogy továbbra is az amerikai nép szolgálatában álljon a Federal Reserve Board tagjaként, a Reconstruction Finance Corporation elnökeként és az International Bank vezetőjeként.

Rand elnök, a Marine Midland Corporation elnöke, akit Edmund Platt szolgáltatásai iránti hirtelen érdeklődéséről kérdeztek, így válaszolt:

„Évente 22 000 dollárt fizetünk Mr. Plattnak, és természetesen átvettük a titkárnőjét is." Ez további ötezer dollárt jelentett évente.

Brookhart szenátor rámutatott, hogy Eugene Meyer Jr. az amerikai gazdák érdekei ellen irányította a Szövetségi Mezőgazdasági Hitelbizottságot, mondván:

„Meyer úr soha nem kölcsönzött ki többet 180 millió dollárnál a Mezőgazdasági Hitelbizottság 500 millió dolláros alaptőkéjéből, így a gazdák támogatásához még a tőke felét sem tudta felhasználni."

MEYER ÚR: Kenyon szenátor írt nekem egy levelet, amelyből kiderült, hogy az iowai emberek számára nagy előnyre vált az együttműködésem.

BROOKHART SÉNÁTOR: „Ön kiment, és a Wall Street-i társasággal ellentétes álláspontot képviselt. Ők mindig kiküldenek valakit, hogy ezt tegye. Még nem fedeztem fel a nyilatkozataiban, hogy különösebben érdekelné a gazdáknak nyújtott hitelek ügye, vagy hogy valódi erőfeszítéseket tenne a helyzetük javítására. A Federal Farm Loan Board élén töltött két év alatt a tőkéjéhez képest nagyon kevés hitelt nyújtott. Saját nyilatkozata szerint a keresletnek csupán egynyolcadát finanszírozta."

A szenátusi meghallgatásokon feltárt terhelő bizonyítékok ellenére Eugene Meyer Jr. továbbra is a Federal Reserve Board tagja maradt.

Ebben a tragikus időszakban Louis McFadden, a Képviselőház Banki és Pénzügyi Bizottságának elnöke folytatta magányos keresztes hadjáratát a nemzetet tönkretevő „londoni kapcsolatok" ellen. 1932. június 10-én McFadden a következőket mondta a Képviselőház előtt:

„Sokan azt hiszik, hogy a Federal Reserve bankok az Egyesült Államok kormányzati intézményei. Nem kormányzati intézmények. Magán hitelmonopóliumok, amelyek saját és külföldi ügyfeleik javára kizsákmányolják az Egyesült Államok népét. A Federal Reserve bankok a külföldi központi bankok ügynökei. Henry Ford azt mondta: »Ezeknek a pénzembereknek egyetlen céljuk van: a világ uralma a törleszthetetlen adósságok létrehozásával.« Az igazság az, hogy a Federal Reserve Tanács az Egyesült Államok kormányát bitorolta el az arrogáns hitelmonopóliummal, amely a Federal Reserve Tanácsot és a Federal Reserve bankokat működteti."

1932. január 13-án McFadden benyújtott egy határozati javaslatot, amelyben a Szövetségi Tartalékbank Kormányzótanácsát „bűnszövetkezetben való részvétellel" vádolta meg:

„Mivel őket, együttesen és külön-külön, azzal a bűncselekménnyel vádolom, hogy áruló módon összeesküdtek és cselekedtek az Egyesült Államok békéje és biztonsága ellen, valamint áruló módon összeesküdtek az Egyesült Államok alkotmányos kormányának megdöntésére. Határozat: a Jogi Bizottságot felhatalmazzák és utasítják, hogy teljes testületében vagy albizottságokban vizsgálja ki a Federal Reserve Board és ügynökei hivatalos magatartását annak megállapítására, hogy az említett bizottság véleménye szerint elkövettek-e olyan súlyos bűncselekményt vagy vétséget, amely az Alkotmány értelmében a Ház alkotmányos hatásköreinek beavatkozását igényli."

Ezen állásfoglalás kapcsán nem történt semmi. McFadden 1932. december 13-án visszatért egy indítvánnyal Herbert Hoover elnök vád alá helyezésére. Csak öt kongresszusi képviselő állt mellé ebben a kérdésben, és az állásfoglalás elbukott. A Képviselőház republikánus többségi vezetője megjegyezte: „Louis T. McFadden mostantól politikailag halott."

1933. május 23-án McFadden benyújtotta a 158. számú képviselőházi határozatot, amely vádiratot tartalmazott a pénzügyminiszter, két pénzügyminiszter-helyettes, a Federal Reserve Kormányzótanács, valamint a Federal Reserve Bankok tisztviselői és igazgatói ellen, a nagy gazdasági világválság okozásában játszott bűnösségük és összejátszásuk miatt. „Vádolom őket azzal, hogy 1928-ban jogtalanul elvettek több mint 80 milliárd dollárt az Egyesült Államok kormányától, az említett jogtalan elvétel pedig abból állt, hogy 1928-ban és az azt követő minden évben jogtalanul teremtettek új követeléseket az Egyesült Államok Pénzügyminisztériuma ellen több mint 80 milliárd dollár értékben, valamint azzal, hogy az Egyesült Államok aranytartalékának ellopásával és eladásával kirabolták az Egyesült Államok kormányát és az Egyesült Államok népét."

A határozat soha nem került a plenáris ülés elé. Washingtonban elterjedt a pletyka, hogy McFadden elmebeteg, és a következő kongresszusi választásokon elsöprő vereséget szenvedett, miután több ezer dollárt öntöttek a pennsylvaniai Cantonban található választókerületébe.

1932-ben az amerikai nép Franklin D. Rooseveltet választotta az Egyesült Államok elnökévé. Ezt az amerikai nép felszabadulásaként ünnepelték a nagy gazdasági világválságot előidéző gonosz befolyás alól, a Wall Street uralmának végének, valamint a bankárok eltűnésének Washingtonból.

Roosevelt politikai karrierjét egy véletlen körülménynek köszönhette. Az első világháború alatt, mint a Haditengerészet helyettes államtitkára, régi iskolai kapcsolatai miatt közbelépett, hogy megakadályozza a haditengerészetben működő nagy homoszexuális hálózat büntetőeljárás alá vonását, amelynek több grotoni és harvardi barátja is tagja volt. Ezzel elnyerte egy gazdag, nemzetközi homoszexuális kör tetszését, amely New York és Párizs között ingázott, és amelyet Bessie Marbury, egy nagyon régi és jeles new yorki család sarja vezetett. Bessie „felesége", aki évekig élt vele, Elsie de Wolfe volt, később Lady Mendl egy „mariage de convenance" keretében, a nemzetközi társaság döntőbírája. J.P. Morgan legfiatalabb lányát, Anne Morgant is bevették a körükbe, és a vagyonát felhasználva felújították a párizsi Villa Trianont, amely a központjukká vált. Az első világháború alatt kórházként használták. Bessie Marbury arra számított, hogy a francia kormány a Becsületrenddel tünteti ki, de J.P. Morgan Jr., aki megvetette őt azért, mert megrontotta legfiatalabb húgát, kérte a francia kormányt, hogy ne adja át a kitüntetést, amit meg is tettek. Ezt a visszautasítást nehezen viselve Bessie Marbury a politikába vetette magát, és a Demokrata Nemzeti Párt egyik meghatározó alakjává vált. Eleanor Rooseveltet is bevette a körébe, és egy Hyde Parkba tett látogatás során Eleanor bizalmasan elárulta, hogy kétségbeesetten keresi, mit tehetne „szegény Franklin”, aki tolószékhez kötött és nagyon lehangolt volt.

„Tudom, mit fogunk tenni” – kiáltott fel Bessie. „Indítjuk őt New York kormányzói posztjára!” Hatalmának köszönhetően sikerrel járt, és Roosevelt később elnök lett.

Az egyik férfi, akit Roosevelt magával hozott New Yorkból a Pénzügyminisztérium különleges tanácsadójának, Earl Bailie volt a J & W Seligman Company-tól, aki arról vált hírhedtté, hogy 415 000 dolláros kenőpénzt adott át Juan Leguia-nak, a perui elnök fiának, annak érdekében, hogy az elnök elfogadjon egy kölcsönt a J & W Seligman Company-tól. Ezt a kinevezést heves bírálatok kísérték, és Roosevelt úr, új szerepének megfelelően, mint a nép védelmezőj, visszaküldte Earl Bailie-t New Yorkba.

Franklin D. Roosevelt maga is rossz hírű nemzetközi bankár volt, aki az 1920-as években nagy mennyiségű külföldi kötvényt bocsátott ki ebben az országban. Ezek a kötvények nem kerültek visszafizetésre, és polgáraink milliókat vesztettek, de mégis Rooseveltet akarták elnöknek. A New York Directory of Directors (New York-i igazgatói névjegyzék) Roosevelt urat az United European Investors, Ltd. elnökeként és igazgatójaként tünteti fel 1923-ban és 1924-ben, amely társaság több millió német márkát bocsátott ki ebben az országban, és ezek mind nem teljesültek. A Poor’s igazgatói névjegyzéke 1928-ban az International Germanic Trust Company igazgatójaként tünteti fel. Franklin D. Roosevelt a Federal International Banking Corporation tanácsadója is volt, amely egy angol-amerikai szervezet volt, amely külföldi értékpapírokkal kereskedett az Egyesült Államokban.

Roosevelt és O’Connor ügyvédi irodája az 1920-as években számos nemzetközi vállalatot képviselt. Ügyvédi társa, Basil O’Connor, a következő vállalatok igazgatója volt:

Cuban-American Manganese Corporation, Venezuela-Mexican Oil Corporation, West Indies Sugar Corporation, American Reserve Insurance Corporation, Warm Springs Foundation. Más vállalatok igazgatója is volt, később pedig az Amerikai Vöröskereszt vezetője.

Amikor Franklin D. Roosevelt az Egyesült Államok elnöki posztjára lépett, kinevezte költségvetési igazgatónak James Paul Warburgot, Paul Warburg fiát, aki az International Acceptance Bank és más vállalatok alelnöke volt. Roosevelt kinevezte pénzügyminiszternek W.H. Woodint, az ország egyik legnagyobb iparmágnását, az American Car Foundry Company és számos más mozdonygyár, a Remington Arms, a The Cuba Company, a Consolidated Cuba Railroads és más nagyvállalatok igazgatóját. Woodint később Henry Morgenthau Jr. váltotta fel, a harlemi ingatlanvállalkozó fia, aki segített Woodrow Wilsonnak bejutni a Fehér Házba. Ilyen csapattal Roosevelt radikális társadalmi változásokra vonatkozó ígéreteinek megvalósulása aligha volt valószínű. Az egyik első intézkedése az volt, hogy moratóriumot hirdetett a bankárok számára, hogy segítsen nekik rendbe tenni a könyvelésüket.

A World's Work így ír:

„A Kongresszus szabad kezet adott Charles G. Dawesnek és Eugene Meyer Jr.-nak, hogy saját módszereikkel értékeljék a kétmilliárd dolláros tőke leendő hitelfelvevőinek által felajánlott biztosítékokat."

Roosevelt létrehozta az Értékpapír- és Tőzsdebizottságot is, hogy gondoskodjon arról, ne kerülhessenek új arcok a Wall Street-i bandába, ami a következő párbeszédet váltotta ki a Kongresszusban:

WOLCOTT KÉPVISELŐ: Az 1933-as bizottsági meghallgatásokon a közgazdászok olyan grafikonokat mutattak nekünk, amelyek kétséget kizáróan bizonyították, hogy az áruk dollárértéke követi az arany árszintjét. De nem így volt, ugye?

LEON HENDERSON: Nem. 253

GIFFORD KÉPVISELŐ: Nem azért nevezte ki Roosevelt elnök Joe Kennedyt [az Értékpapír- és Tőzsdebizottság elnökévé], mert szimpatizált a nagyvállalatokkal?

LEON HENDERSON: Úgy gondolom.

Paul Einzig 1935-ben rámutatott, hogy:

„Roosevelt elnök volt az első, aki nyíltan kijelentette, hogy támogatja a szándékosan előidézett áremelkedésre irányuló monetáris politikát. Negatív értelemben politikája sikeres volt. 1933 és 1935 között sikerült csökkentenie a magánadósságot, de ez az államadósság növekedésének árán történt."

Más szavakkal, a gazdagokról a szegényekre hárította az adósságterhet, mivel a gazdagok kevesen vannak, a szegények pedig sokan.

Robert L. Owen szenátor 1938-ban a Képviselőház Bank- és Pénzügyi Bizottsága előtt tett vallomásában így fogalmazott:

„Az 1913. június 26-án a Szenátusban általam benyújtott törvényjavaslatba belefoglaltam egy rendelkezést, miszerint a rendszer hatásköreit a stabil árszint elősegítésére kell felhasználni, ami a dollár stabil vásárlóerejét és adósságtörlesztő képességét jelentette. Ezt a rendelkezést törölték. A hatalmas pénzügyi érdekek Paul Warburg, Albert Strauss és Adolph C. Miller úr révén megszerezték az irányítást a Federal Reserve Board felett, és így 1920. május 18-án megtarthatták azt a titkos találkozót, amely olyan heves hitelösszehúzódást eredményezett, hogy ötmillió embert tett munkanélkülivé. 1920-ban az a Federal Reserve Board szándékosan okozta az 1921-es pánikot. Ugyanezek az emberek, akiknek a tőzsdén nem volt gátjuk, 1926 és 1929 között túlzott mértékben bővítették a hiteleket, és olyan fantasztikus magasságba emelték a részvényárak szintjét, hogy azok már nem tudtak osztalékot termelni, és amikor az emberek rájöttek erre, megpróbáltak kiszállni, ami az 1929. október 24-i összeomlást eredményezte."

Owen szenátor nem foglalkozott azzal a kérdéssel, hogy a Federal Reserve Board felelősségre vonható-e a nyilvánosság előtt. Valójában nem vonható. Ők az elnök által kinevezett köztisztviselők, de fizetésüket a Federal Reserve Bankok magánrészvényesei fizetik.

W.P.G. Harding, a Federal Reserve Board elnöke 1921-ben a következőket vallotta:

„A Federal Reserve Bank a részvénytulajdonos tagbankok tulajdonában lévő intézmény. A kormánynak egy dollárnyi részvénye sincs benne."

A kormány azonban a Federal Reserve System rendelkezésére bocsátja több milliárd dollárnyi hitelét, és ez adja a Federal Reserve-nek a központi bankra jellemző tulajdonságát, azaz azt a jogot, hogy a kormány hitelére pénzt bocsásson ki. Nincsenek szövetségi kormányzati bankjegyeink vagy aranybizonyítványaink pénzként. Vannak Federal Reserve Bank bankjegyeink, amelyeket a Federal

Reserve Bankok bocsátanak ki, és minden dollár, amit kinyomtatnak, egy dollár a zsebükben.

W. Randolph Burgess, a New York-i Federal Reserve Bank képviselője 1930-ban a Politikai Tudományok Akadémiája előtt kijelentette, hogy:

„Működésének főbb elveiben a Federal Reserve System nem különbözik más kibocsátó bankoktól, mint például a Bank of England, a Bank of France vagy a Reichsbank."

Mindezek a központi bankok rendelkeznek a pénzkibocsátás jogával a saját országukban. Így az emberek nem rendelkeznek a saját pénzük felett Európában, és itt sem. A pénzt magáncélú nyereség érdekében nyomtatják. Az embereknek nincs szuverenitásuk a pénzük felett, és kialakult az a helyzet, hogy más fontos politikai kérdésekben, például a külpolitikában sem rendelkeznek szuverenitással.

Kibocsátó központi bankként a Federal Reserve System mögött az amerikai nép hatalmas vagyona áll. Amikor 1913-ban megkezdte működését, komoly fenyegetést jelentett az elszegényedett európai országok központi bankjaira nézve. Mivel ezt a hatalmas vagyont képviselte, az 1920-as években a kívánatosnál sokkal több aranyat vonzott magához, és nyilvánvaló volt, hogy hamarosan a világ összes aranya ebben az országban fog felhalmozódni. Ez az aranystandardot nevetségessé tette volna Európában, mert ott nem lett volna aranyuk a pénz- és hitelkibocsátás fedezésére. A Federal Reserve 1927-ben, a külföldi központi bankok vezetőivel tartott titkos találkozó után, nyíltan azt a célt tűzte ki maga elé, hogy az arany nagy részét visszaküldje Európába, és az ehhez alkalmazott módszerek – az alacsony kamatláb és a kormányzati értékpapírok nagy mennyiségű vásárlása –, amelyek hatalmas mennyiségű új pénzt teremtettek, fokozta a tőzsdei spekulációt, és a tőzsdei összeomlást és az abból következő depressziót nemzeti katasztrófává tette.

Mivel a Federal Reserve System volt a felelős e katasztrófa okozásáért, feltételezhetnénk, hogy megpróbálták volna enyhíteni azt. Az 1931-es és 1932-es sötét években azonban a Federal Reserve Board kormányzói látták, hogy az amerikai nép helyzete romlik, és semmit sem tettek, hogy segítsenek rajtuk. Ez bűnösebb volt, mint a válság eredeti kitervelése. Bárki, aki átélte azokat az éveket ebben az országban, emlékszik a széles körű munkanélküliségre, a nyomorra és a népünk éhezésére. Azokban az években a Federal Reserve Board bármikor léphetett volna fel a helyzet enyhítésére.

A probléma az volt, hogy pénzt kellett visszajuttatni a forgalomba. Annyi pénzt szívott magába a Wall Street, amit általában bérleti díjra és élelmiszerre költöttek, hogy nem maradt pénz a mindennapi élet fenntartására. Sok helyen az emberek saját pénzt nyomtattak fára és papírra, hogy azt a közösségükben használhassák, és ez a pénz érvényes volt, mivel az emberek egymás iránti kötelezettségvállalásokat képviselt, amelyeket teljesítettek is.

A Federal Reserve System egy kibocsátó központi bank volt. Megvolt a hatalma arra, hogy – amikor az tulajdonosainak megfelelt – több millió dollárnyi pénzt bocsásson ki, és ezt meg is tette. Miért nem tette meg ezt 1931-ben és 1932-ben? A Wall Street-i bankároknak elegük volt Herbert Hoover úrból, és azt akarták, hogy Franklin D. Roosevelt dicsőséges hullámon érkezzen meg a nemzet megmentőjeként. Ezért az amerikai népnek éheznie és szenvednie kellett 1933 márciusáig, amikor a Fehér Lovag megérkezett a Wall Street-i megvesztegetők csapatával, és pénzt bocsátott ki a forgalomb. Ennyi volt az egész. Amint Roosevelt úr hivatalba lépett, a Federal Reserve tíz héten át heti tízmillió dollár értékben kezdett el állampapírokat vásárolni, és százmillió dollárnyi új pénzt hozott létre, ami enyhítette a kritikus pénz- és hitelhiányt, és a gyárak újra elkezdtek embereket felvenni.

A Roosevelt-kormány idején a Federal Reserve Board – a közvélemény szemében – egyenlő volt Marriner Eccles személyével, aki „a Főnök” követője és csodálója volt. Eccles utahi bankár volt, a First Securities Corporation elnöke, egy családi befektetési társaságé, amely számos bankból állt, amelyeket Eccles az 1920–21-es mezőgazdasági válság idején olcsón szerzett meg. Eccles olyan vállalatok igazgatója is volt, mint a Pet Milk Company, a Mountain States Implement Company és az Amalgamated Sugar. Mint nagy bankár, Eccles jól illeszkedett azokhoz a hatalmas emberekhez, akik Roosevelt mögött álltak.

A Kongresszusban vita alakult ki arról, hogy Ecclesnek helye van-e a Federal Reserve Boardban, miközben ennyi bankja van Utahban, de ő tanúvallomása szerint a First Securities Corporation elnöki tisztségén kívül alig volt köze a társasághoz, így kinevezték a testület elnökévé.

Eugene Meyer Jr. ekkor lemondott a tanácsból, hogy több időt fordíthasson a Reconstruction Finance Corporation kétmilliárd dolláros tőkéjének kölcsönzésére, valamint a biztosítékok értékének saját módszereivel történő meghatározására.

Az 1935-ös banki törvény, amely jelentősen megnövelte Roosevelt hatalmát az ország pénzügyei felett, szerves része volt annak a jogalkotásnak, amellyel az Egyesült Államokban uralkodásának meghosszabbítását javasolta. A nép nem ellenezte, mint a Nemzeti Helyreállítási Törvényt, mert nem jelentett olyan nyílt sérelmet szabadságjogaira. Ugyanakkor fontos intézkedés volt. Először is, a törvény a Federal Reserve Board of Governors (a Federal Reserve kormányzótanácsának) hivatali idejét tizennégy évre, azaz az elnöki hivatali idő három és félszeresére hosszabbította meg. Ez azt jelentette, hogy egy olyan elnök, aki hivatalba lépve ellenségesen viszonyul a tanácshoz, nem nevezhet ki olyan többséget a testületbe, amely kedvezően állna hozzá. Így egy elnök Fehér Házba lépése előtt bevezetett monetáris politika az ő akaratától függetlenül folytatódna.

Az 1935-ös banki törvény hatályon kívül helyezte az 1933-as Glass-Steagall-törvény azon záradékát is, amely előírta, hogy egy bank nem lehet egyszerre tőzsdei társaság és befektetési bank. Ez a záradék jó volt, mivel megakadályozta, hogy egy bank pénzt kölcsönözzön egy olyan vállalatnak, amelynek tulajdonosa. Mégis emlékeznünk kell arra, hogy ez a záradék eltakarta a törvény néhány más rendelkezését, például a Szövetségi Betétbiztosítási Társaság létrehozását, amely 150 millió dollár összegű biztosítási pénzt nyújtott 15 milliárd dollár értékű betét garantálására. Ez növelte a nagybankárok hatalmát a kis bankok felett, és újabb ürügyet adott nekik azok kivizsgálására. Az 1933-as banki törvény azt is előírta, hogy a Federal Reserve Bankok összes bevételét törvény szerint maguknak a bankoknak kell megkapniuk. Végül eltörölték a törvény azon rendelkezését, amely szerint a kormány részesedik a nyereségből. Ezt soha nem tartották be, és a Federal Reserve Bankok vagyonának növekedése – 1913-as 143 millió dollárról 1949-es 45 milliárd dollárra – teljes egészében a bankok magánrészvényeseinek jutott. Így az 1933-as banki törvény egyetlen konstruktív rendelkezését 1935-ben hatályon kívül helyezték, és a Federal

Reserve Bankok számára is engedélyezték, hogy közvetlenül az iparnak nyújtsanak hitelt, versenyezve a tagbankokkal, amelyek nem remélhették, hogy felvehetik a versenyt a nagy összegű hitelek közvetítésében.

Amikor 1935-ben hatályon kívül helyezték azt a rendelkezést, amely szerint a bankok nem vehetnek részt befektetési banki tevékenységben és nem működhetnek a tőzsdén, Carter Glassot, a rendelkezés kezdeményezőjét, a riporterek a következő kérdéssel illették:

„Ez azt jelenti, hogy J.P. Morgan visszatérhet a befektetési banki tevékenységhez?"

„Nos, miért ne?" – válaszolta Glass szenátor. „Az egész országban felháborodás volt amiatt, hogy a bankok nem adnak hitelt. Most a Morganok visszatérhetnek a kibocsátáshoz."

Mivel ez a rendelkezés számukra kedvezőtlen volt, a bankárok egyszerűen leállították a hitelezést, amíg azt hatályon kívül nem helyezték.

A Newsweek 1936. március 14-i száma megjegyezte, hogy:

„A Federal Reserve Board kilenc tartalékbanki elnököt menesztett, azzal az indokkal, hogy »szándéka szerint a tartalékbankok elnöki tisztségeit nagyrészt tiszteletbeli, részmunkaidős állássá kívánja alakítani«."

Ez a Federal Reserve System irányításának központosításának újabb példája volt. A regionális körzeti rendszer soha nem volt fontos tényező a monetáris politika irányításában, és a Tanács nem csökkentette a washingtoni székhelyen kívüli tisztviselőinek számát. A Szenátus Banki és Pénzügyi Bizottságának elnöke az 1934-es aranytartalék-meghallgatások során feltette a következő kérdést:

„Nem igaz-e, Young kormányzó, hogy az elmúlt tizenkét évben a pénzügyminiszter irányította a Federal Reserve Bankok és a Federal Reserve Tanács politikáját az Egyesült Államok kötvényeinek vásárlása tekintetében?"

Young kormányzó ezt tagadta, de már kiderült, hogy mindkét 1927-es és 1929-es sietős útján, amelynek célja a Federal Reserve politikájának diktálása volt, Montagu Norman, az Angol Nemzeti

Bank kormányzója közvetlenül Andrew Mellon pénzügyminiszterhez fordult, hogy rávegye őt kormányzati értékpapírok vásárlására a nyílt piacon, és elindítsa az arany kiáramlását az országból vissza Európába.

Az aranytartalék-meghallgatásokra más személyeket is meghívtak, akiknek több mint múló érdeklődésük volt a Federal Reserve System működése iránt. James Paul Warburg, aki éppen visszatért a londoni gazdasági konferenciáról O.M.W. Sprague professzorral és Henry L. Stimsonnal, kijelentette, hogy szerinte modernizálnunk kellene az aranystandardot. Frank Vanderlip azt javasolta, hogy számoljuk fel a Federal Reserve Boardot, és hozzunk létre egy szövetségi monetáris hatóságot. Ez nem jelentett volna különbséget a New York-i bankárok számára, akik egyébként is ők választották volna ki a személyzetet. Robert L. Owen szenátor, a rendszer régóta tartó kritikusaként, a következő nyilatkozatot tette:

„Az emberek nem tudták, hogy a Federal Reserve Bankokat nyereségszerzés céljából hozták létre. Céljuk az ország hitel- és pénzkínálatának stabilizálása volt. Ez a cél nem valósult meg. Valójában a rendszer bevezetése óta a pénz vásárlóereje rendkívül jelentős ingadozást mutatott. A Federal Reserve tagjait a nagy bankok választják ki, diszkrét kis kampányok keretében, és ők természetesen azokat az eszményeket követik, amelyeket pénzügyi szempontból a legmegfelelőbbnek ábrázolnak számukra."

Benjamin Anderson, a New York-i Chase National Bank közgazdásza így nyilatkozott:

„Jelenleg, 1934-ben, 900 millió dollár többlet tartalékunk van. 1924-ben, a 300 millióval megnövelt tartalékok mellett, nagyon gyorsan körülbelül három-négy milliárd dollárnyi banki hitelbővülés történt. Ezt a többletpénzt a Federal Reserve Bankok bocsátották ki 1924-ben állampapírok vásárlásával, és ez volt a banki hitelek gyors bővülésének oka. A bankok továbbra is többlet tartalékokkal rendelkeztek, mert több arany érkezett be, és mert bármikor, amikor lassulás volt tapasztalható, a Federal Reserve emberei további tartalékokat bocsátottak ki. 1926-ban kissé visszafogták magukat.

A helyzet abban az évben kissé stabilizálódott. Majd 1927-ben kevesebb mint 300 millió dollárnyi további tartalékot bocsátottak ki, ami felpörgette a tőzsdét, és ez egyenesen a 1929-es összeomlásba vezetett."

Dr. Anderson azt is kijelentette, hogy:

„A Federal Reserve Bankok pénze az általuk teremtett pénz. Amikor állampapírokat vásárolnak, tartalékokat hoznak létre. Az állampapírokat saját magukra kiállított csekkekkel fizetik ki, ezek a csekkek a kereskedelmi bankokhoz kerülnek, amelyek azokat a Federal Reserve Bankokba helyezik letétbe, és így létrejön olyan pénz, amely korábban nem létezett."

BULKLEY SÉNÁTOR: Ez egyáltalán nem növeli a forgalomban lévő pénzt?

ANDERSON: Nem.

Ez magyarázza, hogy a Federal Reserve Bankok hogyan növelték vagyonukat 143 millió dollárról 45 milliárd dollárra harmincöt év alatt. Nem termeltek semmit, nem termelő vállalkozások voltak, és mégis hatalmas nyereségük volt, pusztán pénzteremtés révén, amelynek 95 százaléka hitel formájában jelent meg, ami nem növelte a forgalomban lévő pénzt. Ez nem került elosztásra a nép között bér formájában, és nem növelte a parasztok és munkások vásárlóerejét sem. Ez hitelpénz volt, amelyet bankárok hoztak létre bankárok használatára és profitjára, akik néhány év alatt több mint negyvenmilliárd dollárral növelték vagyonukat, mert 1913-ban a Federal Reserve Act elfogadásával megszerezték az irányítást a kormány hitelállománya felett.

Marriner Ecclesnek is sok mondanivalója volt a pénzteremtésről. Közgazdásznak tartotta magát, és Stuart Chase és Rexford Guy Tugwell, Roosevelt két korai tanácsadója hozta be a kormányzati szolgálatba. Eccles volt az egyetlen Roosevelt-körből, aki az egész elnökség alatt hivatalban maradt.

1941. június 24-én a Képviselőház Bank- és Valutaügyi Bizottsága előtt Eccles kormányzó a következőket mondta:

„A pénz a hitelpénz kibocsátásának jogából jön létre."

A kormány hitelképességének 1913-as átadása a magánbankároknak korlátlan lehetőségeket biztosított számukra a pénzteremtésre. A Federal Reserve System nyílt piaci műveletei révén nagy mennyiségű pénzt is megsemmisíthetett. Eccles a 1939-es ezüstmeghallgatásokon így fogalmazott:

„Amikor kötvényeket ad el a nyílt piacon, megszünteti a tartalékokat."

A tartalékok megszüntetése azt jelenti, hogy eltüntetik a pénz- és hitelkibocsátás alapját, vagyis szigorítják a pénz- és hitelkínálatot, ami általában még kedvezőbb a bankárok számára, mint a pénzteremtés. A pénz visszahívása vagy megsemmisítése azonnali és korlátlan ellenőrzést biztosít a bankár számára a pénzügyi helyzet felett, mivel ő az egyetlen, akinek pénze van, és az egyetlen, aki pénzhiány idején pénzt bocsáthat ki. Az 1873-as, 1893-as, 1920–21-es és 1929–31-es pénzügyi pánikokat a forgalomban lévő pénzeszközök visszahívása jellemezte. Gazdasági szempontból ez nem tűnik olyan szörnyű dolognak, de amikor ez azt jelenti, hogy az embereknek nincs pénzük a lakbér fizetésére vagy élelmiszer vásárlására, és amikor ez azt jelenti, hogy egy munkaadónak a munkatársainak háromnegyedét kell elbocsátania, mert nem tud pénzt kölcsönkérni a fizetésükre, a bankárok hatalmas bűne és az általuk okozott szenvedés és nyomor hosszú története arra utal, hogy semmilyen büntetés nem lehet túl szigorú az embertársaik ellen elkövetett bűneikért.

1940. szeptember 30-án Eccles kormányzó így nyilatkozott:

„Ha a pénzrendszerünkben nem lennének adósságok, nem lenne pénz."

Ez pontos leírása a pénzrendszerünknek. A pénzt nem az emberek termelése, az áruk és szolgáltatások éves növekedése hozza létre, hanem a bankárok az emberek adósságaiból. Mivel nem megfelelő, nagy ingadozásoknak van kitéve, és alapvetően instabil. Ezek az ingadozások egyben hatalmas profit forrásai is. Emiatt a Federal Reserve Board következetesen ellenezte minden olyan jogszabályt, amely a monetáris rendszer stabilizálására irányult. Álláspontját egyértelműen megfogalmazta Eccles elnök 1939. március 9-én Wagner szenátorhoz írt levelében, valamint a Testület 1939. március 13-án kiadott memorandumában.

Eccles elnök a következőket írta:

„... tájékoztatjuk, hogy a Federal Reserve System Kormányzótanácsa nem támogatja a 31. számú szenátusi törvényjavaslat, a Federal Reserve Act módosítására irányuló törvényjavaslat, illetve bármely más, hasonló jellegű jogszabály elfogadását."

A Kormányzótanács memorandumában, a „Javaslatok az árak rögzített szinten tartására" című részben a következőket állapította meg:

„A Kormányzótanács ellenzi minden olyan törvényjavaslatot, amely stabil árszintet javasol, azzal az indokkal, hogy az árak nem elsősorban a pénz árától vagy költségétől függenek; hogy a Kormányzótanács pénzügyi ellenőrzése nem lehet teljes; és hogy a stabil átlagárak, még ha hivatalos intézkedésekkel is elérhetők lennének, nem biztosítanák a tartós jólétet."

Mégis William McChesney Martin, a Kormányzótanács 1952-es elnöke 1952. március 10-én a Patman-bizottság adósságellenőrzési albizottsága előtt kijelentette, hogy „a Federal Reserve Act egyik alapvető célja a dollár értékének védelme."

Flanders szenátor megkérdezte tőle: „Ez kifejezetten szerepel-e a Federal Reserve rendszert létrehozó eredeti törvényben?"

„Nem" – válaszolta Martin úr –, „de ez a törvényalkotás teljes történetéből és a körülményekből egyértelműen kitűnik."

Robert L. Owen szenátor elmesélte nekünk, hogyan vették ki ezt az eredeti törvényből az ő akaratával ellentétben, és hogy a Kormányzótanács ellenezte az ilyen jogszabályt. Úgy tűnik, Martin úr nem tud erről.

A stabil átlagárak valóban lehetetlenek mindaddig, amíg a tőzsdén spekulánsok hajtják fel és le az árakat, hogy maguknak nyereséget szerezzenek. Annak ellenére, hogy Eccles kormányzó ragaszkodott ahhoz, hogy a stabil átlagárak nem biztosítanák a tartós jólétet, azok sokat tehetnének ennek a feltételnek a megteremtése érdekében. Egy 2500 dolláros éves bérrel rendelkező ember nem él jól, ha a kenyér ára az év során öt centtel emelkedik egy cipónként.

1935-ben Eccles a Képviselőház Banki és Pénzügyi Bizottságának ülésén a következőket mondta:

„A kormány ellenőrzi az aranytartalékot, vagyis a pénz- és hitelkibocsátás jogát, így nagymértékben szabályozva az árak alakulását."

Ez szinte közvetlen ellentmondásban áll Eccles 1939-es kijelentésével, miszerint az árak elsősorban nem a pénz árától vagy költségétől függenek.

1935-ben Eccles kormányzó a Képviselőház bizottsága előtt kijelentette:

„A Federal Reserve Board rendelkezik a nyílt piaci műveletek végrehajtásának jogkörével. A nyílt piaci műveletek az ország hitelállományának és hitelköltségének szabályozására szolgáló legfontosabb eszközök. Amikor ebben az összefüggésben „hitelről" beszélek, a pénzt értem alatta, mert az ország lakossága által használt pénz túlnyomó többsége banki hitel vagy bankbetét formájában van jelen. Amikor a Federal Reserve Bankok váltókat vagy értékpapírokat vásárolnak a nyílt piacon, növelik a lakosság pénzmennyiségét és csökkentik annak költségét; amikor pedig eladnak a nyílt piacon, csökkentik a pénzmennyiséget és növelik annak költségét. Az egész nép jólétét érintő e műveletek feletti hatalmat egy olyan testületnek kell gyakorolnia, amely a nemzeti érdekeket képviseli."

Eccles kormányzó vallomása feltárja a pénzgyártó gépezet lényegét, amelyet Paul Warburg 1910-ben Jekyll Islanden mutatott be hitetlenkedő bankár kollégáinak. A legtöbb amerikai azt mondja, hogy nem érti, hogyan működik a Federal Reserve System. Ez azért marad érthetetlen, nem azért, mert bonyolult, hanem azért, mert olyan egyszerű. Ha egy szélhámos odajön hozzád, és felajánlja, hogy bemutatja csodálatos pénzgyártó gépét, nézed, ahogy egy üres papírdarabot tesz bele, és kiad egy 100 dolláros bankjegyet. Ez a Federal Reserve System. Ezután felajánlod, hogy megveszed ezt a csodálatos pénzgyártó gépet, de nem teheted. A tulajdonosa a Federal Reserve Bankok magánrészvényeseinek alkotmányos társulása, akiknek a kilétét részben, de nem teljesen lehet visszavezetni a „londoni kapcsolatra".

A Képviselőház Banki és Valutaügyi Bizottsága 1960. június 6-i meghallgatásán Wright Patman képviselő, a bizottság elnöke kérdéseket tett fel Carl E. Allennek, a Chicago-i Federal Reserve Bank elnökének. (4. o.)

PATMAN: „Nos, Mr. Allen, amikor a Federal Reserve Nyíltpiaci Bizottsága egymillió dollár értékű kötvényt vásárol, ön a nemzet hitelén teremt pénzt, hogy kifizesse azt a kötvényt, nem igaz?

ALLEN: Igen, így van.

PATMAN: És ebben az esetben a nemzet hitelét a Federal Reserve bankjegyek képviselik, nem igaz? Ha a bankok a tényleges pénzt akarják, akkor Federal Reserve bankjegyeket ad fizetésként, nem igaz?

ALLEN: Ez lehetséges lenne, de senki sem akarja a Federal Reserve bankjegyeket.

PATMAN: Senki sem akarja őket, mert a bankok inkább a hitelkeretet tartják tartaléknak.

Ez a Federal Reserve működésének leghihetetlenebb része, és olyan, amit bárkinek nehéz megérteni. Hogyan foghatja fel bármely amerikai állampolgár azt a koncepciót, hogy vannak emberek ebben az országban, akiknek hatalmukban áll bejegyzést tenni egy főkönyvbe, miszerint az Egyesült Államok kormánya most egymilliárd dollárral tartozik nekik, és behajtani a tőkeösszeget és a kamatot ezen a „kölcsönön"?

Wright Patman képviselő „The Primer of Money" című könyvének 38. oldalán arról mesél, hogy bement a Federal Reserve Bankba, és megkérdezte, megnézheti-e azokat a kötvényeket, amelyekre az amerikai nép kamatot fizet. Miután megmutatták neki a kötvényeket, megkérdezte, láthatja-e a készpénzt, de csak néhány főkönyv és üres csekk volt náluk. Patman így fogalmaz:

„A készpénz valójában nem létezik, és soha nem is létezett. Amit „készpénztartaléknak" nevezünk, az egyszerűen csak könyvelési jóváírások, amelyeket a Federal Reserve Bankok főkönyveibe vezetnek be. A jóváírásokat a Federal Reserve Bankok hozzák létre, majd továbbítják a bankrendszeren keresztül."

Peter L. Bernstein *A pénz, a banki rendszer és az arany bevezetője című* művében így fogalmaz:

„A Federal Reserve bankjegyek trükkje az, hogy a Federal Reserve bankok nem veszítenek készpénzt, amikor kifizetik ezt a valutát a tagbankoknak. A Federal Reserve bankjegyek semmivel sem válthatók be, kivéve azt, amit a kormány „törvényes fizetőeszköznek" nevez – vagyis olyan pénzt, amelyet a hitelezőnek hajlandónak kell lennie elfogadni az adósságától a neki járó összegek kifizetésére.

De mivel a törvény minden Federal Reserve bankjegyet törvényes pénznek nyilvánít, valójában csak magukban válthatók be... a Federal Reserve bankok által kibocsátott, be nem váltható kötelezettségek."[127]

Ahogy Patman kongresszusi képviselő fogalmaz: „A dollár egy dolláros adósságot jelent a Federal Reserve System felé. A Federal Reserve bankok a semmiből teremtenek pénzt, hogy kormánykötvényeket vásároljanak az Egyesült Államok Pénzügyminisztériumától, és kamat ellenében pénzt bocsátanak forgalomba, a Pénzügyminisztérium számára csekkfüzeti jóváírásként könyvelve. A Pénzügyminisztérium kibocsát egy egymilliárd dolláros kamatozó kötvényt. A Federal Reserve egymilliárd dolláros hitelt ad a Pénzügyminisztériumnak a kötvényért, és a semmiből teremtett egy egymilliárd dolláros adósságot, amelyet az amerikai nép köteles kamattal visszafizetni." (Money Facts, House Banking and Currency Committee, 1964, 9. o.)

Patman így folytatja:

„Honnan szerzi a Federal Reserve rendszer azt a pénzt, amellyel banki tartalékokat hoz létre?

Válasz. Nem kapja a pénzt, hanem teremt. Amikor a Federal Reserve csekket állít ki, pénzt teremt. A Federal Reserve egy igazi pénzgyártó gépezet. Pénzt vagy csekket bocsáthat ki.

1951-ben a New York-i Federal Reserve Bank kiadott egy brosúrát „Egy nap a New York-i Federal Reserve Bankban" címmel. A 22. oldalon a következőket olvashatjuk:

„A bankok működésében a pénz őrzése mellett van még egy másik, ennél is fontosabb közérdekű elem: a bankok „teremthetnek" pénzt. Ezzel kapcsolatban az egyik legfontosabb tényező, amit szem előtt kell tartani, hogy a pénzmennyiség hatással van az általános

---

127 Peter L. Bernstein, *A Primer on Money, Banking and Gold*, Vintage Books, New York, 1965, 104. o.

árszintre – a megélhetési költségekre. A megélhetési költségindex és a pénzmennyiség párhuzamosan alakul."

A Federal Reserve Board döntései, vagy inkább azok a döntések, amelyeket „ismeretlen felek" utasítanak rájuk, az árakra gyakorolt hatásuk révén minden amerikai mindennapi életét érintik. A kamatláb emelése, vagyis a pénz „drágítása" a piacon rendelkezésre álló pénzmennyiség korlátozását eredményezi, akárcsak a Federal Reserve System által előírt tartalékolási követelmények emelése. A Nyílt Piaci Bizottság által végzett kötvényeladások szintén csökkentik és mérséklik a pénzmennyiséget. Az állampapírok nyílt piaci vásárlása több pénzt „teremt", ahogyan a kamatláb csökkentése és a pénz „olcsóbbá tétele" is. Axiomatikus, hogy a pénzkínálat növekedése jólétet hoz, a pénzkínálat csökkenése pedig válságot okoz. A pénzkínálat drámai növekedése, amely meghaladja az árukínálatot, inflációt okoz: „túl sok pénz üldözi a túl kevés árut". A monetáris rendszer egy rejtettebb aspektusa a „forgási sebesség", ami sokkal technikaiabbnak hangzik, mint amilyen valójában. Ez az a sebesség, amellyel a pénz gazdát cserél; ha ez a parasztok kertjébe elásott arany, akkor ez lassú forgalmi sebesség, amelyet a gazdaságba vagy a nemzetbe vetett bizalom hiánya okoz. A nagyon gyors forgalmi sebesség, mint például az 1920-as évek végének tőzsdei fellendülése, gyors forgalmat, kiadást és befektetést jelent, és a gazdaságba vetett bizalomból, vagy túlzott bizalomból fakad. Magas forgalmi sebesség mellett kisebb pénzkínálat kering ugyanannyi ember és áru között, mint amennyi nagyobb pénzkínálat lassabb forgalmi sebességgel keringene. Ezt azért említjük, mert a forgalmi sebességet, vagyis a gazdaságba vetett bizalmat a Federal Reserve intézkedései is jelentősen befolyásolják. Milton Friedman a Newsweek 1983. május 2-i számában így nyilatkozik: „A Federal Reserve fő feladata a pénzkínálat meghatározása. Hatalma van a pénzkínálatot tetszőleges mértékben növelni vagy csökkenteni."

Ez hatalmas hatalom, mert a pénzkínálat növelése egy kormány újraválasztását eredményezheti, míg annak csökkentése a kormány bukásához vezethet. Friedman tovább kritizálja a Federal Reserve-t: „Hogy lehetséges, hogy egy olyan intézmény, amelynek teljesítménye ennyire gyenge, mégis ilyen jó közvéleménybeli hírnévnek örvend, sőt előrejelzései jelentős mértékű hitelességet élveznek?"

Minden, a pénzmennyiséget befolyásoló nyílt piaci tranzakciót a New York-i Federal Reserve Bank hajt végre egyetlen rendszer számlára, az összes Federal Reserve Bank nevében, és a New York-i Federal Reserve Bank egyik tisztviselője felügyeli. Azok a konferenciák, amelyeken az Open Market Committee dönt a értékpapírok vételéről vagy eladásáról, zártkörűek, és a tanácskozások is rejtély maradnak. 1928. május 8-án *a The New York Times* arról számolt be, hogy Adolph C. Miller, a Federal Reserve Board elnöke a Képviselőház Banki és Valutaügyi Bizottsága előtt tett tanúvallomásában kijelentette, hogy a nyílt piaci vásárlások és a rediszkonto kamatlábak „beszélgetések" útján kerültek megállapításra. Abban az időben a nyílt piaci vásárlások napi hetven-nyolcvan millió dollárt tettek ki, ma ez a tízszerese lenne. Ezek hatalmas összegek, amelyeket puszta „beszélgetések" alapján manipulálnak, de ennyi az információ, amit megszerezhetünk.

Ezeknek a rejtélyes tranzakcióknak köszönhetően, amelyek minden amerikai állampolgár életét, szabadságát és boldogságát érintik, számos javaslat született, mint például a 23. számú szenátusi dokumentum, amelyet Logan úr terjesztett elő 1939. január 24-én, és amely szerint „a kormánynak létre kell hoznia, kibocsátania és forgalomba kell hoznia az összes pénzt és hitelt, amely a kormány kiadási erejének és a fogyasztók vásárlóerejének kielégítéséhez szükséges. A pénz létrehozásának és kibocsátásának kiváltsága nem csupán a kormány legfőbb előjoga, hanem a kormány legnagyobb kreatív lehetősége is."

1960. március 21-én Wright Patman kongresszusi képviselő a Kongresszusi Naplóban egy egyszerű példával illusztrálta, hogyan „teremtik a pénzt" a bankok.

„Ha 100 dollárt helyezek el a bankomnál, és a Federal Reserve Bank által előírt tartalékolási követelmény 20%, akkor a bank legfeljebb 80 dolláros hitelt nyújthat John Doe-nak. Honnan származik ez a 80 dollár? Nem az én 100 dolláros betétemből, hanem éppen ellenkezőleg: a bank egyszerűen 80 dollárt ír jóvá John Doe számláján. A bank ugyanilyen eljárással szerezhet állami kötvényeket is, egyszerűen úgy, hogy betéteket hoz létre a kormány javára. A pénzteremtés a kereskedelmi bankok hatásköre... 1917 óta a Federal Reserve 46 milliárd dollárnyi tartalékot juttatott a magánbankoknak."

Hogy ez hogyan történik, azt legjobban Eccles kormányzó tárta fel a Képviselőház Banki és Pénzügyi Bizottsága előtt 1941. június 24-én tartott meghallgatáson:

ECCLES: „A bankrendszer egésze teremt és szüntet meg betéteket, amikor hiteleket nyújt és befektetéseket hajt végre, függetlenül attól, hogy állampapírokat, közüzemi kötvényeket vásárol, vagy mezőgazdasági hiteleket nyújt.

PATMAN ÚR: Teljes mértékben egyetértek azzal, amit mond, kormányzó úr, de az a tény továbbra is fennáll, hogy ők teremtették a pénzt, nem igaz?

ECCLES: Nos, a bankok pénzt teremtenek, amikor hiteleket nyújtanak és befektetéseket hajtanak végre."

1941. szeptember 30-án, ugyanazon bizottság előtt Patman képviselő a következő kérdést tette fel Eccles kormányzónak:

„Honnan szerezte a pénzt 1933-ban ahhoz, hogy 2 milliárd dollár értékű állampapírt vásároljon?

ECCLES: Mi teremtettük.

PATMAN ÚR: Miből?

ECCLES: A hitelpénz kibocsátásának jogából.

PATMAN ÚR: És ennek nincs semmi fedezete, igaz, kivéve a kormányunk hitelét?

ECCLES: Ez a mi pénzrendszerünk. Ha nem lennének adósságok a pénzrendszerünkben, nem lenne pénz sem."

1942. június 17-én Eccles kormányzót Dewey úr hallgatta ki.

ECCLES: „Úgy értem, amikor a Federal Reserve nyílt piaci műveletet hajt végre, vagyis ha kormányzati értékpapírokat vásárol a nyílt piacon, új pénzt juttat a bankok kezébe, ami tétlen betéteket hoz létre.

DEWEY: Nincsenek erre a célra felhasználható többlet tartalékok?

ECCLES: Amikor a Federal Reserve System kormányzati értékpapírokat vásárol a nyílt piacon, vagy közvetlenül a Pénzügyminisztériumtól, bármelyik esetben is, pontosan ezt teszi.

DEWEY: Mivel fogja megvásárolni őket? Hiteleket fog teremteni?

ECCLES: Mindig is ezt tettük. Így működik a Federal Reserve System. A Federal Reserve System pénzt teremt. Ez egy kibocsátó bank.

Az 1947-es képviselőházi meghallgatáson Kolburn úr a következő kérdést tette fel Eccles úrnak:

„Mit ért az államadósság monetizálása alatt?

ECCLES: Arra gondolok, hogy a bank kormányzati értékpapírok vásárlásával teremt pénzt. Minden adósságból származik – akár magán-, akár államadósságból.274

FLETCHER: Eccles elnök úr, ön szerint mikor van esély arra, hogy visszatérjünk a szabad és nyitott piacra, ahelyett, hogy a jelenlegi, rögzített árfolyamú és mesterségesen szabályozott pénzügyi piacot élvezzük?

ECCLES: Soha. Sem az ön, sem az én életemben."

Jerry Voorhis képviselőt *az U.S. News* 1959. augusztus 31-i *számában* idézik, amint Anderson pénzügyminiszternek felteszi a kérdést: „Úgy érti, hogy a bankok, amikor állampapírokat vásárolnak, nem adnak kölcsön ügyfeleik betéteiből? Hogy ők teremtik meg azt a pénzt, amit az állampapírok vásárlására használnak? ANDERSON: Igen, így van. A bankok különböznek más hitelező intézményektől. Amikor egy takarékpénztár, egy biztosítótársaság vagy egy hitelszövetkezet hitelt nyújt, pontosan azt a dollárt adja kölcsön, amelyet ügyfelei korábban befizettek. De amikor egy bank hitelt nyújt, egyszerűen a hitel összegével növeli a hitelfelvevő bankszámláját. A pénzt senkitől sem veszik el. Ez új pénz, amelyet a bank teremtett a hitelfelvevő számára."

Furcsa módon soha nem volt bírósági tárgyalás a Federal Reserve Act törvényességéről vagy alkotmányosságáról. Bár jogalapja nagyjából ugyanolyan ingatag, mint a Nemzeti Helyreállítási Törvényé (National Recovery Act, NRA), amelyet a Schechter Poultry kontra Amerikai Egyesült Államok ügyben (29 U.S. 495, 55 US 837.842 (1935)) megtámadtak, az NRA-t a Legfelsőbb Bíróság alkotmányellenesnek ítélte azzal az indokkal, hogy „a Kongresszus nem mondhat le törvényhozói jogköréről, és azt nem ruházhatja át másokra. A Kongresszus alkotmányosan nem ruházhatja át jogalkotói hatáskörét kereskedelmi vagy ipari szövetségekre vagy csoportokra úgy, hogy azok törvényalkotási jogkörrel rendelkezzenek."

Az Alkotmány 1. cikkének 8. szakasza kimondja, hogy „A Kongresszus jogosult az Egyesült Államok hitelén pénzt felvenni... valamint pénzt verni, annak értékét és a külföldi pénznemek értékét szabályozni, valamint a súly- és mértékegységeket megállapítani." Az NRA-határozat szerint a Kongresszus nem ruházhatja át ezt a hatalmat a Federal Reserve Systemre, és nem ruházhatja át jogalkotói hatáskörét a Federal Reserve Systemre sem, hogy az rögzíthesse a banki tartalékok mértékét, a rediszkonto kamatlábat vagy a pénzmennyiséget. Mindezeket a Federal Reserve Board „törvénybe iktatja", amely jogalkotói üléseken határozza meg ezeket a kérdéseket, és „törvényeket" vagy rendeleteket bocsát ki azok rögzítésére.

A második világháború lehetőséget adott a Federal Reserve Systemet birtokló nagybankároknak, hogy az országra zúdítsák a 1930 elején nyomtatott milliárd dollárokat, a történelem legnagyobb hamisítási műveletében, amelyet természetesen Roosevelt kormánya legalizált. Henry Hazlitt a *Newsweek Magazine* 1943. január 4-i számában így ír:

„Az a pénz, amely egy héttel ezelőtt, 1942. december 21-én kezdett megjelenni a forgalomban, a szó legteljesebb értelmében vett nyomdai pénz volt, vagyis olyan pénz, amely *mögött semmiféle fedezet nem* állt. A Federal Reserve nyilatkozata szerint „a Kormányzótanács, a Pénzügyminisztériummal folytatott konzultációt követően, felhatalmazta a Federal Reserve Bankokat, hogy jelenleg használják fel a harmincas évek elején nyomtatott, „Federal Reserve Banknotes" néven ismert pénzkészleteket. Ismételjük: ezeknek a bankjegyeknek nincs semmiféle fedezetük."

Eccles kormányzó 1944-ben az Árfelügyeleti Hivatalról szóló szenátusi meghallgatáson a Federal Reserve-ről és a háborús finanszírozásról szóló egyéb érdekes kérdésekről is tanúskodott:

„A forgalomban lévő pénzmennyiség négy év alatt 7 milliárd dollárról 21,5 milliárd dollárra nőtt. A háború idején jelentős mennyiségű aranyat veszítünk. Mivel exportunk nagyrészt kölcsönbérleti alapon történt, olyan importárukat vettünk át, amelyekért dollárban fizettünk. Ezek az országok most arany formájában veszik fel ezeket a dollárkiegyenlítéseket.

SMITH ÚR: Eccles kormányzó úr, mi a célja azoknak a külföldi kormányoknak, amelyek ezt a tervezett programot támogatják, amelynek keretében aranyat adnánk egy nemzetközi alapba?

ECCLES KÖZPONGBANK-ELNÖK: Szeretnék beszélni az OPA-ról, és a stabilizációs alapot arra az időre hagyni, amikor készen állok rá, hogy belemegyek.

SMITH ÚR: Egy pillanat. Úgy érzem, hogy ez az alap nagyon releváns a mai témánk szempontjából.

FORD ÚR: Úgy vélem, hogy a stabilizációs alap teljesen független az OPA-tól, ezért maradnunk kellene a jelenlegi témánál.

A kongresszusi képviselők végül nem jutottak el odáig, hogy megvitassák a Stabilizációs Alapot, egy másik kezdeményezést, amelynek keretében visszaadnánk az elszegényedett európai országoknak az ide küldött aranyat. 1945-ben Henry Hazlitt *a Newsweek* január 22-i számában, Roosevelt kongresszusnak címzett éves költségvetési üzenetéről írt kommentárjában idézte Roosevelt szavait:

„Később javaslatot fogok tenni egy olyan törvényre, amely csökkenti a Federal Reserve Bankok jelenlegi magas aranytartalék-követelményeit."

Hazlitt rámutatott, hogy a tartalékolási követelmény nem volt magas, csupán olyan volt, amilyen az elmúlt harminc évben volt. Roosevelt célja az volt, hogy több aranyat szabadítson fel a Federal Reserve rendszerből, és azt a Stabilizációs Alap rendelkezésére bocsássa, amelyet később Nemzetközi Valutaalapnak neveztek el, a Világbank Újjáépítési és Fejlesztési Bankjának részeként, amely a Liga Pénzügyi Bizottságának megfelelője lett volna, és amely elnyelte volna az Egyesült Államok pénzügyi szuverenitását, ha a Szenátus engedte volna, hogy csatlakozzunk hozzá.

TIZENNEGYEDIK FEJEZET

KONGRESSZUSI LELEPLEZÉS

„Volcker úr politikája kissé rejtélyes.” – New York Times

1933 óta, amikor Eugene Meyer lemondott a Federal Reserve Kormányzótanácsából, a nemzetközi bankárcsaládok egyetlen tagja sem töltött be személyesen tisztséget a Kormányzótanácsban. Úgy döntöttek, hogy a háttérből dolgoznak, gondosan kiválasztott New York-i Federal Reserve Bank elnökök és más alkalmazottak révén.

A Federal Reserve Kormányzótanács jelenlegi elnöke Paul Volcker. Kinevezését egy jól ismert közgazdász a következő jóslattal fogadta: „Volcker kiválasztása messze a legrosszabb döntés volt. Carter Drakulát nevezte ki a vérbank vezetőjévé. Számunkra ez azt jelenti, hogy a 80-as években bekövetkező összeomlás és depresszió biztosabb, mint valaha.”

E.C. Harwood ezredes 1979. augusztus 6-i *kutatási jelentése* nagyjából ugyanazt a véleményt tükrözte. „Paul Volcker ugyanabból a fából faragták, mint azokat a megbízhatatlan pénzembereket, akik az elmúlt öt évtizedben téves irányba terelték ennek a nemzetnek a monetáris politikáját. Az eredmény valószínűleg ugyanolyan katasztrofális lesz a dollár és az amerikai gazdaság számára.”

Ezeknek a borúlátó véleményeknek ellenére *a The New York Times* Volcker kinevezéséről szóló beszámolója szinte elragadtatott volt. 1979. július 26-án *a The Times* megjegyezte, hogy Volcker „a szakmát” Robert Roosától, a Brown Brothers Harriman jelenlegi partnerétől tanulta, és a arról számolt be, hogy Volcker tagja volt a Roosa Brain Trustnak a New York-i Federal Reserve Banknál, majd később a Kennedy-kormány pénzügyminisztériumában. „David Rockefeller, a Chase elnöke, és Roosa úr nagy hatással voltak Carter úr döntésére, hogy Volckert nevezi ki a Federal Reserve elnöki posztjára." *A New York Times* nem emelte ki, hogy David Rockefeller és Robert Roosa korábban Cartert, a Trilaterális Bizottság tagját választották a Demokrata Párt elnökjelöltjének, és hogy Carter aligha utasította volna vissza, hogy kinevezze az általuk választott Paul Volckert a Federal Reserve Board új elnökének. Nem túlzás emlékeztetni arra sem, hogy a Kormányzótanács elnökének ilyen módon történő kiválasztása közvetlenül a királyi előjogok sorába illeszkedik, amely George Peabody és N.M. Rothschild közötti eredeti megállapodásig, a Jekyll-szigeti találkozóig és a Federal Reserve Act (Szövetségi Tartalék Törvény) elfogadásáig nyúlik vissza.

A Times megjegyezte, hogy „Volcker kinevezését a bonni, frankfurti és zürichi európai bankok is jóváhagyták". William Simon, a volt pénzügyminiszter szavait idézték, aki szerint „csodálatos választás" volt. *A Times* továbbá megjegyezte, hogy a Dow-index Volcker kinevezésére emelkedett, három hete nem látott mértékű, 9,73 pontos emelkedést regisztrálva, és hogy a dollár árfolyama itthon és külföldön egyaránt meredeken emelkedett.

Ki volt Volcker, hogy kinevezése ilyen hatással lehetett a tőzsdére és a dollár árfolyamára a devizapiacon? Ő képviselte a „londoni kapcsolatok" leghatalmasabb házát, a Brown Brothers Harrimant, valamint azokat a londoni házakat, amelyek a Rockefeller-birodalmat irányították. 1979. július 29-én *a The Times* így írt Volckerről: „Az új ember saját útját fogja járni".

Volcker háttere azt mutatja, hogy ez nonszensz volt. Útját mindig londoni uraik határozták meg számára. A Princetoni Egyetemen tanult, a Harvardon szerzett mesterfokozatot, majd 1951–52-ben a London School of Economics-ra járt, a bankárok posztgraduális iskolájába. Ezt követően 1952–57 között közgazdászként a New York-i Federal Reserve Banknál, 1957–61 között a Chase Manhattan Banknál dolgozott, 1961–65 között a Pénzügyminisztériumban, 1963–65 között monetáris ügyekért felelős helyettes államtitkárként, 1969–74 között pedig monetáris ügyekért felelős államtitkárként. Ezt követően 1975 és 1979 között a New York-i Federal Reserve Bank elnöke lett, majd Carter, Robert Roosa és David Rockefeller kérésére kinevezte őt a Federal Reserve Board of Governors elnökévé. A New York-i Federal Reserve Bank elnöki posztját Anthony Solomon vette át, aki a Harvardon szerzett doktori fokozatot, 1941–1942 között az OPA-nál, 1942–1946 között pedig az iráni kormányzati pénzügyi misszióban dolgozott. 1951-61 között konzervgyárat működtetett Mexikóban, 1969-72 között az International Investment Corp. elnöke volt Jugoszláviában (egy kommunista országban), 1977-80 között pedig a Pénzügyminisztérium monetáris ügyekért felelős alminisztere. Röviden: Solomon háttere nagyjából megegyezett Paul Volckerével.

A New York Times 1981. december 2-án így írt: „Évekig a Federal Reserve volt a város második vagy harmadik legtitkosabb intézménye. Az 1976-os Sunshine Act kissé felnyitotta a függönyt. A testület most hetente egyszer, szerdán 10 órakor tart nyilvános ülést, de nem a monetáris politika megvitatására, amelyet továbbra is szigorúan titkosnak tekintenek, és nem lehet nyilvánosan megvitatni." *A Times* megemlítette, hogy amikor a Nyíltpiaci Bizottság üléseit tartják, Solomon és Volcker együtt ülnek az asztalfőnél, és továbbítják a külföldről kapott utasításokat.

Volcker és Solomon mögött áll Robert Roosa, Carter árnyékkormányának pénzügyminisztere, aki a Brown Brothers Harriman-t, a Trilaterális Bizottságot, a Külkapcsolatok Tanácsát, a Bilderbergeket és a Királyi Gazdasági Intézetet képviseli. Ő a Rockefeller Alapítvány és a Nemzetközi Gazdasági Intézet ([128]) kurátora, valamint a Texaco és az American Express vállalatok igazgatója. Dr. Martin Larson rámutat, hogy „a Bilderberg-csoport néven ismert nemzetközi pénzügyi konzorcium, amely évente mély titokban ül össze, hogy meghatározza a nyugati világ sorsát, a Rockefeller–Rothschild szövetség teremtménye, és harmadik találkozóját St. Simons-szigeten tartotta, Jekyll-szigettől csak egy rövid távolságra." Larson azt is kijelenti, hogy „a Rockefeller-érdekek szoros szövetségben működnek a Rothschildokkal és más központi bankokkal".[129]

---

128 Lásd az V. ábrát.

129 Lásd az I. ábrát.

1983. június 18-án Ronald Reagan elnök véget vetett a hónapok óta tartó spekulációknak azzal, hogy bejelentette: újabb négyéves mandátumra újraválasztja Paul Volckert a Federal Reserve Kormányzótanácsának elnökévé, bár Volcker mandátuma csak 1983. augusztus 6-án járt le. Reagan döntése, hogy újra kinevezi a Carter által kinevezett személyt, meglepte néhány politikai megfigyelőt, de nyilvánvalóan jelentős nyomásnak engedett, amint azt a *The Washington Post* 1983. június 10-i vezércikke *is* jelezte: „Nincs senki, aki politikai tekintélyét és a világ pénzügyi rendszerét alkotó bonyolult hálózatok ismeretét tekintve felérne Volcker úrral." A névtelen szerző nem hozott fel semmilyen bizonyítékot arra, hogy miért emelte Volckert a világ legnagyobb pénzügyi szakértőjének rangjára, és ami politikai pozícióját illeti, *a The New York Times* 1983. június 19-i számában így kommentálta: „Volcker úr politikája egyfajta rejtély." „Politikamentes" álláspontja összhangban áll a „Fed politikai függetlenségének" washingtoni hagyományával, amelyet már évek óta fenntartanak. A „londoni kapcsolatoktól" való függőség problémáját azonban Washingtonban soha nem vitatták meg.

A valóságban Volcker inkább politikus, mint közgazdász. Miután elvégezte a London School of Economics-t, és rájött, ki adja a parancsokat a nemzetközi pénzügyi közösségben, Volcker azóta is ezt a játékot játssza. Egyszer sem mulasztotta el végrehajtani a „londoni kapcsolat" utasításait.

Lehetséges-e valóban, hogy létezik a „londoni kapcsolat", és hogy olyan emberek, mint Volcker és Solomon, bármilyen fondorlatos vagy közvetett módon is, de utasításokat kapnak külföldi bankároktól? Vessünk egy pillantást a bizonyítékokra, amelyek ugyan csak közvetettek, de olyan minőségűek, amelyek már sokszor juttattak embereket börtönbe vagy a villamosszékbe. John Moody 1911-ben rámutatott, hogy a Morgan-csoport hét tagja, a Standard Oil-Kuhn, Loeb-csoporttal szövetségben, irányította az Egyesült Államokat. Hol állnak ezek a csoportok a mai pénzügyi helyzetben?

Az U.S. News 1983. április 11-én közzétette az Egyesült Államok legnagyobb bankholdingtársaságainak listáját a 1982. december 31-i eszközállomány alapján. Az első helyen a New York-i Citicorp áll, 130 milliárd dolláros eszközállománnyal. Ez a Baker és Morgan First National Bank of New York, amely 1955-ben egyesült a

National City Bankkal, és 1914-ben a New York-i Federal Reserve Bank részvényeinek két legnagyobb vásárlója volt. A harmadik helyen a Chase Manhattan (New York) áll, 80,9 milliárd dolláros eszközállománnyal. Ez a Chase és a Bank of Manhattan egyesüléséből jött létre, a Rockefeller és a Kuhn Loeb csoport, szintén a New York-i Federal Reserve Bank részvényeinek vásárlói 1914-ben. A negyedik helyen a Manufacturers Hanover (New York) áll, 64 milliárd dolláros eszközállománnyal, szintén a New York-i Federal Reserve Bank részvényeinek vásárlója 1914-ben. Az 5. helyen a New York-i J.P. Morgan Company áll, 58,6 milliárd dolláros vagyonnal és jelentős Federal Reserve Bank részvényállománnyal. A 6. helyen a New York-i Chemical Bank áll, 48,3 milliárd dollárral, amely szintén vásárolt a Federal Reserve részvényeiből 1914-ben. A 11. helyen pedig a First Chicago Corporation, a First National Bank of Chicago áll, amely a New York-i Morgan-Baker bank fő levelező bankja volt, és amely a Federal Advisory Council első két elnökét is adta.

Az 1910-es Jekyll Island-i konferencia résztvevőitől a mai napig vezető közvetlen vonalat illusztrálja egy részlet a „A Primer on Money" (Bevezetés a pénzbe) című kiadványból, amelyet a Banki és Pénzügyi Bizottság, az Egyesült Államok Képviselőháza, 88. kongresszus, 2. ülésszak, 1964. augusztus 5., 75. oldal:

„Az a gyakorlati hatása annak, hogy minden vásárlást a nyílt piacon kell lebonyolítani, hogy pénzt vesznek el az adófizetőktől, és azt a kereskedőknek adják. Ez arra kényszeríti a kormányt, hogy díjat fizessen a pénz kölcsönzéséért. Hat „banki" kereskedő van: a First National City Bank of New York; a Chemical Crop. Exchange Bank, New York; a Morgan Guaranty Trust Co., New York; a Bankers Trust of New York; a First National Bank of Chicago és a Continental Illinois Bank of Chicago."

Így azok a bankok, amelyek „díjat" kapnak az Egyesült Államok kormánya által felvett összes pénz után, ugyanazok a bankok, amelyek megtervezték az 1913-as Federal Reserve Act-et. Rengeteg bizonyíték van arra, hogy azok a bankok, amelyek 1914-ben létrehozták a Federal Reserve Systemet, ma is kiemelkedő szerepet töltenek be. Például Warren Brookes *a The Washington Post* 1983. június 6-i szerkesztői oldalán a következőket írja:

„A Citicorp (a National City Bank és a First National Bank of New York, amelyek 1955-ben egyesültek) éppen 18,6%-os saját tőke arányos megtérülést ért el, a J.P. Morgan 17%-ot, a Chemical Bank és a Bankers Trust pedig közel 16%-ot, ami kivételes megtérülési arány."

Ezek azok a bankok, amelyek 1914-ben megvásárolták a Federal Reserve Bank részvényeinek első kibocsátását, és amelyek többségi részesedéssel rendelkeztek a New York-i Federal Reserve Bankban, amely meghatározza a kamatlábat és az összes nyílt piaci művelet bankja.

Ezek a bankok emellett folyamatosan profitálnak a monetáris növekedés és a kamatlábak egyébként megmagyarázhatatlan ingadozásaiból. Brookes továbbá megjegyzi, hogy „a tényleges monetáris növekedési ráták három recesszió sújtotta év során egymást követő hat hónapos időszakokban felváltva 0 és 17% között ingadoztak. A Milton Friedman által leginkább csodált két monetáris növekedési mutató, az M2 és az M3, valójában alig mutatott változást évről évre az 1972–82-es időszakban." Így tehát a pénzmennyiség-növekedési ráták 0 és 17% között ingadoznak, de tényleges évről évre változás nem tapasztalható, ami felveti a kérdést, hogy miért nem lehet stabil a pénzmennyiség-növekedés az egész év során. A válasz az, hogy ezek az ingadozások hoznak nagy nyereséget, és a következő kérdés az, hogy ki indítja el ezeket az ingadozásokat? A válasz: „a londoni kapcsolat".

Hogy eltereljék a figyelmet a bankárok és örököseik folyamatos uralmáról, akik 1913-ban megszerezték a nemzet pénzének és hitelének kormányzati monopóliumát, az ellenőrzött médiamonopólium és az akadémiai körök fizetett propagandistái folyamatosan új és egyre egzotikusabb közgazdasági elméleteket hoznak elő. Így James Burnham, a National Review egyik propagandistája, egy nevetséges „menedzserek" elméletével szerzett hírnevet. Azt állította, hogy a vagyon régi döntéshozói, a J.P. Morganok, a Warburgok és a Rothschildok 1950-re eltűntek a színről, és helyüket egy új „menedzserek" osztály vette át. Ez az elmélet, amelynek semmilyen ténybeli alapja nem volt, arra szolgált, hogy elterelje a figyelmet arról a tényről, hogy ugyanazok az emberek irányítják továbbra is a világ monetáris rendszerét. A „menedzserek" pontosan azok voltak: Volckerhez hasonló vezetők, akik csak bábok voltak, fizetett alkalmazottak, akik csak addig kapták meg a fizetésüket, amíg végrehajtották a munkaadóik utasításait. Burnham továbbra is jól fizetett propagandista a *National Review-nál*, amelyet sok prominens vezető, köztük Reagan elnök is „konzervatív" kiadványnak tart.

1914 és 1982 között – egy olyan időszakban, amikor több ezer amerikai bank ment csődbe – a Federal Reserve Bank részvényeinek eredeti vásárlói nem csupán túléltek, hanem megerősítették hatalmukat. És mi a helyzet a „londoni kapcsolattal"? Még mindig létezik, és továbbra is ez határozza-e meg az Egyesült Államok gazdasági sorsát? *A Washington Post* 1983. május 19-i számában egy kenyai Nairobiból származó cikk jelent meg, amely az Afrikai Fejlesztési Bank üléséről számolt be. „A brit kereskedelmi bank, a Morgan Grenfell, valamint egy amerikai konzorcium – a Kuhn Loeb, a Lehman Brothers International, a francia Lazard Freres és a brit Warburg – diszkréten pénzügyi tanácsadóként működik közre körülbelül tíz adósságokkal terhelt afrikai állam mellett."

Ugyanazok a nevek, amelyekkel 1914-ben találkoztunk, még mindig a világ pénzügyeit irányítják, saját maguknak nyereséget termelve, de mindenki más számára katasztrofális következményekkel. Talán a jelenlegi Reagan-kormánytól várhatunk enyhülést. Sajnos, mielőtt eljutnánk hozzá, át kell futnunk a főbb munkatársainak hosszú listáját, amely J. Henry Schroder, a Brown Brothers Harriman és a „londoni kapcsolat" egyéb vezető szereplőiből áll.

Lopez Portillo, Mexikó elnöke 1982 szeptemberében a mexikói nemzeti kongresszus előtt tartott beszédében az elmúlt évtized világméretű hitelboomját a 14. században Európát sújtó fekete halálhoz hasonló pénzügyi pestisnek nevezte. „Akárcsak a középkorban, országról országra söpör végig. Patkányok terjesztik, és munkanélküliséget és nyomort, ipari csődöket és spekulációs meggazdagodást eredményez. A hitgyógyítók által felírt gyógymód a kényszerű tétlenség és a beteg ételtől való megfosztása."

A Forbes magazin 1982. október 11-i számában így fogalmazott: „A világ likviditás után kapkod, nem azért, mert a pénzkínálat szűkült, hanem azért, mert annak túl nagy része most régi adósságok törlesztésére fordítódik, ahelyett, hogy új, termelő beruházásokat finanszírozna."

A magas kamatlábak és a szigorú monetáris politika katasztrofális következményekkel járt az Egyesült Államok számára. 1983 elején a monetáris és hitelpolitika enyhe lazítása némi enyhülést ígér, de amíg a Federal Reserve rendszer és láthatatlan manipulátorai folytatják a pénzkínálat ellenőrzését, további problémákra számíthatunk. *A The Nation* 1982. december 11-i számában a gazdasági problémákról szóló kommentárjában kijelentette: „Mindezért a Federal Reserve rendszer a felelős, amely szokás szerint a nemzetközi bankrendszer érdekében működik."

A Federal Reserve System nemzetközi bankrendszer érdekében végzett tevékenységét szemléletesen illusztrálja a Képviselőház Banki, Pénzügyi és Lakásügyi Bizottsága által készített ábrák sorozata, 94. kongresszus, 2. ülésszak, 1976. augusztus, „FEDERAL RESERVE DIRECTORS: A STUDY OF CORPORATE AND BANKING INFLUENCE" (A Federal Reserve igazgatói: tanulmány a vállalati és banki befolyásról).[130]

[131]V. ábránknak e tanulmány 49. oldalát mutatjuk be, amely David Rockefeller egymásba fonódó igazgatósági tagságait ábrázolja. VI. ábránknak e tanulmány 55. oldalát reprodukáljuk, amely Frank R. Milliken, a New York-i Federal Reserve Bank C osztályú igazgatójának egymásba fonódó igazgatósági tagságait ábrázolja. Ezen a táblázaton szerepelnek a Jekyll-szigeti konferencia történetünk összes főszereplői: a Citibank, a J.P. Morgan and Company, a Kuhn Loeb and Company, valamint számos kapcsolódó cég. VII. táblázatként a tanulmány 53. oldalát reprodukáljuk, amely a New York-i Federal Reserve Bank egy másik C osztályú igazgatójának, Alan Pifernek az egymással összefonódó igazgatósági tagságait mutatja be. A New York-i Carnegie Corporation elnökeként kapcsolatai vannak a J. Henry Schroder Trust Company-val, a J. Henry Schroder Banking Corporation-nel, a Rockefeller Center, Inc.-vel, a bostoni Federal Reserve Bank-kal,

---

[130] Helyhiány miatt a tanulmányban szereplő hetvenöt táblázat közül, amelyek mindegyike a Federal Reserve rendszerben befolyással rendelkező, prominens és hatalmas személyek közötti kapcsolatokat mutatja be, csak ötöt választottunk ki annak illusztrálására, hogy milyen kapcsolatok voltak 1976-ban a tizenkét Federal Reserve Bank tisztviselői és igazgatói, valamint a könyvben felsorolt cégek között.

[131] „A három C osztályú igazgatót a Kormányzótanács nevezi ki a közérdek egészének képviselőjeként." 34. o., Kongresszusi tanulmány, 1976.

az Equitable Life Assurance Society-vel (J.P. Morgan) és másokkal. Így a Képviselőház Banki, Pénzügyi és Lakásügyi Bizottsága 1976 augusztusában készült tanulmánya bemutatja nekünk a főszereplők teljes gárdáját, akik ma is ugyanúgy működnek, mint 1914-ben.

Ez a 120 oldalas kongresszusi tanulmány részletesen bemutatja a Federal Reserve District Banks közpolitikai funkcióit, az igazgatók kiválasztásának módját, a kiválasztott személyeket, a PR-lobbizás tényezőjét, a banki dominanciát és a banki ellenőrzést, valamint a vállalatok és a tartalékbankok közötti összefonódásokat. Táblázatokkal illusztrálták az egyes kerületi bankok A, B és C osztályú igazgatói posztjait. Minden fiókbankhoz készítettek egy táblázatot, amely információkat tartalmazott a bank által kinevezett igazgatókról és a Federal Reserve System Kormányzótanácsa által kinevezettekről.

A tanulmány előszavában Henry S. Reuss elnök (D-Wis) a következőket írta:

„Ez a bizottság évek óta figyelemmel kíséri a magánérdekek hatását a Federal Reserve System alapvetően közfeladatainak ellátására.

Ahogyan a tanulmány is világosan rámutat, nehéz elképzelni egy közintézmény igazgatótanácsát, amely szűkebb körű lenne, mint a Federal Reserve System tizenkét bankjának igazgatótanácsa.

Az amerikai társadalomnak csupán két szegmense – a banki szektor és a nagyvállalatok – rendelkezik érdemi képviselettel az igazgatótanácsokban, és gyakran még ezek is összeolvadnak az egymással összekapcsolódó igazgatósági tagságok révén... A kisgazdák hiányoznak. A kisvállalkozások alig láthatók. Nők nem jelennek meg a kerületi igazgatótanácsokban, és csupán hatan a fiókokban. A rendszer egészében – beleértve a kerületi és fiókigazgatótanácsokat is – csupán tizenhárom tag tartozik kisebbségi csoportokhoz.

A tanulmány komoly kérdést vet fel a Federal Reserve gyakran hangoztatott „függetlenségével" kapcsolatban. Felmerül a kérdés: független mitől? Biztosan nem a bankoktól vagy a nagyvállalatoktól, ha a kerületi igazgatótanácsok elemzése által feltárt hatalmas összefonódások alapján ítélünk.

A jelentésben említett, a nagyvállalatok és a bankok által a Federal Reserve System felett gyakorolt dominancia részben az eredeti Federal Reserve Act-re vezethető vissza, amely a tagkereskedelmi bankoknak jogot biztosított az egyes kerületi bankok igazgatósági tagjainak kétharmadának kijelölésére. De a washingtoni Kormányzótanácsnak is osztoznia kell a felelősségben e kiegyensúlyozatlanságért. Ők nevezik ki az egyes kerületi bankok igazgatótanácsainak úgynevezett „közösségi" tagjait, és ezek a kinevezések nagyrészt ugyanazokat a szűk érdekeket tükrözik, mint a bankok által választott tagokéi... Amíg alapvető reformok nem történnek, a Federal Reserve System képtelen lesz ellátni közfeladatait gazdasági stabilizációs és bankfelügyeleti szervként. A rendszer megbízatása túl fontos a nemzet jólétéhez ahhoz, hogy a rendszer működésének ilyen nagy részét szűk magánérdekek irányítása alá hagyják.

Az Egyesült Államokban a gazdasági és pénzügyi hatalom koncentrációja túl messzire ment."

A szöveg „A klubrendszer" című részében a bizottság a következőket jegyezte meg:

„Ez a „klub" megközelítés arra készteti a Federal Reserve-t, hogy a vezetői pozíciók betöltése érdekében folyamatosan ugyanazokból a körökből – ugyanazokból a vállalatokból, ugyanazokból az egyetemekből, ugyanazokból a bankholdingtársaságokból – merítsen."

Ez a kongresszusi tanulmány a következő következtetésre jut:

„Ahogy korábban említettük, a táblázatokban szereplő vállalatok közül soknak többféle kapcsolata van a Federal Reserve rendszerével. A First Bank Systems, a Southeast Banking Corporation, a Federated Department Stores, a Westinghouse Electric Corporation, a Proctor and Gamble, az Alcoa, a Honeywell, Inc., a Kennecott Copper és az Owens-Corning Fiberglass mindegyike két vagy több igazgatósági taggal rendelkezik a kerületi vagy fiókbankokban.

Összefoglalva: a Federal Reserve igazgatói nyilvánvalóan egy kis elitcsoport képviselői, amely az ország gazdasági életének nagy részét uralja."

A KONGRESSZUSI JELENTÉS VÉGE.

KÖZLEMÉNY

1983. július 26., kedd 11:05-kor a *New York-i Federal Reserve Bank* részvényeit birtokló tagbankok listája huszonhét New York-i bankot tartalmaz. Az alábbiakban felsoroljuk a tíz bank által birtokolt részvények számát, amelyek a teljes kibocsátott részvényállomány 66%-át, azaz 7 005 700 darabot tesznek ki:

	Részvények	**Százalék**
Bankers Trust Company	438 831	(6%)
Bank of New York	141 482	(2%)
Chase Manhattan Bank	1 011 862	(14%)
Chemical Bank	544 962	(8%)
Citibank	1 090 813	(15%)
European American Bank & Trust	127 800	(2%)
J. Henry Schroder Bank & Trust	37 493	(5%)
Manufacturers Hanover	509 852	(7%)
Morgan Guaranty Trust	655 443	(9%)
Észak-Amerikai Nemzeti Bank	105 600	(2%)

Az 1914-ben történt eredeti vásárlásokhoz képest a mai hatalmas részvényállományt az eredeti Federal Reserve Act 5. szakasza eredményezte, amely előírta, hogy a tagbankoknak a kerületi Federal Reserve Bank részvényeiből a tőkéjük és többletük 6%-ának megfelelő mennyiséget kell vásárolniuk és tartaniuk.

Jelenleg a fent említett bankok közül öt által birtokolt részvények teszik ki a ***New York-i Federal Reserve Bank*** teljes

részvényállományának 53%-át. A New York-i bankok fő részvényeseinek vizsgálata egyértelműen mutatja, hogy néhány, vérségi vagy üzleti érdekeltségek révén egymással kapcsolatban álló család továbbra is ellenőrzi a New York-i bankokat, amelyek viszont a New York-i Federal Reserve Bank irányító részesedését birtokolják.

Érdemes megjegyezni, hogy a New York-i Federal Reserve Bank részvényeit birtokló bankok közül három – összesen 270 893 részvénnyel – *külföldi bankok leányvállalata.*

- A J. Henry Schroder Bank and Trustot a Standard & Poor's a londoni Schroders Ltd. leányvállalataként tartja nyilván.
- A National Bank of North America a National Westminster Bank leányvállalata, amely London „öt nagyja" közé tartozik.
- Az European American Bank a bahamai European American Bank, LTD. leányvállalata.

Érdekes megjegyezni, hogy az European American Bank & Trust igazgatói között szerepel:

- Milton F. Rosenthal, az Engelhard Minerals and Chemical nemzetközi aranyipari vállalat elnöke és vezérigazgatója;
- Hamilton F. Potter, a Sullivan and Cromwell (a J. Henry Schroder Bank & Trust ügyvédei) partnere;
- Edward H. Tuck, a Shearman and Sterling (a Citibank ügyvédei) partnere;
- F.H. Ulrich és Hans Liebkutsch, a londoni Midland Bank, az egyik „Big Five" óriáscég ügyvezető igazgatói; valamint
- Roger Alloo, Paul-Emmanuel Janssen és Maurice Laure a Societe Generale de Banque-tól (Brüsszel, Belgium).

Ezt az információt, amely *a Federal Reserve System Kormányzótanácsának* legfrissebb táblázataiból származik, aktuális bizonyítékként idézzük, amely arra utal, hogy a New York-i Federal Reserve Bank irányító részesedése, amely *az egész Federal Reserve System* működési rátáját és mértékét határozza meg, erősen *a „The London* Connection", azaz a Rothschildok által irányított Bank of England által közvetlenül ellenőrzött bankok befolyása alatt áll.

I. MELLÉKLET

- E.C. Knuth, The Empire of the City című, magánkiadásban megjelent művében (1946, 27. o.) utal „a Bank of Englandre, az amerikai kormányzat teljes jogú partnerére a világ pénzügyi ügyeinek irányításában", és hivatkozik az Encyclopaedia Americana 1943-as kiadására.
- Barron Lord Swaythlinget idézi (1923. április 8.): „Lord Swaythling azt mondta: »A tőzsde csak Londonból működtethető. Ez a tőzsde központja.«" (They Told Barron, Clarence W. Barron, a Baron's Weekly alapítója, Harpers, New York, 1930, 27. o.)
- A tőzsde a nemzetközi pénzügyi világban a pénz- vagy értékpapír-tranzakciókat, vagy egyszerűen e értékpapírok értékének „cseréjét" jelenti. Szükséges, hogy ez a „csere" ott történjen, ahol az értékek megállapíthatók, és ez a hely a londoni „City".
- London az angol jegybank „Consols" nevű kötvényeinek köszönhetően vált a tőzsde elsődleges központjává; ezek a kötvények soha nem válthatók be, de stabil hozamot biztosítanak. Henry Clews a The Wall Street View című művében (Silver Burdett Co., 1900, 255. o.) így ír:
- „Az 1757-es konszolidációs törvény 3%-ra konszolidálta Anglia államadósságát, amelyet az Angol Nemzeti Banknál vezetett számlán tartottak, és ez a bank betéteinek legnagyobb támasza."
- A waterlooi csata után Nathan Meyer Rothschild látszólagos pánikban hivalkodóan „dömpingelte" a „Consols"-t a londoni tőzsdén, majd titokban felvásárolta azokat a Consols-okat, amelyeket más tulajdonosok a pánikban alacsony áron eladtak, így a Consols legnagyobb tulajdonosává vált, és ezzel 1815-ben megszerezte az irányítást az Angol Nemzeti Bank felett.

12%-OS OSZTALÉK A BANK OF ENGLAND-BEN

Bár egy munkáspárti kormány 1946-ban államosította az Angol Nemzeti Bankot, a Nagy Szovjet Enciklopédia rámutat (I. kötet, 490c. o.), hogy az Angol Nemzeti Bank továbbra is évi 12%-os osztalékot fizet, pontosan úgy, ahogyan az államosítás előtt tette.

A „kormányzót" a kormány nevezi ki, hasonlóan az Egyesült Államokhoz, ahol a Federal Reserve System kormányzóit az elnök nevezi ki. Azonban, amint azt az Encyclopaedia Americana 13. kötete, 272. oldala rámutat,

„A gyakorlatban az Angol Nemzeti Bank kormányzói nem haboztak nyilvánosan bírálni és nyomást gyakorolni a kormányra."

BANKI KAMATLÁB

Az Angol Nemzeti Bank által megállapított kamatlábat „banki kamatlábnak" nevezik, és ez a kamatlábak alakulásának meghatározó tényezője világszerte, bár más országokban a kamatlábak magasabbak vagy alacsonyabbak lehetnek ennél a „banki kamatlábnál". Az Angol Nemzeti Bank kezeli az államadósságot, és politikai ügyekben is felkérik döntéshozatalra. Legutóbbi példaként említhető, hogy közvetítőként működött közre az iráni forradalmárokkal az amerikai túszok visszatéréséről folytatott tárgyalások során.

Nem meglepő, hogy a Bank of England jelenlegi kormányzója, Sir Gordon Richardson egy kiemelkedő nemzetközi pénzügyi személyiség, aki máshol is megjelenik ezeken az oldalakon, mivel 1962 és 1972 között a londoni J. Henry Schroder Wagg-nál dolgozott, mielőtt a Bank of England kormányzójává vált. Emellett a New York-i J. Henry Schroder Co. és a New York-i Schroder Banking Corp. igazgatója is volt. A Rolls Royce és a Lloyd's Bank igazgatója is. Bár Londonban él, New Yorkban is van otthona, és a jelenlegi manhattani címjegyzékben egyszerűen „G. Richardson, 45 Sutton Place S." néven szerepel, bár egy korábbi bejegyzés szerint a 4 Sutton Place-en lakott. A Sutton Place-t Bessie Marbury alakította ki divatos címként a nemzetközi társaság számára, akit korábban már említettünk a Morgan családdal és a Rooseveltekkel való kapcsolata miatt.

A Bank of England jelenlegi igazgatói (1982) között szerepel Leopold de Rothschild az N.M. Rothschild & Sons-tól, Sir Robert Clark, a Hill Samuel Bank elnöke, amely a Rothschildok után a legbefolyásosabb bank (, John Clay a Hambros Banktól, valamint David Scholey a Warburg Banktól, aki egyben az S.C. Warburg Co. társelnöke is.

Anthony Sampson a „*The Changing Anatomy of* Britain" (Nagy-Britannia változó anatómiája) című könyvében (Random House, New York, 1982, 279. o.) a következőket írja:

„A kozmopolitább bankok, amelyek külföldi szakértőkkel és igazgatókkal rendelkeztek, mint például a Warburgs, a Montagus, a Rothschilds és a Kleinworts, szintén hatalmas új nyereségforrást fedeztek fel az 1950-es évek végén kialakult és az 1960-as években megsokszorozódott euródollár-piacon... A brit bankárok maguk viszonylag kis összegeket kezeltek, de tudták, hogyan lehet mások pénzéből pénzt csinálni."

Az euródollár-piacot, a „teremtett pénz" új fejleményét, a fenti cégek monopolizálják.

AZ EURÓDOLLÁR-BIRODALOM

„Ma a Brit Birodalom a manhattani szigeten (Nagy-Britannia legfontosabb ingatlanja) lévő szövetségeseivel együtt ellenőrzi az egész 1,5 billió dolláros euródollár-pénzügyi piacot, további 300–500 milliárd dollárt a Kajmán-szigeteken és a Bahamákon, valamint 50–100 milliárd dollárt a hongkongi és szingapúri „ázsiai dollárpiacon"... Tekintsük az 1,5 billió dolláros euródollár-piacot egy „törvényen kívüli" piacnak az amerikai dollárban, amely felett ennek a nemzetnek nincs ellenőrzése. Itt az ellenőrzés és a nyereség túlnyomórészt a londoni bankok kezében van, amelyek a londoni bankközi hitelkamatláb (LIBOR) alapján határozzák meg a hitelezés feltételeit és a kamatlábat ezen amerikai dollármennyiségre vonatkozóan... Az olyan amerikai bankok, mint a Citibank (New York City), amelynek igazgatótanácsában a hatalmas brit pénzügyi mágnás, Lord Aldington is helyet foglal, nyíltan együttműködnek ezen a piacon. Ugyanakkor a brit bankok, köztük a világ kábítószer-kereskedelmének ismert központi bankja, a Hong Kong and Shanghai Bank, özönlenek Amerikába, hogy felvásárolják az amerikai bankokat.

1978-ban a Hongshang (szerk. – Hongkong and Shanghai Bank) felvásárolta a New York-i Marine Midland Bankot, az állam 11 legnagyobb kereskedelmi bankját... A britek az amerikai dollár kibocsátását is ellenőrzik. Míg a Federal Reserve Board elnöke, Paul Volcker szigorítja a hitelezést a hazai gazdaság számára, a brit ellenőrzés alatt álló bankok a Kajmán-szigeteken (például az European American Bank – a szerk.), egy 200 mérföldre Floridától fekvő brit birtokon, valamint a Bermudákon és egy tucatnyi más „szabad banki" számítógépes terminálon több száz milliárd amerikai dollárt hoznak létre. Hogyan történik ez? A Birodalom „szabad vállalkozás" bankrendszerében nincsenek tartalékráták vagy egyéb korlátozások a dollárban denominált hitelek létrehozására. Egy 1 millió dolláros, az Egyesült Államokból származó, jóhiszemű hitel 20–100 millió dollárra növelhető dollárban denominált hitelek formájában, miközben tartalékráták nélkül halad át a brit rendszeren.[132]

Nemcsak a pénzügyi hatalom, hanem a jogi hatalom is Nagy-Britanniában maradt. A Washington Post 1983. június 18-án megjegyezte, hogy az amerikai forradalom után az összes régi törvény hatályban maradt az új Egyesült Államokban: ezek közül az „angol szokásjog" törvényei közül néhány 1278-ra nyúlik vissza, jóval Amerika felfedezése előtt.

„A City" hatalmas pénzügyi hatalma számos területen megnyilvánul. Dean Acheson a „Present at the Creation" (Jelen a teremtésnél) című, 1969-ben a W.W. Norton kiadónál, New Yorkban megjelent könyvének 779. oldalán így fogalmaz:

„A nagykövetség rezidenciájában szálltunk meg, a régi J.P. Morgan-kúriában, a Prince's Gate 14. szám alatt, a Hyde Parkkal szemben."

Hány amerikai tudja, hogy az amerikai nagykövetség rezidenciája Londonban a J.P. Morgan-ház, vagy hogy Dean Acheson, a Morgan egykori alkalmazottja, a 505. oldalon így ír magáról, mint külügyminiszterről:

„A saját álláspontom már régóta britbarát volt, és ezt mindenki tudta is."

Senki sem kommentálta az amerikai külügyminiszter nyílt elfogultságát Anglia javára.

---

[132] Harpers Magazine, 1980. február.

A Federal Reserve által „létrehozott" pénzt nem csak pénzügyi ügyekre használják; ezt a pénzt arra is felhasználják, hogy a bankárok fenntartsák az irányítást a politikai, gazdasági és társadalmi élet minden területén. Arra használják, hogy finanszírozzák a politikai jelöltek hatalmas kiadásait, az egyetemek felfújt költségvetéseit, az újságok vagy magazinok indításához szükséges óriási kiadásokat, valamint a számtalan alapítványt, „gondolkodócsoportot" és más tudatmanipulációs eszközt.

PSZICHOLÓGIAI HADVISELÉS

Kevés amerikai tudja, hogy az elmúlt hatvanöt évben az Egyesült Államokban a pszichológia szinte minden fejlődését a Brit Hadsereg Pszichológiai Hadviselési Hivatala irányította. Nemrégiben a jelen író megismerkedett egy új névvel, *a londoni Tavistock Intézettel*, más néven a *Tavistock Emberi Kapcsolatok Intézetével*. Az „emberi kapcsolatok" az emberi viselkedés minden aspektusát lefedik, és a Tavistock Intézet szerény célja, hogy az amerikai állampolgárok emberi viselkedésének minden aspektusa felett ellenőrzést szerezzen és gyakoroljon.

Az első világháború intenzív tüzérségi támadásai miatt sok katona maradandó károsodást szenvedett a gránátos sokk következtében. 1921-ben a Tavistocki Márk, Bedford 11·hercege egy épületet adományozott egy csoportnak, amely rehabilitációs programokat tervezett a gránátos sokkot elszenvedett brit katonák számára. A csoport támogatójáról a „Tavistock Intézet" nevet vette fel. A brit hadsereg vezérkara úgy döntött, hogy elengedhetetlenül fontos meghatározni a katonák töréspontját harci körülmények között. A Tavistock Intézetet Sir John Rawlings Reese, a brit hadsereg pszichológiai hadviselési irodájának vezetője vette át.

Teljes titokban felépítettek egy magasan képzett pszichológiai hadviselési szakértőkből álló gárdát. Ötven év alatt a „Tavistock Intézet" név csak kétszer szerepel a New York Times indexében, mégis ez a csoport – LaRouche és más szakértők szerint – szervezte és képezte ki a második világháború alatt a Stratégiai Szolgálatok Hivatalának (OSS), a Stratégiai Bombázási Felmérésnek, a Szövetséges Expedíciós Erők Főparancsnokságának és más kulcsfontosságú amerikai katonai csoportoknak az egész személyzetét. A második világháború alatt a Tavistock Intézet összefogott a Rockefeller Alapítvány orvostudományi részlegével, hogy titkos kísérleteket végezzenek tudatmódosító szerekkel.

Az Egyesült Államok jelenlegi kábítószer-kultúrája teljes egészében ennek az intézetnek tulajdonítható, amely felügyelte a Központi Hírszerző Ügynökség (CIA) képzési programjait. Az „LSD-ellenkultúra" akkor keletkezett, amikor a S.G. Warburg & Co. tulajdonában lévő svájci gyógyszergyár, a Sandoz A.G. kifejlesztett egy új, lizergsavból készült kábítószert, az LSD-t.

James Paul Warburg (Paul Warburg fia, aki 1910-ben megírta a Federal Reserve Act-et) finanszírozta a Tavistock Intézet egyik leányvállalatát az Egyesült Államokban, az Institute for Policy Studies-t, amelynek igazgatóját, Marcus Raskint kinevezték a Nemzetbiztonsági Tanácsba. James Paul Warburg létrehozott egy CIA-programot, amelynek keretében LSD-vel kísérleteztek CIA-ügynökökön, akik közül néhányan később öngyilkosok lettek. Ez a program, az MK-Ultra, amelyet Dr. Gottlieb felügyelt, hatalmas peres eljárásokhoz vezetett az Egyesült Államok kormánya ellen az áldozatok családtagjai részéről.

A Politikai Tanulmányok Intézete létrehozott egy egyetemi leányvállalatot, a Students for Democratic Society (SDS) nevű szervezetet, amely a kábítószereknek és a forradalomnak szentelte magát. Warburg nem saját zsebből finanszírozta az SDS-t, hanem a CIA pénzeit, mintegy húszmillió dollárt használt fel az 1960-as évek egyetemi zavargásainak elősegítésére.

Az angol Tavistock Intézet nem korlátozta tevékenységét a baloldali csoportokra, hanem olyan, állítólag „konzervatív" amerikai agytrösztök programjait is irányította, mint a Stanford Egyetem Herbert Hoover Intézete, a Heritage Foundation, a Wharton, a Hudson, a Massachusetts Institute of Technology és a Rand. A legradikálisabb kaliforniai csoportok, mint például az Esalen Intézet és számos utánzója „érzékenységi tréning" és „szexuális találkozás" programjait mind a Tavistock Intézet pszichológusai fejlesztették ki és valósították meg.

Az egyik ritka cikk a Tavistock Intézetről a Business Week 1963. október 26-i számában jelent meg, az intézet épületének fényképével, amely London legdrágább orvosi rendelőinek környékén található. A cikk említi az intézet „freudi elfogultságát", és megjegyzi, hogy azt bőségesen finanszírozzák brit blue-chip vállalatok, köztük az Unilever, a British Petroleum és a Baldwin Steel. A Business Week szerint az intézet pszichológiai tesztelési programjait és csoportkapcsolat-tréningjeit az Egyesült Államokban a Michigan Egyetem és a Kaliforniai Egyetem valósította meg, amelyek a radikalizmus és a kábítószer-hálózat melegágyai.

Rudolf Hess a második világháború befejezéséről tárgyalni azért repült Angliába, hogy kapcsolatba lépjen a Tavistock-i márkival, a 12·bedfordi herceggel. Tavistock vagyonát 1942-ben 40 millió dollárra becsülték. 1945-ben a herceg felesége tablettatúladagolással öngyilkos lett.

ÉLETRAJZOK

NELSON ALDRICH (1841–1915)

Rhode Island szenátora; a Nemzeti Monetáris Bizottság vezetője; lánya, Abby Aldrich feleségül ment John D. Rockefeller Jr.-hoz; ő lett névrokona nagyapja. Nelson Aldrich Rockefeller, valamint a jelenlegi David Rockefeller és Laurence Rockefeller.

WILLIAM JENNINGS BRYAN (1860–1925)

Woodrow Wilson külügyminisztere, a Demokrata Párt háromszoros elnökjelöltje (1896, 1900 és 1908), valamint a Demokrata Párt vezetője.

ALFRED OWEN CROZIER (1863–1939)

Grand Rapids, Cincinnati és New York neves ügyvédje, Crozier nyolc könyvet írt jogi és monetáris problémákról, amelyekben elsősorban azt ellenezte, hogy az alkotmányos pénzt felváltsák a magáncégek által saját hasznukra nyomtatott vállalati pénznemek.

CLARENCE DILLON (1882–1979)

A texasi San Antonióban született, Samuel Dillon és Bertha Lapowitz fiaként. 1905-ben végzett a Harvardon. Feleségül vette a milwaukee-i Anne Douglass-t. Fia, C. Douglas Dillon (később pénzügyminiszter, 1961–65) 1909-ben született Genfben, Svájcban, miközben a család külföldön tartózkodott. Dillon 1912-ben ismerkedett meg William A. Readdel, a Wall Street-i kötvénykereskedő William A. Read and Company alapítójával, akit harvardi osztálytársa, William A. Phillips mutatott be neki, és még abban az évben csatlakozott Read chicagói irodájához. 1914-ben New Yorkba költözött. Read 1916-ban meghalt, és Dillon megvásárolta a cég többségi részesedését. Az első világháború alatt Bernard Baruch, a Háborús Ipari Tanács elnöke (akit az amerikai ipar cárjaként is emlegettek) felkérte Dillont, hogy legyen a Háborús Ipari Tanács alelnöke. 1920-ban a William A. Read & Company nevét Dillon, Read & Company-ra változtatták. Dillon az American Foreign Securities Corporation igazgatója volt, amelyet 1915-ben alapított a francia kormány amerikai lőszervásárlásainak finanszírozására. A Dillon Read-nél az jobbkeze, James Forrestal, a haditengerészeti miniszter, később a védelmi miniszter lett, és rejtélyes körülmények között halt meg egy szövetségi kórházban. 1957-ben a Fortune magazin Dillon-t az Egyesült Államok egyik leggazdagabb emberének sorolta, akinek vagyonát akkor 150–200 millió dollárra becsülték.

ALAN GREENSPAN (1926-)

Reagan elnök 1987-ben nevezte ki **Paul Volcker** utódjaként a Federal Reserve System Kormányzótanácsának elnökévé. Greenspan 1974-ben Herbert Stein utódjaként lett az Elnöki Gazdasági Tanácsadó Testület elnöke. A Kormányzótanács korábbi elnökének, az osztrák **Arthur** Burnsnek (Bernstein) a pártfogoltja volt. Burns monetarista volt, aki a Rothschildok bécsi közgazdasági iskoláját képviselte, amely Angliában a Királyi Gyarmati Társaságon keresztül fejtette ki hatását, amely a Rothschildok és más angol bankárok fedőszervezete volt, akik a világ kábítószer-kereskedelméből származó nyereségüket a ***Hong Kong Shanghai Bankban*** rejtették el. A Királyi Gyarmati Társaság közgazdásza Alfred Marshall volt, a monetarista elmélet megalkotója, aki az Oxfordi Csoport vezetőjeként Wesley Clair Mitchell pártfogója lett, aki az Egyesült Államokban a Rockefellerek számára megalapította a Nemzeti Gazdasági Kutatási Hivatalt.

Mitchell viszont Arthur Burns és Milton Friedman pártfogója lett, akiknek elméletei ma Greenspan hatalmi technikáit jelentik a Federal Reserve Board-nál. Greenspan egyben Ayn Rand pártfogoltja is, egy furcsa nő, aki szexuális viszonyait önzésre buzdító, torokhangú parancsokkal keverte. Rand a CIA propagandistája, William Buckeley és a National Review pártfogója is volt. Greenspan olyan nagy Wall Street-i cégek igazgatója volt, mint *a J.P. Morgan Co.*, a Morgan Guaranty Trust (az 1917-es bolsevik forradalom után a szovjetek amerikai bankja), a Brookings

Institution, a Bowery Savings Bank, a Dreyfus Fund, a General Foods és a Time, Inc. Greenspan legimpozánsabb eredménye az volt, hogy 1981 és 1983 között a Nemzeti Társadalombiztosítási Bizottság elnöke volt. A számokkal ügyeskedett, hogy meggyőzze a közvéleményt arról, hogy a társadalombiztosítás csődbe ment, holott valójában hatalmas többlete volt.

Ezeket a számokat aztán arra használták fel, hogy az amerikai munkavállalókra hatalmas mértékben emeljék a társadalombiztosítási forrásadót, ami David Ricardo bérre vonatkozó vas törvényének gazdasági alapelvét idézte meg, miszerint a munkavállalóknak csak a megélhetéshez szükséges bért lehet fizetni, és az ezen felüli összegeket adóemelésekkel kell tőlük erőszakkal kicsikarni. Greenspan, aki 1977 óta a J.P. Morgan Co. partnere volt, a Federal Reserve System feletti töretlen ellenőrzést képviselte azoknak a cégeknek a részéről, amelyek képviseltették magukat a *1910-es jekyll-szigeti* titkos találkozón, ahol Henry P. Davison, J.P. Morgan jobbkeze, kulcsszerepet játszott a Federal Reserve Act megfogalmazásában.

A Federal Reserve Board elnöki posztjának átvételét követő napokban Greenspan azonnal emelte a kamatlábat 1987. szeptember 4-én, ami az első ilyen emelés volt a három évig tartó általános prosperitás után, és előidézte az 1987. októberi tőzsdei összeomlást, *a Fekete Hétfőt*, amikor a Dow Jones-index 508 pontot zuhant. Greenspan irányítása alatt a Federal Reserve Board folyamatosan egyre mélyebb recesszióba sodorta az Egyesült Államokat, anélkül, hogy a megalkuvó kongresszusi tagok egy szót is szóltak volna ellene.

EDWARD MANDELL HOUSE EZREDES (1858–1938)

Egy texasi Rothschild-ügynök fia. Öt egymást követő texasi kormányzót sikerült megválasztatnia; 1912-ben Woodrow Wilson tanácsadója lett. **Paul Warburggal** együttműködve elérte, hogy a Kongresszus 1913-ban elfogadja a Federal Reserve Act-et.

ROBERT MARION LAFOLLETTE (1855–1925)

1905 és 1925 között Wisconsin állam szenátora volt. Az agrárreformerek élén állt a keleti bankárok és a Federal Reserve Act-re vonatkozó terveik elleni küzdelemben. 1924-ben a Progresszív-Szocialista Párt jelöltjeként indult az elnöki választásokon.

CHARLES AUGUSTUS LINDBERGH, SR. (1860–1924)

Minnesotai kongresszusi képviselő (1907–1917), aki 1913-ban vezette a Federal Reserve Act (Szövetségi Tartalék Törvény) elfogadásával szembeni harcot. 1917-ig töltötte be tisztségét, amikor lemondott, hogy induljon a minnesotai kormányzói posztért. A The New York Times által vezetett ellenséges sajtótámadások ellenére jó kampányt folytatott. Kampányát negatívan befolyásolta, hogy szövetségi ügynökök elégették könyveit, köztük a *Why Is Your Country At War?* címűt, valamint a minnesotai Little Falls-i otthoni irodájában található iratokat és tárgyakat.

LOUIS T. McFADDEN (1876–1936)

Képviselő és a Képviselőház Bank- és Valutaügyi Bizottságának elnöke, 1927–1933; bátran szembeszállt a Federal Reserve System manipulátorainak az 1920-as és 1930-as években. Törvényjavaslatokat terjesztett elő a Federal Reserve Board of Governors és a hozzá kapcsolódó tisztviselők ellen. Három merényletkísérlet után rejtélyes körülmények között meghalt.

JOHN PIERPONT MORGAN (1837–1913)

A századforduló meghatározó amerikai pénzügyi szereplőjének tartották. A Who's Who 1912-es kiadása szerint „több mint 50 000 mérföldnyi vasútvonalat irányított az Egyesült Államokban". Megalapította az United States Steel Corporationt. Apja, **Junius S. Morgan** révén ***a Rothschild-ház*** képviselője lett, aki a George Peabody & Company, később *a Junius S. Morgan Company* londoni partnere lett, amely a Rothschild-ház ügynöke volt. **John Pierpont Morgan, Jr.** apját követte a Morgan-birodalom élén.

DAVID MULLINS (1946-)

David Mullins-t 1990. május 21-én nevezték ki a Federal Reserve Board kormányzójává, mandátuma 1996. január 31-ig tart. Nemrég jelölték a Federal Reserve Board alelnöki posztjára, 1988 és 1990 között a Pénzügyminisztérium belföldi pénzügyekért felelős helyettes államtitkára volt, és a minisztérium legmagasabb kitüntetését, az Alexander Hamilton-díjat kapta meg olyan programokban végzett munkájáért, mint a szintetikus üzemanyagok, a szövetségi pénzügyek, a Farm Credit Assistance Board, valamint a megtakarítási és hitelintézetek megmentésére irányuló elnöki terv szerzőjeként. A szerző távoli unokatestvére, John Mullins leszármazottja, aki az első dokumentált telepes volt Virginia nyugati részén, a King's Mountain-i csata hőse, és az amerikai függetlenségi háborúban nyújtott szolgálataiért 200 acre földterületet kapott.

WRIGHT PATMAN (1893–1976)

Képviselő és a Képviselőház Banki és Pénzügyi Bizottságának elnöke 1963-74 között. 1937-től 1976-ban bekövetkezett haláláig vezette a Kongresszusban a Federal Reserve System manipulátorai elleni harcot.

ARSENE PUJO KONGRESSZUSI KÉPVISELŐ

1903 és 1913 között a Kongresszus tagja. Demokrata, Louisiana államból. A Képviselőház Banki és Pénzügyi Bizottságának elnöke. A „Pujo-meghallgatások" albizottságának elnöke, 1912.

SIR GORDON RICHARDSON (1915–)

1973 óta az ***Angol Nemzeti Bank*** elnöke. 1962–1972 között a londoni J. Henry Schroder Wagg elnöke; a New York-i J. Henry Schroder Banking Corporation, a New York-i Schroder Banking Corporation, a londoni Lloyd's Bank és a Rolls Royce igazgatója.

JACOB SCHIFF (1847–1920)

A németországi Frankfurtban, a Rothschild-házban született. Az Egyesült Államokba emigrált, feleségül vette Therese Loebot, Solomon Loeb, ***a Kuhn, Loeb and Co.*** alapítójának lányát. Schiff a Kuhn, Loeb and Co. vezető partnere lett, és a Rothschild-érdekek képviselőjeként az Egyesült Államok vasúti hálózatának nagy részét irányítása alá vonta.

KURT VON SCHRODER BÁRON (1889-)

Adolf Hitler személyes bankára, előlegeket nyújtott Hitler 1933-as hatalomra kerüléséhez Németországban; a J. Henry Schroder Banking Corporation londoni és new yorki fiókjainak német képviselője; az SS vezető csoportvezetője; az I.T.T. összes német leányvállalatának igazgatója; Himmler baráti körének tagja; ***a Deutsche Reichsbank*** (német központi bank) igazgatótanácsának tanácsadója.

ANTHONY MORTON SOLOMON (1919-)

A Harvardon végzett közgazdász, az Árfelügyeleti Hivatal munkatársa, 1941–42; pénzügyi misszió Iránban, 1942–46; Nemzetközi Fejlesztési Ügynökség, Dél-Amerika, 1965–69; az International Investment Corporation for Yugoslavia elnöke, 1969–72; a Képviselőház Pénzügyi Bizottságának elnöki tanácsadója, 1972–73; pénzügyminiszter-helyettes, 1977–80; a New York-i Federal Reserve Bank elnöke, 1980–

SAMUEL UNTERMYER (1858–1940)

A New York-i *Guggenheimer és Untermyer* ügyvédi iroda partnere, aki 1912-ben vezette a Képviselőház Banki és Pénzügyi Bizottságának „Pujo-meghallgatásait”. **Rogers** és **Rockefeller** ügyvédje számos nagy horderejű perben F. Augustus Heinze, Thomas W. Lawson és mások ellen. Az Utah Copper Company egyesülésének lebonyolításáért 775 000 dolláros egyszeri díjat kapott. A The New York Times 1924. május 26-i számában arról számoltak be, hogy a Carnegie Hallban tartott ülésen a Szovjet-Oroszország azonnali elismerését szorgalmazta. Untermyer tekintélyét és hatalmát jól illusztrálja az a tény, hogy *a The New York Times* címlapján megjelent nekrológja hat oszlopot töltött ki. A Who's Who-ban szereplő bejegyzése tizenhárom éven át a leghosszabb volt.

FRANK VANDERLIP (1864–1937)

A Pénzügyminisztérium helyettes államtitkára 1897–1901 között; hírnevet szerzett azzal, hogy hivatali ideje alatt 200 millió dollár értékű kötvényt bocsátott ki az úgynevezett „*National City Bank* háborújának" finanszírozására. A National City Bank elnöke 1909–1919 között. A Jekyll Island-i csoport egyik alapító tagja, amely 1910 novemberében ***megfogalmazta a Federal Reserve-törvényt***. Erről a fontos tényről nem esik szó a The New York Times 1937. június 30-i, terjedelmes nekrológjában.

GEORGE SYLVESTER VIERECK (1884–1962)

A The Strangest Friendship in History, Woodrow Wilson and Col. House (A *történelem* legfurcsább *barátsága, Woodrow Wilson és House ezredes*) című, 1932-ben a Liveright kiadónál megjelent, mérvadó tanulmány szerzője. A 20. század eleji vezető költő, akiről *a The New York Times Book Review* címlapján írtak, és akit az

Egyesült Államok vezető német-amerikai polgáraként tartottak számon.

PAUL VOLCKER (1927-)

1979 óta ***a Federal Reserve Board of Governors elnöke***, **Carter elnök** nevezte ki, **Reagan elnök** pedig 1983. augusztus 6-tól újabb négyéves mandátumra újraválasztotta. A Princetoni Egyetemen, a Harvardon és a London School of Economics-on tanult; 1952–1957 között a New York-i Federal Reserve Bank alkalmazottja volt; 1957–1961 között a Chase Manhattan Banknál, 1961–1974 között a Pénzügyminisztériumban dolgozott; 1975–1979 között a New York-i Federal Reserve Bank elnöke volt.

PAUL WARBURG (1868–1932)

A szakértők szerint ő a központi banki tervünk, ***a Federal Reserve System*** tényleges szerzője. 1904-ben emigrált Németországból az Egyesült Államokba; *a Kuhn Loeb and Company bank társult tagja*, New York; 1911-ben honosították. Az eredeti Federal Reserve Board of Governors tagja, 1914–1918; a Federal Advisory Council elnöke, 1918–1928. Max Warburg testvére, aki az első világháború alatt a német titkosszolgálat vezetője volt, és 1918–1919-ben Németországot képviselte a békekonferencián, míg Paul a Federal Reserve System elnöke volt.

SIR WILLIAM WISEMAN (1885–1962)

A Kuhn, Loeb and Company társult tagja; az első világháború alatt a brit titkosszolgálat vezetője. Szorosan együttműködött **House ezredessel, aki** az Egyesült Államokban és Angliában meghatározó szerepet játszott.

BIBLIOGRÁFIA

Újságok:

- New York Times 1858–1983
- Washington Post 1933–1983

Folyóiratok:

- Barron's Weekly 1921–1983
- Business Week 1929–1983
- Forbes Magazine 1917–1983
- Fortune 1930–1983
- Harper's 1850–1983
- National Review 1955–1983
- Newsweek 1933–1983
- The Nation 1865–1983
- The New Republic 1914–1983
- Time 1923–1983

Könyvek:

- Current Biography 1940–1983 H.W. Wilson Co., N.Y.
- Dictionary of National Biography, Scribners, N.Y. 1934–1965
- Igazgatói névjegyzék, London 1896–1983
- New York-i igazgatók névjegyzéke 1898–1918
- The Concise Dictionary of National Biography, 1903–1979, Oxford University Press
- Kongresszusi jegyzőkönyv 1910–1983
- Nemzetközi folyóirat-index 1920–1965, H.W. Wilson Co., New York

- Poole folyóirat-irodalmi indexe 1802–1906, Wm. T Poole, Chicago Olvasói útmutató folyóiratokhoz 1900–1983
- Rand McNally bankárok útmutatója 1904–1928
- Moody's Banking and Finance 1928–1968
- Who's Who in America 1890–1983, A.N. Marquis Co.
- Who's Who, Nagy-Britannia 1921–1983
- Who Was Who In America 1607–1906, A.N. Marquis Co.
- Who's Who in the World 1972–1983, A.N. Marquis Co.
- Who's Who in Finance and Industry 1936–1969, A.N. Marquis Co.
- Standard and Poor's igazgatói nyilvántartás 1928–1983
- A Szenátus bizottsági meghallgatásai a Federal Reserve Act-ről, 1913
- A Képviselőház bizottsági meghallgatásai a Federal Reserve Act-ről, 1913
- A Képviselőház bizottsági meghallgatásai a Money Trustról (Pujo-bizottság), 1913
- A Képviselőház vizsgálata a Federal Reserve rendszerről, 1928
- A Szenátus vizsgálata Eugene Meyer alkalmasságáról a Federal Reserve Board kormányzói posztjára, 1930
- A Szenátus meghallgatásai Thomas B. McCabe szövetségi tartalékrendszer kormányzói kinevezéséről, 1948
- A Képviselőház bizottsági meghallgatásai az államadósság kiterjesztéséről, 1945
- A Federal Reserve igazgatói: tanulmány a vállalati és banki befolyásról.
- Személyzeti jelentés, Banki, Pénzügyi és Lakásügyi Bizottság, Képviselőház, 94. kongresszus, 2. ülésszak, 1976. augusztus.
- A Federal Reserve System, célok és funkciók, Kormányzótanács, 1963

- A monetáris bűncselekmények története, Alexander Del Mar, a Del Mar Társaság, 1899
- Fiatpénz-infláció Franciaországban, Andrew Dickson White, Gazdasági Oktatási Alapítvány, New York, 1959
- A háború az arany ellen, Antony C. Sutton, 76 Press, Kalifornia, 1977
- Wall Street és Hitler felemelkedése, Antony C. Sutton, 76 Press, Kalifornia, 1976
- Louis T. McFadden beszédeinek gyűjteménye, Kongresszusi jegyzőkönyv
- Az igazság Rockefellerről, E.M. Josephson, Chedney Press, New York, 1964
- Franklin D. Roosevelt furcsa halála, E.M. Josephson, Chedney Press, New York, 1948
- A trón mögött, Paul Emden, Hoddard Stoughton, London, 1934
- Európa pénzhatalma, Paul Emden, Hoddard Stoughton, London
- A rablólovagok, Mathew Josephson, Harcourt Brace, New York, 1934
- A Rothschildok, Frederic Morton, Curtis Publishing Co., 1961
- A csodálatos Rothschildok, Cecil Roth, Robert Hale Co., 1939
- A játék bábjai, William Guy Carr, (magánkiadás), 1956
- A fátylak lehúzása, Francois Coty, Párizs, 1940
- Írók az angol monetáris történelemről, 1626–1730, London, 1896
- A Federal Reserve System ötven év után, Banki és Pénzügyi Bizottság, 1964. január–február
- A bankárok összeesküvése, Arthur Kitson, 1933

- Az Egyesült Államok pénzügyi, pénzügyi és banki törvényei 1789-től 1891-ig, Charles F. Dunbar, Ginn & Co., Boston, 1893
- A hiány helyett a bőség monetáris politikája, Banki és Valutaügyi Bizottság, 1937–1938
- A történelem legfurcsább barátsága, Woodrow Wilson és House ezredes, George Sylvester Viereck, Liveright, N.Y. 1932
- A Federal Reserve döntéshozatala, G.L. Bach, Knapf, N.Y. 1950
- Amerika uralkodói, tanulmány a pénzügyi tőkéről, Anna Rockester, International Publishers, N.Y. 1936
- A banki rendszer az Egyesült Államokban a polgárháború előtt, Nemzeti Monetáris Bizottság, 1911
- Nemzeti bankrendszer, Nemzeti Monetáris Bizottság, 1911
- A Federal Reserve rendszer, Paul Warburg, Macmillan, New York, 1930
- Roosevelt, Wilson és a Federal Reserve törvény, Elisha Garrison ezredes, Christopher Publishing House, Boston, 1931
- Azok, akik Amerikát irányítják, Arthur D. Howden Smith, Bobbs Merrill, New York, 1935
- Amerika pénzügyi óriásai, George E. Redmond, Stratford, Boston, 1922
- A Nagy Szovjet Enciklopédia, Macmillan, London, 1973
- Encyclopaedia Britannica, 1979
- Encyclopaedia Americana, 1982
- Dope, Inc., Goldman, Steinberg et al., New Benjamin Franklin House Publishing Company, New York, 1978
- Banking and Currency and the Money Trust (Bankok, pénznem és a pénztröszt), Charles A. Lindbergh, Sr. 1913
- Mr. Hoover furcsa karrierje két zászló alatt, John Hamill, William Faro, N.Y. 1931

- A Federal Reserve System, H. Parker Willis, Ronald Co., 1923
- A Federal Reserve System ABC-je, E.W. Kemmerer, Princeton Egyetem, 1919
- Konstruktív pénzügyek kalandjai, Carter Glass, Doubleday, New York, 1927
- Banki reform az Egyesült Államokban, Paul Warburg, Columbia Egyetem, 1914
- Az amerikai pénz kontra a vállalati pénznem, Alfred Crozier, Cleveland, 1912
- Philip Dru – adminisztrátor, E.M. House, B.W. Huebsch, New York, 1912
- House ezredes bizalmas iratai, szerkesztette Charles Seymour, 4 kötet, 1926–1928, Houghton Mifflin Co.
- A Morgan-ház nagy összeesküvése, H.W. Loucks, 1916
- Capital City, McRae és Cairncross, Eyre Methuen, London, 1963
- Aggression, Otto Lehmann-Russbeldt, Hutchinson, London, 1934
- A nagypénzügy birodalma, Victor Perlo, International Pub., 1957
- Max Warburg emlékiratai, Berlin, 1936
- Sir Cecil Spring-Rice levelei és barátságai Tragédia és remény, Carroll Quigley, Macmillan, N.Y.
- A pénz politikája, Brian Johnson, McGraw Hill, N.Y. 1970
- Bevezetés a pénzbe, Képviselőházi Banki és Valutaügyi Bizottság, 1964
- Pierpont Morgan és barátai, Egy mítosz anatómiája, George Wheeler, Prentice Hall, N.J., 1973
- Pierpont Morgan, Herbert Satterlee, Macmillan, New York, 1940

- Morgan, a nagyszerű, John K. Winkler, Vanguard, New York, 1930
- Wilson, Arthur Link (5 kötet) Princeton University Press, Princeton, N.J.
- Történelmi kezdetek... A Federal Reserve, Roger T Johnson, Federal Reserve Bank of Boston, 1977 (7 kiadás, 1977–1982, összesen 92 000 példány.) [Érdemes megjegyezni, hogy ez a 64 oldalas füzet nem tesz említést Jekyll Islandről, Paul Warburg szerzőségéről, sem a promóciós forrásokról, amelyek eredményeként 1913. december 23-án elfogadták a Federal Reserve Act-et.
- A Federal Reserve és a manipulált dollár, Martin A. Larson, Devin Adair Co., Old Greenwich, Conn., 1975
- Láncbanki rendszer, részvényesi és hitelkapcsolatok a 200 legnagyobb tagbank között, Képviselőházi Banki és Valutaügyi Bizottság, 1963. január 3.
- Nemzetközi banki tevékenység, személyzeti jelentés, Banki, Valuta- és Lakásügyi Bizottság, 1976. május
- A Federal Reserve rendszer ellenőrzése, meghallgatások a Képviselőház Banki és Valutaügyi Bizottsága előtt, 1975.

KÉRDÉSEK ÉS VÁLASZOK

Miközben számos országban tart előadásokat, valamint rádiós és televíziós műsorokban vendégként szerepel, a szerzőt gyakran kérdezik a Federal Reserve Systemről. A leggyakrabban feltett kérdések és a válaszok a következők:

K: Mi a Federal Reserve System?

V: A ***Federal Reserve System*** nem szövetségi; nincsenek tartalékai; és nem is rendszer, hanem inkább egy bűnszervezet. Ez egy nemzetközi dinasztikus családokból álló konzorcium bűnszervezeti tevékenységének eredménye, amely a szerző által **„*A*** Világrendnek" nevezett ***szervezetet*** alkotja (lásd **„A** Világrend" és **„Kánaán** átka", mindkettő **Eustace Mullins** szerzőtől).[133] A Federal Reserve System az Egyesült Államokban működő központi bank. Bár a hallgatók egyetlen egyetemi tankönyvben sem találnak ilyen meghatározást a központi bankra, a szerző a következőképpen definiálta a központi bankot:

- Az az ország domináns pénzügyi hatalma, amelyik otthont ad neki.
- Teljesen magántulajdonban van, bár igyekszik kormányzati intézménynek tűnni.
- Joga van pénzt nyomtatni és kibocsátani, ami a monarchiák hagyományos kiváltsága.
- A háborúk finanszírozására hozták létre.
- Pénzmonopóliumként működik, teljes hatalommal rendelkezik az emberek összes pénze és hitele felett.

K: Amikor a Kongresszus 1913. december 23-án elfogadta a Federal Reserve Act-et, tudták-e a kongresszusi képviselők, hogy központi bankot hoznak létre?

---

[133] Kiadja az Omnia Veritas Ltd – www.omnia-veritas.com

V: A 63·Kongresszus tagjai nem tudtak a központi bankról, sem annak monopolisztikus működéséről. Sokan, akik a törvényjavaslat mellett szavaztak, becsapva lettek; másokat megvesztegettek; másokat megfélemlítettek. A Federal Reserve Act előszava így szól:

„Törvény a Federal Reserve bankok létrehozásáról, rugalmas pénznem biztosításáról, kereskedelmi papírok újradiszkontrálásának lehetővé tételéről, az Egyesült Államok bankrendszerének hatékonyabb felügyeletéről, valamint egyéb célokról."

A meg nem nevezett „***egyéb*** célok" között szerepelt, hogy a nemzetközi összeesküvők ***monopoliumot*** szerezzenek az Egyesült Államok lakosságának ***összes pénzén és hitelén***; hogy az új központi bankon keresztül finanszírozzák az első világháborút; hogy az amerikai munkavállalókat a Federal Reserve rendszer behajtó ügynökségének, az ***Internal Revenue Service***-nek a kegyére bízzák; valamint hogy a monopolisták elkobozhassák versenytársaik vagyonát, és tönkretehessék őket.

K: A Federal Reserve rendszer kormányzati ügynökség?

V: Még a Képviselőház Bankügyi Bizottságának jelenlegi elnöke is azt állítja, hogy a *Federal Reserve kormányzati szerv*, és nem magántulajdonban van. A valóság azonban az, hogy ***a kormány soha nem birtokolt egyetlen részvényt sem a Federal Reserve Bank részvényállományából.*** Ez a színjáték abból fakad, hogy az Egyesült Államok elnöke nevezi ki a Federal Reserve Tanács tagjait, akiket aztán a Szenátus erősít meg. *A törvény* titkos szerzője, **Paul Warburg** bankár, a **Rothschild** bank képviselője, a semmiből találta ki a „Federal" nevet a törvényhez, amelyet azért írt, hogy megvalósítsa két kedvenc vágyát: az „*elasztikus* valutát" (vagyis a fedezetlen csekket) és az akceptusok, azaz a nemzetközi kereskedelmi hitelek kereskedelmének megkönnyítését. **Warburg** az *International Acceptance Corporation* alapítója és elnöke volt, és milliárdokat keresett ezekkel a kereskedelmi papírokkal való kereskedéssel. A Federal Reserve Act 7. szakasza a következőket írja elő

„A Federal Reserve bankok, beleértve a tőkéjüket és többletüket, valamint az azokból származó jövedelmet, mentesülnek a szövetségi, állami és helyi adók alól, kivéve az ingatlanadókat."

A kormányzati épületek nem fizetnek ingatlanadót.

K: A „Federal Reserve notes" feliratú dollárbankjegyeink kormányzati pénznek minősülnek?

V: A ***Federal Reserve bankjegyek*** valójában váltók, ***fizetési ígéretek***, nem pedig az, amit hagyományosan pénznek tekintünk. Kamatozó kormánykötvények ellenében kibocsátott kamatozó bankjegyek, kizárólag papírral fedezett papírok, amelyeket fiat pénznek neveznek, mert ezeket a bankjegyeket csak a kibocsátó fiatja garantálja. A Federal Reserve Act engedélyezi ezeknek a bankjegyeknek a kibocsátását

„a Federal Reserve bankoknak nyújtandó előlegek céljára... Az említett bankjegyek az Egyesült Államok kötelezettségei. Kérésre aranyban válthatók be az Egyesült Államok Pénzügyminisztériumában, a Columbia kerületben."

A washingtoni Mallon található *Nyomda- és Vésőirodát* meglátogató turisták megtekinthetik a Federal Reserve bankjegyek nyomtatását ebben a kormányzati ügynökségben, amely a ***Federal Reserve System*** megbízásából, darabonként 0,00260 névértékű, 1000 darabos tételekben, a címlettől függetlenül azonos áron nyomtatja a bankjegyeket. Ezek a bankjegyek, amelyeket ***egy magánbank számára nyomtatnak***, az Egyesült Államok kormányának kötelezettségeivé és tartozásaivá válnak, és hozzáadódnak a jelenlegi 4 billió dolláros adósságunkhoz. A kormánynak nem volt adóssága, amikor 1913-ban elfogadták a Federal Reserve Act-et.

K: Kié a Federal Reserve Bankok részvényei?

V: A *világuralmat* gyakorló dinasztikus családok, olyan internacionalisták, akik semmilyen fajhoz, valláshoz vagy nemzethez nem hűségesek. Ilyen családok például a Rothschildok, a **Warburgok**, a **Schiffek**, a Rockefellerék, a **Harrimanok**, a **Morganok** és mások, akiket *az elitnek* vagy „a nagy gazdagoknak" neveznek.

K: Megvásárolhatom ezeket a részvényeket?

V: **Nem**. A Federal Reserve Act előírja, hogy a Federal Reserve Bankok részvényeit egyetlen tőzsdén sem lehet megvásárolni vagy eladni. Ezeket öröklés útján adják át, mint a „nagy gazdagok" vagyonát. A Federal Reserve Bank részvényeinek tulajdonosainak csaknem fele *nem amerikai.*

K: Az Internal Revenue Service (IRS) kormányzati ügynökség?

V: Noha a *Pénzügyminisztérium* részeként szerepel, az ***IRS*** valójában a Federal Reserve System magánbehajtó ügynöksége. Eredete *a középkori Olaszországban működő* ***„Fekete Kéz"*** szervezetre vezethető vissza, amely az uralkodó *olasz maffiacsaládok* számára erőszakkal és zsarolással hajtotta be az adósságokat. Az ***IRS*** által beszedett összes személyi jövedelemadót a törvény előírja, hogy a Federal Reserve Act 15. szakasza értelmében a legközelebbi ***Federal Reserve Bankba*** kell befizetni,

„A Pénzügyminisztérium általános alapjában tartott pénzeszközöket... a Federal Reserve bankokba lehet befizetni, amelyek a Pénzügyminiszter kérésére az Egyesült Államok pénzügyi ügynökeiként járnak el."

K: A Federal Reserve Board ellenőrzi a pénz napi árát és mennyiségét?

V: A ***Federal Reserve Board of Governors*** (a ***Federal Reserve Kormányzótanácsa***), amely zárt ülésen, a Federal Open Market Committee (Szövetségi Nyíltpiaci Bizottság) néven ülésezik a ***Federal Reserve Bankok*** elnökeivel, az Egyesült Államok egész területén ellenőrzi a gazdasági tevékenységet azáltal, hogy utasításokat ad ki állampapírok nyílt piaci vásárlására, ***pénzt teremt a semmiből*** és inflációs nyomást okoz, vagy éppen ellenkezőleg, állampapírokat ad el a nyílt piacon és törli az adósságot, deflációs nyomást teremtve és a tőzsde esését okozva.

K: A Kongresszus eltörölheti a Federal Reserve rendszert?

V: Az 1913-as Federal Reserve Act utolsó rendelkezése, a 30. szakasz kimondja:

„A törvény módosításának, megváltoztatásának vagy hatályon kívül helyezésének joga kifejezetten fenntartva van."

Ez azt jelenti, hogy ***a Kongresszus*** bármikor lépéseket tehet a Federal Reserve System eltörlésére, vagy visszavásárolhatja a részvényeket, és beolvaszthatja azokat a Pénzügyminisztériumba, vagy a saját belátása szerint módosíthatja a rendszert. Eddig még soha nem tette meg.

K: Van még önön kívül sok kritikus a Federal Reserve-t illetően?

V: Amikor 1948-ban megkezdtem kutatásaimat, ***a Fed*** még csak harmincnégy éves volt. A sajtóban soha nem említették. Ma ***a Fed*-ről** nyíltan beszélnek a hírekben és a pénzügyi oldalakon. A Kongresszusban vannak olyan törvényjavaslatok, amelyek szerint ***a Fed*-et** a Kormányzati Számvevőszéknek kellene ellenőriznie. *A leleplezésem* miatt már nem szent tehén, bár a 1992-es elnökválasztás három fő jelöltje (, **Bush**, **Clinton** és **Perot**) a viták során egyhangúlag kijelentették, hogy nem nyúlnak a Fed-hez.

K: Szenvedett-e személyes következményeket a Fed leleplezése miatt?

V: Miután 1952-ben közzétettem ezt a leleplezést, elbocsátottak a *Kongresszusi Könyvtárból*; én vagyok az egyetlen személy, akit valaha politikai okokból bocsátottak el onnan. Amikor pert indítottam, a bíróság elutasította az ügy tárgyalását. A könyv teljes német kiadását 1955-ben elégették; ez az egyetlen könyv, amelyet a második világháború óta Európában elégettek. Folyamatos zaklatásnak voltam kitéve a kormányzati szervek részéről, amint azt „A WRIT FOR MARTYRS" és „MY LIFE IN CHRIST" című könyveimben részletesen leírtam. A családom is zaklatásnak volt kitéve. Amikor nemrég a londoni Wembley Arénában beszéltem, a sajtó „gonosz őrültnek" bélyegezett.

K: A sajtó mindig támogatja a Fed-et?

V: Az elmúlt hónapokban voltak néhány biztató elpártolások. A ***Wall Street Journal*** 1993. február 8-i címlapján az alábbiak szerepeltek:

„A Fed jelenlegi felépítését nehéz igazolni egy demokráciában. Furcsa módon ***nem demokratikus intézmény.*** Szervezete annyira elavult, hogy a Sziklás-hegységtől nyugatra csak egy, Missouri államban pedig két tartalékbank működik... Egy demokratikus társadalomban nagyon nehéz egyensúlyt teremteni egy olyan központi bankkal, amely monopóliummal rendelkezik a pénzkibocsátás terén."

EGYÉB CÍMEK

OMNIA VERITAS
OMNIA VERITAS LTD BEMUTATJA:
A KÁBÍTÓSZER-HÁBORÚ AMERIKA ELLEN
A kábítószer-kereskedelmet nem lehet felszámolni, mivel azok, akik irányítják, nem fogják hagyni, hogy elvegyék tőlük a világ legjövedelmezőbb piacát...
JOHN COLEMAN
Ennek az átkozott vállalkozásnak az igazi támogatói a világ „elitjei”

OMNIA VERITAS
OMNIA VERITAS LTD BEMUTATJA:
A KŐOLAJÉRT HARCOLUNK
Az amerikai olajháborúk története
JOHN COLEMAN
A kőolajipar története végigvezet minket a „diplomácia” kanyargós útjain.
A harc a minden nemzet által áhított erőforrás feletti monopóliumért

OMNIA VERITAS
OMNIA VERITAS LTD BEMUTATJA:
A ÖSSZEESKÜVÉS MÖGÖTT
A láthatatlan világkormány leleplezése
Minden nagy történelmi eseményt titokban terveznek meg azok az emberek, akik teljes titoktartás mellett dolgoznak
John Coleman
A jól szervezett csoportok mindig előnyben vannak a polgárokkal szemben

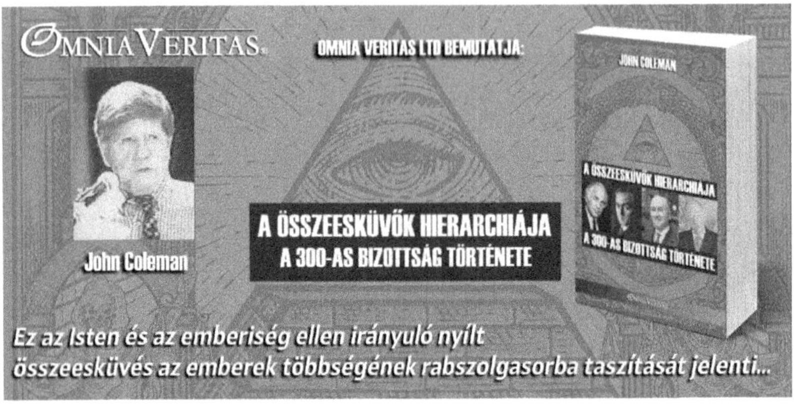

OMNIA VERITAS
OMNIA VERITAS LTD BEMUTATJA:
John Coleman
A ÖSSZEESKÜVŐK HIERARCHIÁJA
A 300-AS BIZOTTSÁG TÖRTÉNETE
JOHN COLEMAN
Ez az Isten és az emberiség ellen irányuló nyílt
összeesküvés az emberek többségének rabszolgasorba taszítását jelenti...

OMNIA VERITAS
OMNIA VERITAS LTD BEMUTATJA:
A RÓMAI KLUB
AZ ÚJ VILÁGREND GONDOLKODÓCSOPORTJA
JOHN COLEMAN
A 20. század számos tragikus és drámai eseménye nem önmagától következett be, hanem egy bevált mintát követve került megtervezésre...
Kik voltak ezeknek a nagyszabású rendezvényeknek a szervezői és megalkotói?

OMNIA VERITAS
OMNIA VERITAS LTD BEMUTATJA:
A ROTHSCHILD-DINASZTIA
JOHN COLEMAN
A ROTHSCHILD DINASZTIA
John Coleman
A történelmi eseményeket gyakran egy „láthatatlan kéz" idézi elő...

OMNIA VERITAS
OMNIA VERITAS LTD BEMUTATJA:
A SZABADKŐMŰVESSÉG
A-tól Z-ig
John Coleman
A 21. században a szabadkőművesség már kevésbé titkos társaság, mint inkább egy „misztériumtársaság".
JOHN COLEMAN
A SZABADKŐMŰVESSÉG A-tól Z-ig
Ez a könyv elmagyarázza, mi is az a szabadkőművesség

OMNIA VERITAS
OMNIA VERITAS LTD BEMUTATJA:
A TAVISTOCK EMBERI KAPCSOLATOK INTÉZETE
Az erkölcsi, szellemi, kulturális, politikai és gazdasági hanyatlás az Amerikai Egyesült Államokban
John Coleman
Tavistock nélkül sem az első, sem a második világháború nem történt volna meg...
A Tavistock Emberi Kapcsolatok Intézetének titkai

OMNIA VERITAS
OMNIA VERITAS LTD BEMUTATJA:
JOHN COLEMAN
DIPLOMÁCIA MEGTÉVESZTÉSSEL
BESZÁMOLÓ A BRIT ÉS AZ AMERIKAI KORMÁNY ÁRULÓ MAGATARTÁSÁRÓL
Az Egyesült Nemzetek Szervezetének megalakulásának története a megtévesztésen alapuló diplomácia klasszikus példája

OMNIA VERITAS®
OMNIA VERITAS LTD BEMUTATJA:
Egyetlen világrend
SZOCIALISTA DIKTATÚRA
Mindezekben az években, miközben figyelmünket a moszkvai kommunizmus borzalmai kötötték le, a washingtoni szocialisták azzal voltak elfoglalva, hogy kifosszák Amerikát!
JOHN COLEMAN
„A washingtoni ellenség félelmetesebb, mint a moszkvai."